Stratégies et techniques rhétoriques dans les discours spécialisés ds5

ASPECTS LINGUISTIQUES ET CULTURELS DES DISCOURS SPÉCIALISÉS

Collection dirigée par Catherine Resche,
Université Panthéon-Assas – Paris 2 / Directrice de recherche au sein du Centre de Linguistique en Sorbonne (CELISO) – Paris 4

Fanny Domenec & Catherine Resche (dir.)

Stratégies et techniques rhétoriques dans les discours spécialisés

PETER LANG
Bern · Berlin · Bruxelles · New York · Oxford

Information bibliographique de la Deutsche Nationalbibliothek
La Deutsche Nationalbibliothek a répertorié cette publication dans la Deutsche Nationalbibliographie; les données bibliographiques détaillées peuvent être consultées sur Internet à l'adressehttp://dnb.d-nb.de.

ISSN 2296-8741 • ISBN 978-3-0343-4141-7 (Print)
E-ISBN 978-3-0343-4156-1 (E-PDF) • E-ISBN 978-3-0343-4157-8 (EPUB)
E-ISBN 978-3-0343-4158-5 (MOBI) • DOI 10.3726/b17435

Cette publication a fait l'objet d'une évaluation par les pairs.

www.peterlang.com

Remerciements

La publication de cet ouvrage n'aurait pas été possible sans l'aide financière d'un certain nombre d'institutions et d'équipes de recherche qui ont accepté de soutenir ce projet.

Que soient ici chaleureusement remerciés

- le Conseil de Faculté de l'Université Paris 4 Sorbonne, l'École doctorale V (Concepts et Langages) et sa directrice Madame le Professeur Adeline Wrona, et le Centre de linguistique en Sorbonne (CELISO, EA 7332) et sa directrice, Madame le Professeur Élise Mignot ;
- le Groupe d'étude et de recherche en anglais de spécialité (GERAS) et sa Présidente, Madame Séverine Wozniak ;
- le Centre d'études linguistiques (CEL, EA 1663) de l'Université Lyon 3 et son directeur, Monsieur le Professeur Denis Jamet ;
- le Centre de Linguistique Inter-langues, de Lexicologie, de Linguistique Anglaise et de Corpus (CLILLAC, EA 3967) de l'Université de Paris (Paris 7), et sa directrice, Madame le Professeur Natalie Kübler ;
- le Centre de recherches anglophones (CREA, EA 370) de l'Université Paris Nanterre et sa directrice, Madame le Professeur Caroline Rolland-Diamond ;
- le Laboratoire langues, texte, traitements informatiques, cognition (LATTICE, UMR 8094) et sa directrice, Madame le professeur Sophie Prevost.

Table des matières

Catherine Resche & Fanny Domenec

Avant-propos

Si la rhétorique antique, née au Ve siècle avant Jésus-Christ, a d'abord eu pour objet, dans un contexte judiciaire, de défendre des intérêts lors de procès liés à des conflits de propriété (Barthes 1970), et donc de convaincre et persuader, l'horizon de cet art exclusivement oratoire s'est élargi, un siècle plus tard, avec Aristote, pour s'ouvrir aux productions écrites. Dans la *Rhétorique* (1991), Aristote traite de l'art de savoir adapter son discours à son auditoire, de la nécessité de réfléchir aux effets de style appropriés, à la meilleure façon de structurer son raisonnement, en saisissant le moment opportun pour attirer l'attention de celui ou ceux que l'on souhaite persuader : la notion de *kairos*, centrale chez Aristote et dans beaucoup de situations, correspond au moment décisif, au point d'inflexion ou de retournement qui peut tout faire basculer.

La grande question qui a divisé l'opinion à propos de la rhétorique concerne principalement les moyens utilisés pour convaincre ou persuader. S'agit-il de mobiliser les meilleurs arguments en s'appuyant sur la logique dans un souci de faire émerger la vérité, ou s'agit-il simplement, sous couvert d'éloquence, de donner au discours un semblant de vérité ? Persuader et convaincre nécessitent de plaire et séduire, d'une certaine manière, ce qui a poussé certains, comme Platon, à associer la rhétorique à des techniques de manipulation et à juger comme immoral ce qu'il qualifie dans son *Gorgias* (1987) d'« art élaboré du mensonge » pour dénoncer les pratiques des rhéteurs sophistes. En revanche, pour Cicéron (*De l'Orateur* 1985), l'éloquence est l'art de bien dire et elle va de pair avec la conscience morale. À son tour, Quintilien affirmera « qu'on ne peut être orateur si l'on n'est homme de bien » (1980, livre xii).

Malgré ces approches positives, la rhétorique a encore mauvaise presse de nos jours et elle reste bien souvent associée à la manipulation et à l'exercice du pouvoir (Orts *et al.* 2017), à la propagande, à la démagogie, à la désinformation et à la mauvaise foi que dénonçait Platon à propos des sophistes. En réalité, c'est parce qu'elle peut être utilisée à bon comme à mauvais escient que la rhétorique a suscité la méfiance ; mais au fond, comme le soulignait Aristote, la rhétorique, en soi, n'est ni morale, ni immorale.

Même si son enseignement a été quelque peu délaissé au fil du temps, il est indéniable que la rhétorique et les stratégies qui relèvent de cet art ou cette pratique (*technè*) sont sollicitées dans de nombreux domaines. Dans les milieux spécialisés, confrontés à de multiples enjeux, les discours spécialisés permettent non seulement de partager des informations, mais également de fournir des explications, et souvent de faire agir, puisqu'on ne peut ignorer leur dimension performative. Les experts, orateurs ou auteurs à l'origine des discours spécialisés s'efforcent donc de mettre leur lectorat ou auditoire dans une disposition bienveillante (*captatio benevolentiae*), de projeter une image positive d'eux-mêmes afin d'inspirer confiance et de donner plus de poids à leur propos ; ils veillent à sélectionner les bons arguments en tenant compte de leur public, de ses attentes, de ses craintes, des informations dont ce dernier dispose, des connaissances qu'il a engrangées ; ils se soucient aussi bien des aspects structurels (*dispositio*) qui permettront au co-énonciateur de suivre le fil du propos, que de la mise en mots de leurs idées (*elocutio*) ; ils cherchent à faire bonne impression (*placere*), à informer et convaincre (*docere*) et à susciter des sentiments ou émouvoir (*movere*) pour mieux faire passer leur message et atteindre leur objectif. Ces considérations s'appliquent aussi bien aux scientifiques et chercheurs en quête de reconnaissance ou d'assentiment de la part de leurs pairs, qu'aux entrepreneurs et créateurs à la recherche de financement, aux chefs d'entreprise s'adressant à leurs actionnaires, employés ou clients, aux responsables d'institutions politiques et financières, ou encore aux consultants d'horizons variés qui souhaitent élargir leur zone d'influence, pour ne citer que quelques exemples. Dans bien des cas, il ne s'agit pas de tromper l'autre, mais de s'assurer que le message sera compris, et de convaincre par une argumentation solide.

Comme le rappellent Patrick Charaudeau et Dominique Maingueneau (2002 : 66–67) « l'argumentation est au cœur de la conception ancienne de la rhétorique » et le titre de l'ouvrage de Chaïm Perelman et Lucie Olbrechts-Tyteca, *Traité de l'argumentation – La nouvelle rhétorique* (1988) souligne que la nouvelle rhétorique continue à être étroitement associée à l'argumentation. Par le biais du discours, la démarche argumentative « vise à intervenir sur l'opinion, l'attitude, voire le comportement de quelqu'un » (Jean-Blaise Grize 1990 : 40). Comme le souligne Jean-Jacques Robrieux (2000 : 2), on ne saurait donc réduire la rhétorique à « un art de bien parler ou de bien écrire ». Assurément, « aucune approche sérieuse des phénomènes de langage et de communication ne peut aujourd'hui séparer le sens du discours de ses procédés, autrement dit le fond et la forme ». Il convient toutefois de faire la part des choses entre argumentation et manipulation.

L'objet de cet ouvrage est précisément d'envisager les divers aspects rhétoriques et les techniques discursives qui permettent aux acteurs des milieux spécialisés, quelle que soit leur sphère d'activité, de faire adhérer leur public aux idées et projets qu'ils exposent (en discréditant, le cas échéant, des théories ou opinions contraires aux leurs), de justifier leur propos, d'affirmer et défendre leurs valeurs, leurs actions, leurs positions. Il s'agit d'analyser comment ils mettent en œuvre les stratégies de captation, de crédibilité et de légitimation exposées par P. Charaudeau (1998 : 13–14), et d'observer la façon dont ils déclinent la triade aristotélicienne (éthos, logos, pathos) dans leurs propos, quelles stratégies rhétoriques ils privilégient et à quels outils linguistiques ils ont recours.

Les discours abordés par les co-auteurs dans cet ouvrage collectif sont assez variés : discours académique oral et écrit, discours de vulgarisation, discours des lauréats du prix de la Banque de Suède pour l'économie, discours judiciaire, discours d'influence des *think tanks*, discours des entreprises, discours de la banque centrale d'Angleterre ou de la Réserve fédérale américaine, discours scientifique, médiatique et institutionnel en contexte de controverse scientifique, discours promotionnel dans le domaine de l'architecture, discours de la publicité. De manière logique, bon nombre des co-auteurs de cet ouvrage se sont appuyés sur des corpus de genres discursifs particuliers, adoptant ainsi une approche rhétorique du genre. En effet, puisque le genre, dans ces contextes spécialisés, semble remplir une fonction particulière et répondre à une nécessité sociale (Miller 1984), il peut représenter à lui seul un macro-acte de langage, et il constitue à cet égard un matériau riche d'enseignements : si les milieux spécialisés sélectionnent tel ou tel genre discursif pour s'exprimer, c'est bien parce qu'ils jugent qu'il représente l'outil le plus adapté pour faire passer leur message auprès du public pressenti, le meilleur interprète pour les aider à remplir leur fonction dans la société. Dans cette perspective, on peut avancer que le choix d'un genre discursif est déjà, en soi, une démarche rhétorique.

Les co-auteurs étaient libres de s'intéresser aux discours des milieux académiques ou professionnels, d'analyser les aspects rhétoriques privilégiés en fonction des effets perlocutoires recherchés, de se concentrer sur les stratégies de véridiction, de redéfinition ou de manipulation. Ils pouvaient également choisir de privilégier un genre particulier et d'étudier toute sa panoplie de stratégies rhétoriques, ou d'analyser un seul type de stratégie. Enfin, ils avaient la possibilité d'adopter une démarche comparative ou contrastive pour prendre en compte plusieurs genres et apprécier leurs choix d'outils rhétoriques.

Les deux premières études présentées ici ont en commun de s'intéresser au domaine universitaire, à travers le discours des jeunes chercheurs, dont la thèse est encore en cours pour la première étude, ou achevée, en ce qui concerne la deuxième étude. L'article qui ouvre cet ouvrage porte sur un genre apparu récemment dans la sphère universitaire et qui met de jeunes doctorants au défi de présenter à l'oral leur recherche en un temps record (trois minutes) devant un auditoire hétérogène qu'ils doivent à la fois intéresser, convaincre et divertir ; il s'agit de marquer les esprits pour gagner le concours. Dans leur étude « '*Three Minute Theses*' ou trois minutes pour convaincre… », Elizabeth Rowley-Jolivet et Shirley Carter-Thomas mettent en relief la nécessité pour ces jeunes chercheurs de maîtriser bon nombre des ressorts de la rhétorique pour exposer clairement leur sujet, leur méthode, de même que des concepts inconnus, en jouant sur la métaphore ou la mise en récit, en exploitant les possibilités offertes par la mise en scène du support visuel unique qui leur est autorisé et en se servant même de leur tenue vestimentaire pour renforcer leur message. En dépit du fait que les sujets exposés sont éminemment techniques, les jeunes chercheurs ne négligent pas le recours au pathos pour gagner l'auditoire et le jury à leur cause.

Le deuxième genre de discours universitaire étudié est celui des résumés de thèse, à travers l'article « Forger la voix d'un chercheur : *abstracts* de thèses et stratégies rhétoriques ». Dans cette étude, Geneviève Bordet s'intéresse principalement au scénario narratif qu'elle présente comme stratégie rhétorique et qui correspond au schéma assez classique du récit (Charaudeau et Maingueneau 2002 : 484) avec ses différentes phases. Son étude contrastive porte sur deux domaines de recherche, les sciences des matériaux (qui relèvent des sciences dures), d'une part, et la didactique des mathématiques (qui procède des sciences humaines), d'autre part. Comme tout chercheur en a fait l'expérience, s'il veut se faire accepter par la communauté des chercheurs dans son domaine, et donc être crédible et asseoir son éthos, il lui faut se plier aux normes en vigueur et tenir compte des valeurs qui sous-tendent la recherche dans la discipline en question. L'analyse détaillée des marqueurs formels qui caractérisent les scénarios narratifs des auteurs dans chacun des domaines étudiés confirme ce point. C'est donc à travers le logos que le jeune chercheur construit son éthos.

Après le discours universitaire, nous abordons deux domaines professionnels différents (celui de l'architecture et celui des *think tanks* américains ou « laboratoires d'idées » en matière de politiques publiques) et deux genres discursifs qui leur sont propres. En dépit des contextes distincts dans lesquels interviennent les spécialistes concernés, ils se trouvent dans des positions analogues, en concurrence avec d'autres acteurs au sein même de leur domaine d'activités : leur crédibilité est donc en jeu, comme leur capacité à emporter l'adhésion de leur public.

Dans son étude des « Aspects rhétoriques d'un genre promotionnel en architecture ... », Claire KLOPPMANN-LAMBERT se livre à une analyse fine des stratégies discursives mobilisées par les architectes pour présenter et défendre leurs projets. Elle met son corpus principal en parallèle avec deux autres corpus (analyses critiques et articles de recherche) afin de dégager les stratégies spécifiques à ce genre promotionnel relativement récent, et pour lequel les architectes n'ont pas été préparés. Certains peuvent être réticents à « se vendre », mais il est important qu'ils fassent connaître leurs travaux s'ils veulent à nouveau être sollicités. L'étude passe en revue aussi bien la structure textuelle des projets, présentés de manière claire et logique, que leur dimension narrative qui sous-tend la mise en scène de leurs auteurs. Elle s'attache aussi de manière plus détaillée à analyser les éléments linguistiques privilégiés, comme les marqueurs mélioratifs, ou les précautions discursives.

L'analyse de Mathilde GAILLARD, intitulée « Les *policy briefs* des *think tanks* aux États-Unis, outils d'action politique », souligne combien il est important pour les membres des *think tanks* de prendre position sur le « marché des idées » s'ils veulent influencer les politiques publiques en mettant en avant les arguments appropriés, et en choisissant le moment opportun pour se faire entendre dans un concert de voix concurrentes. L'enjeu de captation repose clairement sur la crédibilité et la pertinence des analyses proposées par les experts et l'étude montre bien que ces derniers s'appliquent à exploiter tous les ressorts stratégiques qui peuvent servir leur propos, qu'il s'agisse du choix du format des documents, de leur mise en page, de leur structure, du péritexte, de l'utilisation d'une syntaxe qui étaye l'argumentation et de la sélection d'un lexique approprié. Tout est mis à profit pour renforcer l'éthos de l'expert qui doit fonder sa réponse sur l'évaluation des politiques en vigueur, en se livrant à une analyse critique, mais non polémique, afin d'épargner la face de ses interlocuteurs.

L'étude proposée par Catherine Resche offre une « Approche comparative des stratégies rhétoriques dans trois genres discursifs distincts dans le domaine de l'économie ». Elle porte sur deux types de discours institutionnel (celui de la banque centrale américaine, et celui des dirigeants de deux grandes entreprises américaines), et sur le discours plus académique des récipiendaires de l'équivalent du prix « Nobel » pour l'économie. Dans ces trois genres, les auteurs partagent une visée de captation, de légitimation et de persuasion, et ont largement recours au métadiscours pour garantir une communication réussie. Le métadiscours, compris au sens large du terme, englobe tous les éléments par lesquels l'énonciateur peut guider le co-énonciateur dans sa compréhension du message, mais aussi influencer ses réactions, en le séduisant d'une certaine manière. Gestion des faces, narration, métaphores et analogies font partie de la panoplie utilisée et l'analyse ne permet pas de dégager des différences majeures. *In fine* se pose la question de la possibilité de considérer ces genres qui partagent des visées et des stratégies communes comme des micro-genres relevant d'un macro-genre rhétorique dans un domaine donné.

Dans son article « Aspects rhétoriques et degrés de spécialisation : la communication scientifique, médiatique et institutionnelle autour de l'affaire Séralini », Fanny Domenec procède, elle aussi, à une étude comparative de plusieurs corpus, à la différence près qu'ils apportent chacun un éclairage particulier sur un même thème, celui d'une étude toxicologique menée par une équipe de chercheurs pour étudier les effets du Roundup sur des rats de laboratoire. Dans un contexte de controverse sur un sujet de société sensible, les médias, les scientifiques, et l'entreprise fabriquant et commercialisant le Roundup rivalisent de stratégies discursives pour imposer leurs points de vue respectifs. La visée argumentative ne fait aucun doute dans ces discours, mais s'y mêlent également des démarches informatives et promotionnelles. De nombreux ressorts de la rhétorique sont mis en relief dans cet article, parmi lesquels la sélection de l'information, le recadrage ou la re-problématisation de la question traitée, la reformulation du vocabulaire spécialisé qui joue sur la variation terminologique, et la gestion des faces qui peut aller jusqu'à la « polirudesse ».

C'est d'ailleurs la politesse linguistique et la gestion des faces, déjà évoquées partiellement dans les trois études précédentes, qui relient les deux articles suivants, en dépit des domaines différents qu'ils étudient.

Laurence HARRIS travaille à partir d'un corpus qui couvre soixante-dix années et elle s'intéresse aux changements éventuels dans la gestion des échanges entre le gouverneur de la Banque d'Angleterre et le Chancelier de l'Échiquier dans le cadre d'une réception qui a lieu tous les ans selon un rite bien établi. Dans son article « Rhétorique interpersonnelle et politesse linguistique dans le discours du gouverneur de la Banque d'Angleterre à Mansion House », elle s'attache à analyser les formes de politesse ou les entorses voulues à l'étiquette qui permettent au locuteur aussi bien de valoriser son image (ou celle de l'autre en le flattant) que de protéger son propre territoire, son domaine de compétences, contre des attaques éventuelles. Il s'agit, pour éviter les pièges de la communication, de maîtriser les mécanismes de politesse (ou d'impolitesse, le cas échéant) pour parvenir à ses fins. Parmi les stratégies rhétoriques analysées ici, figurent les mises en garde qui adoucissent une critique imminente, les questions rhétoriques, l'humour, les procédés emphatiques, les précautions discursives (y compris l'implicite et l'euphémisme), tous éléments qui permettent de normaliser les échanges.

Avec son étude sur « Le travail de 'figuration' dans les arrêts de la Cour de cassation française », Chiara PREITE élargit la palette des domaines étudiés en se concentrant sur le discours judiciaire français. Parmi les notions étudiées au titre de la gestion des faces et de la politesse linguistique, elle mentionne la déférence et le respect. L'étude met en relief le défi que doivent relever, en matière de gestion des faces, les juges de la Cour de cassation, qui, en toutes circonstances, doivent préserver leur crédibilité et leur autorité : d'une part, par respect pour l'institution, il leur faut ménager les faces des juges des juridictions ayant statué antérieurement en première et deuxième instance, même lorsque l'arrêt les désavoue ; d'autre part, ils ne peuvent éviter les actes menaçants pour la face des personnes jugées, puisqu'ils sont amenés à prononcer des condamnations. La solution à cette situation délicate est le choix d'une formulation impersonnelle de l'arrêt, stratégie qui permet de passer sous silence tout débat interne éventuel et de présenter la décision comme unanime et soigneusement réfléchie.

La dernière étude de cet ouvrage illustre plus particulièrement la rhétorique sous son jour manipulateur, puisqu'il s'agit du domaine de la publicité dont l'objet est de vanter les avantages d'un produit afin de persuader le client potentiel de l'acheter, en s'appuyant sur la rhétorique de l'image (Barthes 1964). Dans leur analyse portant sur les « Stratégies argumentatives et techniques rhétoriques dans le discours publicitaire pour les produits cosmétiques (français-anglais) », Lucile Bordet et Denis Jamet cherchent à établir s'il existe des différences dans les stratégies rhétoriques mises en œuvre par les publicitaires selon qu'ils s'adressent à des hommes ou des femmes, et à un public anglophone ou francophone. Dans cette vaste entreprise de persuasion, les procédés rhétoriques les plus communément utilisés jouent sur l'établissement d'un dialogue avec l'acheteur potentiel auquel on s'adresse directement, y compris par le biais de questions rhétoriques dont les réponses semblent acquises. Le secteur retenu, les cosmétiques, se prête particulièrement bien à la séduction et au jeu sur les émotions. Les procédés d'intensification visuelle et verbale sont légion et l'argumentation s'appuie sur une caution scientifique censée emporter l'adhésion.

Quels que soient les discours des domaines spécialisés évoqués dans cet ouvrage, le lecteur ne manquera pas d'observer les nombreux échos d'une étude à l'autre. Les corpus qui ont servi de support aux analyses livrées ici relèvent de genres spécialisés qui ont été choisis par les acteurs des milieux spécialisés pour délivrer leur message de la meilleure façon possible auprès de leurs partenaires, leurs pairs ou un public élargi. Il n'est donc pas surprenant que les ressorts de la rhétorique soient convoqués pour expliquer, convaincre et plaire, en réunissant toutes les conditions de félicité pour que le message envoyé soit bien reçu et porte ses fruits.

Références bibliographiques

Aristote, *Rhétorique*, Paris, Librairie Générale Française,1991.

Aristote, *Poétique*, Paris, Librairie Générale Française, 1990.

Barthes, Roland, L'ancienne rhétorique, *Communications* 16, Recherches rhétoriques, Paris, Seuil, 1970, 172–223.

Barthes, Roland, Rhétorique de l'image, *Communications* 4, Paris, Seuil, 1964, 41–42.

Charaudeau, Patrick, « L'argumentation n'est peut-être pas ce que l'on croit », *Le Français aujourd'hui*, 123, Paris, 1998, 6–15.

Charaudeau, Patrick / Maingueneau, Dominique, *Dictionnaire d'analyse du discours*, Paris, Seuil, 2002.

Cicéron, *De l'orateur*, trad. fr. Edmond Courbot, Paris, Les Belles Lettres, 1985.

Grize, Jean-Blaise, *Logique et langage*, Paris, Ophrys, 1990.

Miller, Carolyn R., Genre as Social Action, *Quarterly Journal of Speech 70* (2), 1984, 151–167.

Orts, Maria Angeles / Breeze, Ruth / Gotti Maurizio (dirs.), *Power, Persuasion and Manipulation in Specialised Genres*, Linguistic Insights 227, Berne, Peter Lang, 2017.

Perelman, Chaïm / Olbrechts-Tyteca, Lucie, *Traité de l'argumentation – La nouvelle rhétorique*, Bruxelles, Éditions de l'Université de Bruxelles, 1988.

Platon, *Gorgias,* trad. fr. M. Canto, Paris, Flammarion, 1987.

Quintilien, *Institution oratoire*, Paris, Les Belles Lettres, 1980.

Robrieux, Jean-Jacques, *Rhétorique et argumentation*, Paris, Nathan, 2è édition, 2000.

Elizabeth Rowley-Jolivet & Shirley Carter-Thomas

« *Three Minute Theses* » ou 3 minutes pour convaincre. Analyse rhétorique d'un nouveau genre universitaire

Abstract : Cette étude analyse les stratégies rhétoriques employées par les doctorants lors de présentations dans le cadre du concours « *Three Minute Thesis* » (3MT) selon les trois composants de la rhétorique aristotélicienne : le logos, qui fait appel aux facultés rationnelles de l'auditoire en construisant une argumentation cohérente et étayée de manière appropriée ; le pathos, qui crée dans l'esprit du public une disposition favorable à la réception du discours, en particulier par l'appel aux émotions ; et l'éthos, ou la crédibilité de l'orateur telle qu'elle est construite dans et par son discours. Le corpus se compose de 30 présentations orales 3MT en anglais, équiréparties entre sciences dures et sciences humaines et sociales, ainsi que les résumés de thèse correspondants.

Mots-clés : *Three Minute Thesis, logos, pathos, éthos, genres universitaires, spectacularisation*

Introduction

L'histoire de la rhétorique est longue et fort contrastée. Son champ d'application, tout comme le sens même du terme, s'est vu, au gré des siècles, tantôt s'étendre, tantôt se rétrécir telle une peau de chagrin. Entachée, depuis la critique bien connue de Platon, du soupçon de manipulation des foules et de raisonnements sophistes, dénigrée parce qu'elle ne répond pas aux critères abstraits de la logique formelle et cherche l'efficacité plutôt que l'objectif jugé plus noble de la vérité universelle, la rhétorique a longtemps été réduite à l'art de bien dire, à un pur ornement préoccupé uniquement de figures de style, tandis que tout ce qui concernait le raisonnement (le *logos*) était le domaine exclusif de la philosophie. À l'heure actuelle, cependant, grâce à l'évolution indépendante de deux disciplines, la philosophie et l'analyse du discours, qui jusqu'alors se sont mutuellement ignorées, on se trouve à une confluence de deux courants de pensée qui permet d'envisager de nouveau la rhétorique dans toute sa richesse aristotélicienne, englobant les trois composants que sont le logos, le pathos et l'éthos (Aristote 1991).

Du côté de la philosophie, cette évolution s'est traduite, depuis les années 1950, par une prise de conscience des limites de la logique formelle ou mathématique qui ne s'intéresse pas au contenu des propositions, mais uniquement à la validité formelle du raisonnement, procédant par inférence des prémisses à la conclusion. Ainsi, des versions plus rhétoriques de la rationalité ont vu le jour. Parmi les philosophes qui jalonnent ce parcours, on peut citer Stephen Toulmin (1958), qui a identifié différents types d'argumentation raisonnables ou pratiques qui ne relèvent pas de la logique vériconditionnelle, mais reposent sur des fondements (*grounds*) et justifications (*warrants*) qui varient en fonction du contexte (historique, social, disciplinaire…), et qui seuls permettent de comprendre les interactions humaines en société. Le vrai « tournant rhétorique » de l'argumentation en philosophie, toutefois, fut opéré par Chaïm Perelman et Lucie Olbrechts-Tyteca la même année dans leur *Traité de l'Argumentation - La nouvelle rhétorique* (1958), qui met l'accent sur les divers moyens de persuasion et les caractéristiques de l'auditoire qui leur correspondent :

> […] comme l'argumentation vise à obtenir l'adhésion de ceux auxquels elle s'adresse, elle est, tout entière, relative à l'auditoire qu'elle cherche à influencer. (1958 : 24)

Cette approche fait appel non seulement au raisonnement, mais également à l'éthos et au pathos en reconnaissant leur rôle dans l'obtention de l'adhésion de l'auditoire à un argument donné, car selon Aristote, l'auditoire va privilégier les aspects qui le touchent (pathos) et les aspects qui renforcent, à ses yeux, la crédibilité de l'orateur (éthos). Parmi les nombreux successeurs actuels de C. Perelman, Christopher Tindale (2004), par exemple, affirme la primauté de la rhétorique sur la logique et la dialectique dans toute argumentation, et considère que la situation argumentative – l'espace dynamique où les avis et concepts s'échangent et sont explorés en vue d'une compréhension mutuelle – se caractérise par la triade locuteur-auditoire-contexte.

Pendant cette même période, les analystes du discours et pragmaticiens ont élaboré une réflexion sur des thématiques similaires, mais en fonction de leurs horizons de recherche propres. La pragmatique s'est inspirée de la logique informelle et de l'argumentation dite ordinaire pour comprendre la logique et les présupposés, ou enthymèmes, des échanges quotidiens (Grice, 1979, 2001). Les notions de dialogisme et d'adressivité du discours (Bakhtin, 1986), qui anticipent et répondent aux attentes de l'auditeur, rejoignent le rôle central de l'auditoire dans la nouvelle rhétorique. Parallèlement à l'évolution de la philosophie évoquée plus haut, il y a eu également un tournant rhétorique dans les études disciplinaires, comme en témoignent par exemple les travaux de la *New Rhetoric* américaine (Freedman & Medway, 1994) et de John Swales (1990, 2004) dans le domaine des discours universitaires. Chez d'autres chercheurs, l'analyse du discours a évolué vers un intérêt accru pour l'argumentation, considérée même comme une dimension constitutive du discours (Amossy 2000, 2018). Cette évolution s'est matérialisée par la création en France, en 2008, de la revue *Argumentation et Analyse du Discours*, qui s'intéresse « aux rapports qui s'établissent entre l'analyse du discours, l'argumentation et la rhétorique dans l'espace global des sciences du langage »[1]. Dans cette perspective, certains chercheurs se sont concentrés plus particulièrement sur l'éthos (Amossy 2010 ; Maingueneau 2002).

On constate donc une forte convergence en philosophie et en analyse du discours sur la centralité de la rhétorique dans toute production discursive et sur la nécessité, pour bien analyser son rôle, de prendre en compte les trois composants de la rhétorique aristotélicienne : le *logos*, ou raisonnement, qui fait appel aux facultés rationnelles de l'auditoire en construisant une argumentation cohérente et étayée de manière appropriée ; le pathos, qui crée dans l'esprit du public une disposition favorable à la réception du discours, en particulier par l'appel aux émotions et l'éthos, ou la crédibilité de l'orateur telle qu'elle est construite dans et par son discours. Nous nous inscrivons pleinement dans cette optique, et avons cherché dans cette étude à l'appliquer à l'analyse d'un

1 <https://journals.openedition.org/aad/>.

nouveau genre universitaire, les présentations orales données en anglais dans le cadre du concours « *Three Minute Thesis* » (3MT) (« Ma Thèse en 180 secondes », MT180 en français). Comme nous le verrons dans la section suivante (section 1), consacrée aux objectifs du concours et aux critères d'évaluation des candidats, une approche rhétorique de ce genre s'avère particulièrement pertinente.

La définition de la rhétorique donnée par Aristote est la suivante :

> La rhétorique est la faculté de considérer, pour chaque question, ce qui peut être propre à persuader. (Aristote, *Rhétorique*, Livre I, Ch.2)

L'étude tentera donc de répondre aux trois questions suivantes :

- quelle est la structure logique et rhétorique privilégiée par les orateurs des 3MT pour organiser leurs présentations de manière à les rendre compréhensibles et convaincantes pour leur auditoire ?
- en termes de pathos, quelles sont les stratégies employées pour rendre le public réceptif au message ? Quelles sont les émotions que les présentateurs cherchent à susciter ?
- quel genre d'éthos les orateurs cherchent-ils à construire et sur quels fondements reposent leur crédibilité et leur autorité ?

L'article est organisé comme suit. Pour situer le contexte de communication, nous décrivons d'abord les objectifs et les critères d'évaluation du concours 3MT. La deuxième section présente brièvement le corpus collecté pour l'étude. Dans les sections 3, 4 et 5 nous analysons respectivement les trois composants rhétoriques (logos, pathos et éthos) correspondant à nos trois questions de recherche. Une discussion des résultats suit (section 6) et pour conclure nous évoquons quelques questions critiques soulevées par ce nouveau genre.

1 Le concours 3MT : objectifs et critères d'évaluation

Le concours 3MT a été lancé en 2008 par l'université de Queensland (Australie). Il a rapidement rencontré un vif succès bien au-delà de l'université et du pays d'origine, et est organisé à l'heure actuelle par plus de 600 institutions d'enseignement supérieur dans plus de 60 pays. Ainsi, le concept a été repris en 2012 au Québec sous le nom de MT180 par l'*Association francophone pour le savoir* (Acfas)[2] qui a souhaité étendre le projet à l'ensemble des pays francophones. L'université de Queensland (UQ) conserve toutefois la main sur le concours 3MT qui est une marque déposée par UQ. Toute institution souhaitant organiser le concours doit obtenir l'autorisation de UQ, utiliser le logo officiel sur les supports de communication, et respecter les règles définies par UQ. L'objectif est clairement exposé sur le site de UQ :

> The 3MT competition cultivates students' academic, presentation, and research communication skills. Presenting in a 3MT competition increases their capacity to effectively explain their research in three minutes, in a language appropriate to a non-specialist audience.

Du point de vue d'une analyse rhétorique, quatre aspects de cette définition sont particulièrement pertinents : il s'agit d'un *concours*, avec des gagnants et perdants, et un jury dont la décision est sans appel ; l'accent est mis non sur les capacités scientifiques du candidat, mais sur ses capacités de *communication* ; c'est l'adaptation de la présentation à *l'auditoire* qui est le critère appliqué pour juger de l'efficacité ou la réussite de la présentation ; enfin, les concurrents sont soumis à une *contrainte de temps* draconienne : exposer le fruit de plusieurs années de recherche doctorale en trois minutes, sous peine d'être disqualifié si la limite de temps est dépassée. Par ce dernier aspect, les 3MT participent d'une tendance actuelle plus générale de la communication de recherche hors de l'enceinte de l'académie, que nous avons appelée (Rowley-Jolivet & Carter-Thomas, 2019) des « *scholarly soundbites* », petits clips ou présentations audiovisuelles très brèves adaptées à des médias mobiles et à un public d'internautes.

En plus de cette très forte contrainte de temps, les orateurs doivent également se passer de la plupart des justifications ou « *warrants* » (Toulmin, 1958) scientifiques qui font habituellement partie intégrante de l'argumentation de recherche. Émetteurs et récepteurs ne

2 <https://www.acfas.ca/sites/default/files/documents_utiles/MT180_Jury_2018.pdf>.

partagent pas les mêmes connaissances disciplinaires ; la situation de communication est donc caractérisée par une forte asymétrie des savoirs entre orateur et public. Par ailleurs, les règles du concours précisent que les concurrents n'ont droit qu'à une seule diapositive, non animée, pour illustrer leurs propos, et à aucun autre accessoire. Sans les nombreux supports visuels qui viennent normalement appuyer les arguments dans les présentations de recherche, les orateurs, particulièrement en sciences, sont privés d'un outil de persuasion précieux. En outre, l'intérêt des résultats ne peut pas être invoqué pour convaincre le public : comme leur recherche est encore en cours, les doctorants ne sont pas arrivés à un stade qui leur permet de présenter des résultats concluants. Les « preuves » scientifiques qui seront sollicitées plus tard, par exemple pour la thèse elle-même ou pour un article de recherche, manquent à l'appel. Pour toutes ces raisons, les stratégies rhétoriques et argumentatives ne peuvent pas être celles habituellement adoptées dans d'autres genres de recherche, mais doivent être adaptées à ce contexte bien particulier.

Les documents fournis aux organisateurs d'un concours 3MT nous éclairent plus précisément sur les critères d'évaluation spécifiques à ce nouveau genre et que le jury doit appliquer (Tableau 1).

Tab. 1 : Critères d'évaluation appliqués par le jury aux 3MT

Critère	***Éléments pris en compte***	***Nombre de points***
Talent d'orateur et implication / ou Éloquence	– Le participant a-t-il démontré des qualités d'orateur et a-t-il fait preuve d'éloquence, de justesse de ton ? par ex. voix claire, présentation rythmée, justesse du ton, présence sur scène, interaction avec le public, enchaînement des idées – La personnalité du candidat : discours naturel, passionné, retour sur expériences	10
Médiation du sujet	– Le participant a-t-il utilisé une narration adéquate à la compréhension des contextes, enjeux et éventuels résultats de ses recherches ? – Spécificité et/ou originalité de son travail de thèse. – La diapositive apporte-t-elle une plus-value à la médiation du sujet ?	10
Coup de cœur	– Aspect particulièrement marquant lors de l'exposé	1 (bonus éventuel)

En parallèle, les sites du concours fournissent aux candidats des conseils de préparation : pour adapter leur exposé à l'auditoire, ils doivent éviter le jargon et la terminologie académique, mettre en avant l'objectif principal de leur recherche, intéresser le public par une accroche saisissante, par leur enthousiasme, et en présentant leur travail comme un récit (« Racontez une histoire »). Enfin, on leur recommande de s'entraîner intensivement.

Il ressort clairement de ce qui précède que ce sont des considérations rhétoriques qui prédominent. D'une part, l'évaluation porte explicitement sur les qualités oratoires, aussi bien dans l'élocution (éloquence vocale, débit de parole) et l'engagement personnel total de l'orateur (présence physique sur scène, personnalité, discours passionné…) que dans sa prise en compte de l'auditoire (interactivité, recontextualisation ou médiation du sujet en fonction du public non spécialisé, impact visuel), avec un point de bonus possible pour les performances exceptionnelles. D'autre part, les conseils de préparation donnés aux candidats suivent le schéma bien connu de la rhétorique classique : la préparation d'une 3MT commence par *inventio* (résumer le sujet de thèse), se poursuit par le choix de la *dispositio* (la structure narrative), de l'*elocutio* (ici, le style simple), *memoria* (Entraînez-vous !), puis *actio* ou spectacularisation du discours (expression corporelle, gestuelle, vocale).

2 Le corpus

Comme indiqué dans le Tableau 2, le corpus de cette étude se compose de 30 présentations orales 3MT en anglais, équiréparties entre sciences dures ou expérimentales (biotechnologie, chimie, mécanique, ingénierie, biologie, médecine ; 15 présentations) et sciences humaines et sociales (sociologie, psychologie, didactique, linguistique, philosophie, théologie ; 15 présentations), afin de permettre une analyse des éventuelles différences de stratégies rhétoriques employées dans ces deux grands domaines disciplinaires. Nous avons également collecté les résumés de thèse correspondants. Les présentations ont eu lieu entre 2011 et 2016, et les thèses ont été soutenues, avec un léger décalage temporel, entre 2013 et 2018. Tous les doctorants poursuivaient leur recherche dans un milieu universitaire anglophone

(Australie, Canada, Royaume-Uni, États-Unis) et étaient, en très grande majorité, eux-mêmes anglophones. Les présentations ont été téléchargées depuis les sites universitaires respectifs ou depuis YouTube ; les résumés étaient accessibles sur les sites universitaires. Le critère que nous avons retenu pour sélectionner les 30 présentations, parmi le grand nombre de 3MT disponibles en ligne, était le suivant : en plus d'avoir soutenu leur thèse avec succès, les candidats devaient être les lauréats ou premiers finalistes de leurs concours respectifs, afin de garantir, sur la base du classement établi par le jury, que la présentation correspondait bien aux objectifs visés par le concours et était considérée comme un excellent exemple du genre.

Tab. 2 : Le corpus de 30 3MT

	Nombre de présentations 3MT	**Longueur (en mots)**	**Nombre de résumés de thèse**	**Longueur (en mots)**
Sciences	15	494	15	430
SHS	15	464	15	344
Total	30	14 419	30	11 597

Les présentations ont été transcrites à partir de l'enregistrement vidéo, fournissant un corpus oral total de 14 419 mots et d'une durée de 90 minutes. Les présentateurs scientifiques ont un débit de parole un peu plus rapide que les orateurs en SHS, avec une moyenne de 494 mots / 3 min contre 464. On retrouve cette même différence dans la longueur respective des résumés de thèse (430 mots en sciences contre 344 mots en SHS en moyenne).

3 Logos

L'analyse de la structure logique des présentations a été conduite selon la méthode des mouvements rhétoriques (« *move analysis* »), dont l'utilité et l'efficacité dans l'analyse des discours académiques ne sont plus à démontrer (Swales 1990, 2004). Nous nous sommes inspirées de l'étude récente de Guangwei Hu et Yanhua Liu (2018), qui ont analysé les mouvements rhétoriques dans un corpus de 142 présentations 3MT en sciences et en SHS. Cette analyse a permis aux auteurs d'identifier huit mouvements récurrents. Appliqué à notre corpus de 30 3MT, ce modèle donne des résultats qui concordent étroitement avec ceux de G. Hu et Y. Liu : non seulement nous observons les mêmes huit mouvements, mais ce sont également les mouvements 3 (*Framework*) et 6 (*Results*) qui sont optionnels dans notre corpus selon le critère proposé par Hu et Liu (mouvements présents dans moins de 80 % des présentations) (Fig. 1).

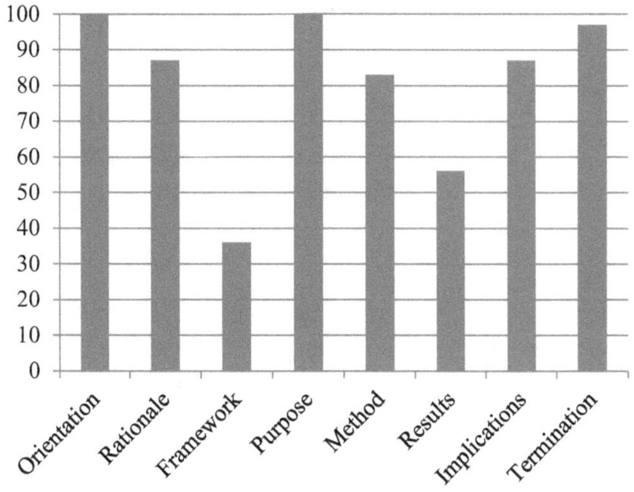

Fig. 1 : Mouvements rhétoriques dans le corpus de 30 présentations 3MT (en %)

Le premier mouvement, Orientation, observé dans toutes les présentations, est un bref préambule qui sert à établir le contact avec le public et orienter celui-ci vers le sujet de la présentation (voir section 4.3 pour une analyse détaillée de ce mouvement d'ouverture) ; en cela, il ressemble au mouvement de « *Listener Orientation* » que nous avons identifié dans les communications de congrès (Rowley-Jolivet & Carter-Thomas 2005). Le deuxième mouvement, Motivation (*Rationale*), met en avant, dans des termes très simples, la lacune de connaissances ou le problème concret que le travail de thèse cherche à combler ou à résoudre ; il correspond au mouvement « *Establishing a Niche* » dans le modèle CARS proposé par Swales (1990) :

[1] Unfortunately, the current treatment [for eye infections] in the form of an eye drop is not optimal as most of the drugs quickly get washed or drained away by all the cleaning mechanisms that keep your eyes clean.

Le mouvement 3, Cadre théorique (*Framework*), fournit une indication brève et peu spécifique du cadre conceptuel de la recherche :

[2] the literature tells us that out of the different ways we cope with our emotions, "avoidance" has the most negative impact on our health and wellbeing.

Le mouvement 4, Objectifs, constitue le cœur de la présentation :

[3] A key aim of my research is to put the study of questioning back on the philosophical map.

Le mouvement 5, Méthode, bien que relativement fréquent, fournit seulement des indications brèves ou évaluatives plutôt que techniques :

[4] using *machine learning techniques* … developing *a brand-new method*

Le mouvement 6, Résultats, ne figure que dans la moitié des présentations, contrairement au mouvement 7, Implications, qui permet aux orateurs de souligner l'importance ou la contribution spécifique de leur travail, en le reliant aux préoccupations quotidiennes du public :

[5] My findings have important implications for the way spelling is taught.

Les présentations s'achèvent par le dernier mouvement, Clôture (*Termination*), qui renoue avec le contexte communicatif en adressant un simple *Thank you* ou autre remarque de clôture au public.

Ces résultats appellent plusieurs remarques, qui permettront de cerner plus précisément le logos spécifique des 3MT. Alors qu'un critère déterminant pour un jury de thèse sera le degré de maîtrise de la théorie démontré par le candidat, dans le concours 3MT, en revanche, les concurrents ne cherchent pas à convaincre le jury ou le public par ce genre d'arguments : le mouvement 3, Cadre théorique, ne figure que dans un tiers des présentations (et dans seulement 1/5e en sciences, voir la Fig. 2). On peut attribuer cette différence à la fois à la forte contrainte de durée et à l'asymétrie des savoirs entre orateur et auditeurs. Une autre spécificité concerne les résultats, qui sont un composant optionnel des 3MT, alors que l'analyse des résumés de thèse par Geneviève Bordet (2011), qui identifie quatre mouvements rhétoriques (Cadre, Objectifs, Méthode et Résultats), montre que les résultats en sont un élément constitutif, tout comme dans les résumés des articles de recherche (Hyland 2004). L'absence fréquente de résultats dans les 3MT – et donc de la discussion des résultats, élément essentiel dans les publications de recherche – est à attribuer à la nature inachevée du travail de thèse au moment de la présentation orale ; elle prive les orateurs d'un moyen de persuasion de poids.

Laissant de côté pour l'instant les deux mouvements d'ouverture et de clôture, qui concernent plus le contexte communicatif que le sujet de recherche en lui-même, il semblerait que la rhétorique du *logos* dans les 3MT repose essentiellement sur les trois mouvements de Motivation, Objectifs et Implications. Les informations véhiculées dans ces trois mouvements ne sont pas très techniques et sont susceptibles d'être comprises rapidement par un public non spécialiste. On peut ainsi considérer qu'elles relèvent plus de la promotion que de la science.

Afin de détecter d'éventuelles différences disciplinaires dans la structure argumentative des 3MT, nous avons comparé les mouvements rhétoriques des 15 présentations en sciences avec ceux des 15 présentations en SHS (Fig. 2).

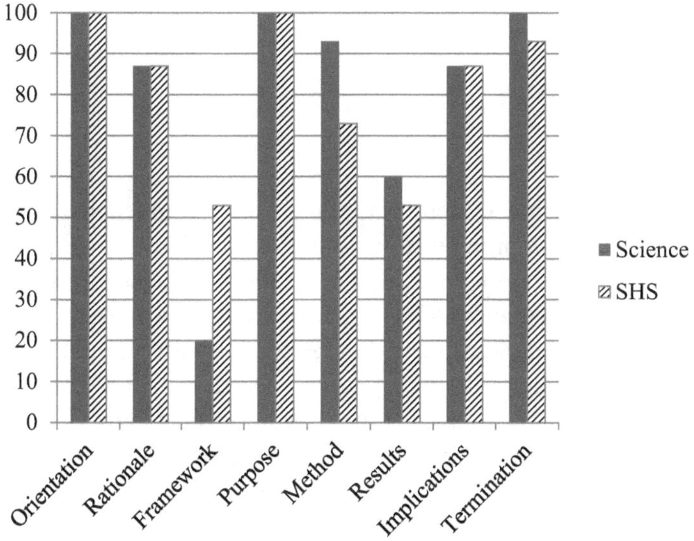

Fig. 2 : Comparaison des mouvements rhétoriques dans les 3MT en sciences (n = 15) et en SHS (n = 15) en %.

Alors que de nombreux travaux comparatifs dans d'autres genres ont constaté des différences entre disciplines en ce qui concerne les mouvements rhétoriques, on trouve une très grande similitude dans les 3MT. Le nombre de mouvements total dans les deux sous-ensembles est strictement identique (97), et la seule différence notable concerne le mouvement 3, Cadre théorique, plus fréquemment employé en SHS qu'en sciences. Hu et Liu (2018) ont constaté cette même variation disciplinaire et l'ont attribuée à la différence entre une épistémologie du savoir (les sciences) et une épistémologie du savant (SHS), plus herméneutique (Maton 2007). À cela on peut ajouter que dans le cadre des 3MT, il serait pratiquement impossible d'expliquer un concept ou une théorie scientifique (tel que l'enthalpie libre ou l'immunocytochimie) à un public non spécialisé, alors que nombre de concepts en SHS (tel que la pleine conscience – *mindfulness* – par exemple) sont plus accessibles ou plus familiers.

La concordance de nos résultats avec ceux de Hu et Liu (2018), ainsi que la grande similitude entre les disciplines, indiquent que ce genre, bien que très récent, a rapidement développé sa structure rhétorique propre, très stable et régulière, où la persuasion par le logos repose sur un petit nombre de mouvements rhétoriques récurrents et adaptés aux contraintes communicatives de la situation.

4 Pathos

Le pathos représente le côté émotionnel des arguments. Il s'agit de créer les conditions propices à la réception du discours, de persuader en faisant appel aux émotions de l'auditoire pour accroître l'efficacité du message à transmettre. Or, la manière dont les orateurs des 3MT attirent l'attention de leur public et créent ces conditions est très différente de celle employée dans les genres scientifiques plus traditionnels, telles les thèses à l'écrit ou les communications de congrès à l'oral.

Nous proposons de nous intéresser tout particulièrement au début de la présentation. Des cinq parties du discours établies par la rhétorique classique (exorde, narration, division, réfutation et conclusion), l'exorde est sans doute l'une des plus essentielles, celle dont dépend souvent la réussite de tout ce qui suit. L'exorde a pour objectif de capter l'attention des auditeurs et de s'assurer leur bienveillance ; elle commence souvent pour cette raison par la *captatio benevolentiae.* Nous décrivons les types de procédures employés par les orateurs des 3MT pour capter l'attention des auditeurs dès l'ouverture du discours, en examinant le titre des présentations, les accroches visuelles et les réalisations du premier mouvement.

4.1 Titres des présentations

On peut considérer les titres comme la toute première procédure employée par les orateurs des 3MT pour susciter l'intérêt de l'auditoire, avant même la prise de parole. Si nous comparons les titres des 3MT avec les titres équivalents utilisés dans les thèses (voir Tableau 3 pour un échantillon), nous constatons que, dans notre corpus, seuls deux titres restent inchangés ; les autres sont retravaillés afin de créer un impact maximum et de capter l'attention de l'auditoire.

Tab. 3 : Comparaison entre les titres des présentations 3MT et des thèses correspondantes

	Titre 3MT	**Technique**	**Titre Thèse**
a)	Suspects, Science and CSI	Allitération, Séquence ternaire	*On Expertise in fingerprint identification*
b)	Cracking the Code with Computers	Métaphore Allitération	*An Iterated learning framework for unsupervised part-of-speech induction*
c)	Learning to breathe, breathing to learn	Chiasme	*Learning, breathing, and well-being: Teachers' reflections on pedagogical possibilities through mindfulness*
d)	Spell write… Right?	Jeu de mots Syntaxe interactive	*An Examination of spelling acquisition in the middle and upper primary school years*
e)	Blood, Sweat and Ears	Jeu de mots Absence de terminologie	*Identifying polymers that support the growth and differentiation of adipose derived pericytes for use in auricular reconstruction*
f)	Improving vehicle efficiency – using springs!	Absence de terminologie Syntaxe interactive	*Simulations and experimental characterization of the torque converter damper system*

Comparés aux titres des thèses, les titres des présentations sont beaucoup plus courts, avec une syntaxe plus interactive (points d'interrogation ou points d'exclamation) ; elles ne comportent presque aucun terme technique, comme en (e) et (f). Les orateurs se servent aussi de toute une panoplie de techniques, certaines inspirées des figures rhétoriques, telles que les séquences ternaires et allitération (a), métaphore (b), structure chiasmique (c), et jeu de mots (d et e).

4.2 Accroches visuelles

Les informations visuelles présentées sur les diapositives constituent également un moyen pour attirer l'attention de l'auditoire. Comme mentionné précédemment, les orateurs n'ont droit qu'à une seule diapositive, non animée, pour illustrer leurs propos, et il est donc très important que celle-ci soit le plus efficace possible.

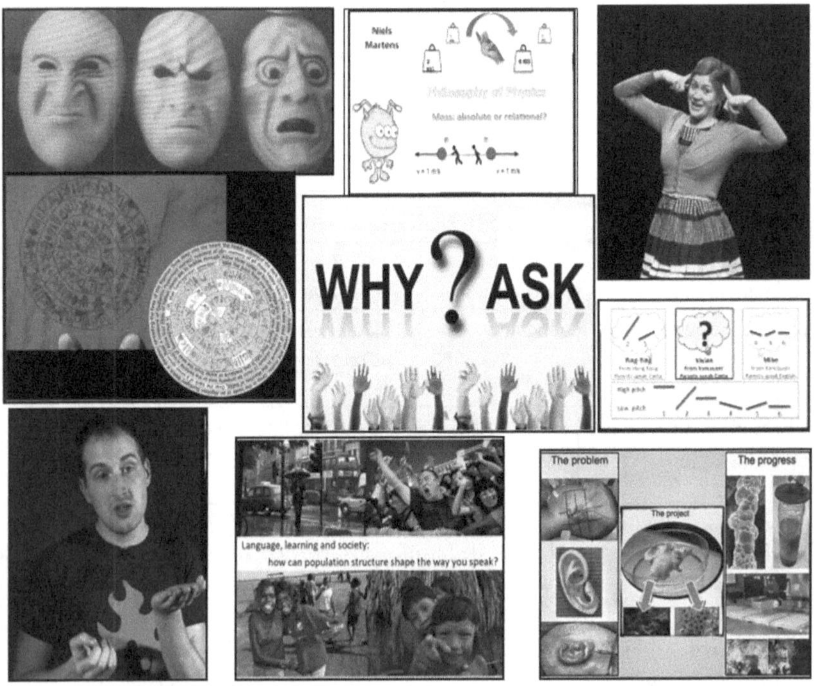

Fig. 3 : Accroches visuelles dans les présentations 3MT

Comme la Fig. 3 le démontre, les orateurs 3MT choisissent surtout d'exploiter les contenus proprement visuels – photos, images, schémas – et n'emploient presque pas de contenu textuel sur leurs diapositives.

L'*actio* ou action oratoire sert aussi à attirer l'attention de l'auditoire. La gestuelle du corps, la voix et le contact visuel sont des éléments très importants au début de la présentation pour interpeller l'assistance et créer une bonne ambiance. Les présentateurs essaient aussi de créer un impact visuel fort. Ils sont debout dans la salle ou l'amphithéâtre, mais ne restent pas immobiles. Ils bougent, et effectuent des gestes très expressifs avec les bras et les mains. Ils peuvent aussi se servir de leur apparence vestimentaire comme dans le cas de l'un des concurrents qui porte un T-shirt pour illustrer le sujet de sa présentation (« *heat* »).

4.3 L'orientation : stratégies pour établir un contact avec le public

Comme souligné dans la section consacrée au Logos, toutes nos présentations 3MT comprennent un premier mouvement (Orientation) qui sert à établir le contact avec les auditeurs et les orienter vers le sujet de la présentation. Dans ce mouvement les orateurs font appel à plusieurs stratégies, dont les plus courantes, utilisées dans deux tiers des présentations, sont les suivantes : raconter une histoire personnelle, poser une question ou évoquer un scénario imaginaire. Il s'agit de stratégies de communication qui sont souvent citées dans les manuels de prise de parole en public (Lucas 2015 ; Rossette 2017) et leur emploi traduit le caractère très préparé du 3MT ainsi que l'importance attachée à la performance elle-même, par opposition au contenu proprement dit. L'emploi des récits est également préconisé dans les conseils fournis aux candidats (*cf.* section 1).

Certaines des histoires racontées par les concurrents dans notre corpus contiennent des détails très personnels et même intimes. Une des oratrices commence sa présentation par le récit de la maladie et du décès de sa mère à la suite d'un cancer. Une autre concurrente raconte l'histoire de l'expérience traumatisante de son enfant commençant l'école élémentaire, pour expliquer le choix de son sujet de thèse :

> [6] I'd like to begin today with a story, a story about a little boy starting grade 1. He got sick, very sick. He ended up in the hospital. He lost his voice. He lost

> his ability to speak. He lost his ability to breathe. (…) The story of this little boy, my little boy, […], is a true one and it's the catalyst for my research.

Comme l'explique Patrick Charaudeau (2008), le pathos passe par un processus de dramatisation qui consiste à provoquer l'adhésion passionnelle de l'autre en atteignant ses pulsions émotionnelles. Dans l'exemple [6], l'appel à l'émotion du public est flagrant. Plus généralement les histoires participent à cette stratégie discursive dramatisante et, de cette manière, servent à instaurer un contact ou une connivence avec le récepteur.

Une autre stratégie très employée dans notre corpus est celle de scénarios imaginaires. L'orateur fait participer les auditeurs, en leur demandant d'imaginer une scène ou une image : « *Just imagine* », « *Think of me as…* », « *Picture a monster* ». Dans une présentation portant sur la linguistique informatique, l'orateur se sert d'un scénario imaginaire qui implique l'atterrissage d'un OVNI et la découverte de traces étranges sur le sol afin d'introduire son sujet de thèse, à savoir la recherche de schémas réguliers dans les langues qui correspondraient à différentes parties du discours :

> [7] Let me set the scene for you. You're driving in the desert. It's the middle of the night. There's no one but you on the road and then suddenly "bang" you see this thing crash landing in front of you. You decide to explore, so you take out your torch and you walk towards it and then you see these strange markings in the ground. They look man-made. You can see some patterns but nothing that you can discern.

Il s'agit de nouveau d'une stratégie discursive dramatisante. Le décor est planté. L'orateur réussit à attirer l'attention des auditeurs en piquant leur curiosité. Ils ont envie de savoir comment le mystère va être résolu.

4.4 Pathos et humour

Une autre émotion que les orateurs cherchent souvent à susciter chez les auditeurs est celle du rire. Afin de détendre l'ambiance au début de la présentation et/ou pour accompagner les autres stratégies d'ouverture, les orateurs emploient des traits d'humour, en recourant souvent à l'autodérision. Dans l'extrait [8], par exemple, extrait du tout début d'une présentation, le jeune orateur n'hésite pas à faire une plaisanterie, à ses dépens, en jouant sur le mot « *hot* » : la propagation de la chaleur et une allusion à son « sex-appeal » :

> [8] I'm Jamie Gallagher and I'm from the university of Glasgow in Scotland. And you're all looking at me and thinking one thing. Ouf he's hot and you're right. [rires] I'm radiating heat all the time. In fact we all are.

La référence à la propagation de la chaleur lui permet ensuite de faire la transition avec le sujet de sa présentation de thèse, l'énergie thermique. La technique semble être appréciée par l'assistance, car la plaisanterie fait beaucoup rire. Un autre concurrent évoque également le sexe pour aiguiser l'intérêt du public – et les fait rire en décevant les attentes qu'il a suscitées avec l'annonce de son vrai sujet, la reproduction des plantes. Ces différentes touches d'humour aident à créer les dispositions d'écoute favorables chez les auditeurs.

5 Éthos

Dans l'ancienne rhétorique, l'éthos est l'ensemble des traits de caractère que l'orateur affiche dans son discours afin d'établir avec l'auditoire une relation de confiance et, ainsi, exercer une influence sur elle (Aristote 1991). Pour donner cette image positive de lui-même, l'orateur peut jouer de trois qualités fondamentales : une argumentation pondérée (*phrónesis*), une argumentation sincère (*areté*) et une bienveillance envers l'auditoire (*eúnoia*). Si, comme on l'a souligné, l'éthos est une construction du discours, il est surtout important de montrer une image de soi qui sera adaptée au contexte car, comme Dominique Maingueneau le souligne, il s'agit d'un comportement socialement évalué, qui ne peut être appréhendé hors d'une situation de communication précise (2002). Comment font les orateurs 3MT pour établir leur autorité (éthos) ? Étant donné les contraintes de temps, leur statut en tant que doctorant et la composition multidisciplinaire de l'auditoire, quelle est la position d'autorité adoptée ? Quelles sont les qualités mises en avant ? Pour trouver la réponse, il peut être utile de définir d'abord ce qui n'est pas pertinent dans ce contexte. Comme nous l'avons souligné dans la partie consacrée au logos, l'autorité d'un orateur 3MT ne dépend pas des mêmes critères que ceux appliqués par les examinateurs d'un jury de thèse – à savoir la maîtrise de la théorie, la solidité de la méthode de recherche, la fiabilité des résultats et de leur interprétation. Les aspects purement scientifiques sont omis ou figurent très peu dans la présentation 3MT. Autrement dit, l'objectif premier des orateurs n'est pas d'établir leur autorité comme chercheurs. En revanche leur éthos semble être davantage fondé sur des arguments non techniques, parmi lesquels la sincérité, la bienveillance et la proximité avec le public, et ce que nous avons appelé la crédibilité de rue ou « *street cred* ».

5.1 Sincérité et prise de responsabilité

L'éthos personnel de l'orateur est très explicitement affiché à travers l'emploi du pronom de la première personne du singulier. L'orateur parle en son propre nom et assume ses actions et ses opinions. Au lieu d'appuyer ses hypothèses sur des références à la littérature ou sur d'autres preuves scientifiques, l'orateur n'hésite pas à les valider directement :

> [9] Therefore I believe there must be a better solution.

Le ton est très personnel. La personne de l'orateur est mise en avant. Certains concurrents racontent aussi des histoires personnelles pour renforcer leurs hypothèses et promouvoir leur recherche (voir aussi section 4 sur le pathos) :

> [10] I'm a teacher myself and a mother and an academic and through these various roles I've spent a lot of time in schools. I've noticed a problem.

Afin d'obtenir l'adhésion du public, les orateurs essaient aussi de se montrer non pas seulement sincères, mais aussi travailleurs et honnêtes. Ils reconnaissent certaines erreurs, afin de souligner l'honnêteté et l'authenticité de leur démarche.

> [11] I began my PhD with the naive assumption that children can learn to write a creative story […].

5.2 Bienveillance et proximité

L'*eúnoia* ou la bienveillance envers autrui est bien visible dans la manière dont les orateurs sont attentifs aux besoins de leurs auditeurs, et soucieux de créer une proximité avec eux. Les orateurs exploitent très souvent, par exemple, des questions afin d'impliquer l'auditoire et d'instaurer un pseudo-dialogue (chaque présentation 3MT de notre corpus comporte 2 ou 3 questions en moyenne). Dans l'extrait [12], le locuteur semble interpeller l'auditeur directement :

> [12] Remember the last time a cold went around your office? Has it ever bothered you that some people get completely wiped out where others just get the sniffles?

Une autre technique couramment employée par les concurrents concerne l'emploi des questions sous le format « question/réponse » :

> [13] So what do I mean when I tell you that your language is simple? Well, let's try to describe yesterday's weather in English.

La présentation en deux temps permet au locuteur d'introduire des informations progressivement, tout en créant du suspens. Le peu de contenu scientifique inclus peut ainsi être transmis d'une manière interactive et dialogique.

5.3 Éthos et « street cred »

L'image positive de l'orateur passe aussi par une procédure d'identification. D. Maingueneau, par exemple, évoque la dimension intra-communautaire de l'éthos où l'énonciateur « fait corps » avec une communauté d'adhérents au même discours (2002). L'orateur sera d'autant plus persuasif que son discours reflétera certaines valeurs communes partagées avec les auditeurs. Or comme nous l'avons constaté, le type d'éthos créé par les orateurs 3MT n'est pas fondé sur des connaissances ou expertises scientifiques. En revanche, les orateurs s'attachent à créer un terrain d'attente fondé sur des valeurs culturelles et sociales supposées partagées et sur une attitude ou un style moderne, autrement dit leur *« street cred »*. Ils font référence, par exemple, à des films et à des séries communément appréciés par les jeunes d'une même tranche d'âge :

> [14] Okay this is actually a scene from a film called *Thor* which is a really good film, you should watch it.

Il s'agit pour les orateurs d'afficher leur solidarité avec le public estudiantin présent dans l'assistance. Tout en étant sérieux dans leur travail, ils sont jeunes et ils ne se prennent pas trop au sérieux. Ils essaient d'adopter un ton léger et proche de leur public, et emploient un langage assez informel : « *Now this is brilliant, Well I can see that you're absolutely fascinated, And yeah that's it, thank you* ». Ils sont soucieux d'apparaître aimables et abordables et de ne pas ennuyer leurs auditeurs :

> [15] I won't go into too much detail because I'm sure none of you will find it that interesting.

En fin de compte, leur « *street cred* » et leur image auprès du public semblent beaucoup plus importantes que leur crédibilité scientifique en tant que telle.

6 Discussion

Une approche rhétorique des 3MT selon les trois composants aristotéliciens, logos, pathos et éthos, s'est révélée très féconde et a permis de répondre à nos trois questions initiales. Pour ce qui est de la structure logique des présentations, l'analyse des mouvements a montré que, lors de la recontextualisation du sujet, souvent abscons, de la thèse pour un public profane, les éléments généralement les plus convaincants auprès d'un public de spécialistes – maîtrise de la théorie, méthodologie rigoureuse, résultats étayés et fiables – sont quasiment absents des 3MT. À leur place, les orateurs insistent sur les aspects très largement accessibles de leur travail tels que la motivation, les enjeux et les implications sociétales. C'est d'ailleurs cette médiation du sujet et la prise en compte de l'auditoire (dans la droite lignée de la nouvelle rhétorique pérelmanienne) qui est évaluée par le jury, et non la valeur scientifique intrinsèque de la recherche.

En termes de pathos, nous avons identifié trois stratégies privilégiées pour créer les conditions propices à la réception du discours : un titre de présentation qui intrigue et capte l'attention, en utilisant souvent des figures rhétoriques pour en augmenter l'impact ; les accroches visuelles et une spectacularisation du discours ; et un premier mouvement d'orientation qui appelle à l'émotion par une histoire personnelle, dramatise le sujet par la création d'un scénario imaginaire, interpelle le public par des questions, ou détend l'ambiance par un trait d'humour. Enfin, l'éthos que les présentateurs cherchent à construire dans les 3MT est fondé sur la sincérité, la personnalisation du discours, la bienveillance envers le public et une procédure d'identification avec l'auditoire que nous avons appelée « *street cred* », grâce à l'emploi de la première personne du singulier, de questions, de références culturelles partagées et d'un registre de langue informel. Ce sont sur ces valeurs, et non sur leur autorité comme chercheurs, que les orateurs des 3MT fondent leur crédibilité auprès du public.

Ces caractéristiques, que nous avons observées avec une grande régularité dans le corpus multidisciplinaire constitué pour l'étude, différencient très nettement la rhétorique des 3MT des genres universitaires établis tels que les communications de congrès et les soutenances de thèse. D'ailleurs, jusqu'à présent, nous avons qualifié les 3MT de « nouveau genre », en raison de leur création récente et de ces différences avec les genres de recherche existants. Il est bien connu, cependant, qu'un genre est rarement complètement nouveau : il s'inspire de, ou s'appuie sur, un ou plusieurs genres existants, les adaptant à l'évolution des circonstances et des objectifs. Comme le précise Kathleen Jamieson (1975 : 406), « les discours portent, dans leurs chromosomes, la marque de genres anciens[3] ». Dans le cas des 3MT, il n'est pas interdit de penser que ce genre trouve ses racines lointaines dans la pratique en Grèce antique des exercices préparatoires de rhétorique, ou *προγυμνάσματα* (progymnasmata) dont le but était de former les apprenants à l'art oratoire (Sans et Chiron, sous presse). Dans ce sens, on peut estimer qu'il participe de la mode actuelle des concours d'éloquence ou joutes oratoires organisés dans les grandes écoles et universités et témoigne du regain d'intérêt pour la rhétorique dans le milieu universitaire.

3 « [...] *discourses bear the chromosomal imprint of ancestral genres* ».

Toutefois, et sans vouloir nier l'utilité, pour les jeunes chercheurs, de savoir expliquer la pertinence sociétale ou fondamentale de leur travail à un public plus large, les caractéristiques rhétoriques des présentations 3MT identifiées ici soulèvent, nous semble-t-il, quelques interrogations plus critiques, et qui risquent de ranimer le vieux débat platonicien sur les déviations de la rhétorique (voir l'Introduction). Tout d'abord, comme souligné dans les sections précédentes, les compétences valorisées par le concours sont fort éloignées de celles évaluées lors d'une soutenance de thèse. On peut donc légitimement se demander si les présentations 3MT ne constituent pas un entraînement négatif pour la soutenance – ou bien, à plus long terme, si l'accent mis dans les 3MT sur les capacités communicationnelles, au détriment des compétences scientifiques, n'infléchira pas les attentes du jury et la présentation du candidat lui-même vers un style de soutenance plus promotionnel. Il faut remarquer, d'ailleurs, qu'une large diffusion des présentations est prévue ; elle constitue un élément de promotion non négligeable des participants (universités et doctorants). Comme le précise le Cahier de l'Organisateur de l'Acfas, « [l]es vidéos seront mises en ligne sur les sites des universités et pourront être relayées sur plusieurs réseaux sociaux ».

Une deuxième interrogation concerne l'aspect concurrentiel des 3MT. En effet, l'objectif est de gagner, au niveau régional, national puis international, et le concours comporte toutes les caractéristiques d'un jeu : telle une compétition sportive, il y a des gagnants et des perdants, un score attribué par un jury, des règles de jeu contraignantes, une médaille – et un prix en argent – à gagner. On peut donc considérer que le concours 3MT est un exemple frappant de ce que Björn Hammarfelt *et al.* (2016), dans leur étude sur les réseaux sociaux académiques (ResearchGate, Impactstory), ont appelé la « *gamification* » de la recherche. Bien que la concurrence ait toujours été un élément important dans la recherche, comme en témoignent les controverses d'antériorité qui ont émaillé l'histoire de la science, encourager les candidats à envisager la recherche, dès le début de leur carrière, principalement dans un esprit de compétitivité et de performance pourrait induire des biais néfastes à terme. Un risque similaire est pointé par Benoît Sans et Pierre Chiron (sous presse) qui notent que les concours d'éloquence risquent de privilégier la performance individuelle, voire le spectacle, au détriment du but initial de l'art oratoire, le débat démocratique.

Pour ce qui est des perspectives futures, il serait intéressant d'étudier le développement des présentations 3MT en tant que genre. Vont-elles devenir une partie intégrante du paysage académique international ? On peut se demander aussi si les traits promotionnels et concurrentiels associés aux 3MT sont révélateurs d'une tendance plus générale vers la spectacularisation de la recherche, où la partie divertissement prendrait le pas sur les aspects purement informationnels.

Références bibliographiques

Amossy, Ruth, *L'Argumentation dans le discours*, Paris, Armand Colin, 2000.

Amossy, Ruth, *La présentation de soi. Éthos et identité verbale*, Paris, PUF, 2010.

Amossy, Ruth, Introduction : la dimension argumentative du discours – enjeux théoriques et pratiques, *Argumentation et Analyse du Discours* 20, 2018. DOI : 10.4000/aad.2560

Aristote, *Rhétorique*, Trad. avec Introduction de M. Meyer et Commentaires de B. Timmermans, Paris, Le Livre de Poche, 1991.

Bakhtin, Mikhail, *Speech Genres and Other Late Essays*, Trans. Vern W. McGee. Austin, TX: University of Texas Press, 1986.

Bordet, Geneviève, *Etude contrastive de résumés de thèse dans une perspective d'analyse de genre*, Thèse de doctorat, Université Paris 7, 2011.

Charaudeau, Patrick, Pathos et discours politique, in Michael Rinn (dir.), *Émotions et discours. L'usage des passions dans la langue*, Rennes, Presses universitaires de Rennes, 2008, 49–58.

Freedman, Aviva / Medway, Peter (dir.), *Genre and the New Rhetoric*, London, Taylor & Francis, 1994.

Grice, Herbert Paul, Logique et conversation, *Communications* 30, 1979, 31–56.

Grice, Herbert Paul, *Aspects of Reason*, Oxford, The Clarendon Press, 2001.

Hammarfelt, Björn / de Rijcke, Sarah / Rushforth, Alexander D., Quantified Academic Selves: The Gamification of Science through Social Networking Services, *Information research* 21 (2), 2016. Retrieved from http://InformationR.net/ir/21-2/SM1.html

Hu, Guangwei / Liu, Yanhua, Three Minute Thesis Presentations as an Academic Genre: A Cross-disciplinary Study of Genre Moves, *Journal of English for Academic Purposes* 35, 2018, 16–30.

Hyland, Ken, *Disciplinary Discourses: Social Interactions in Academic Writing*, Ann Arbor MI, The University of Michigan Press, 2004.

Jamieson, Kathleen M., Antecedent genre as rhetorical constraint, *Quarterly Journal of Speech* 61, 1975, 406–415.

Lucas, Stephen E., *The Art of Public Speaking*, New York, McGraw-Hill Education, 2015.

Maingueneau, Dominique, Problèmes d'éthos, *Pratiques*, 113(1), 2002, 55–67.

Maton, Karl, Knowledge-knower structures in intellectual and educational fields, in Frances Christie / J.R. Martin (Eds.), *Language, Knowledge and Pedagogy: Functional Linguistic and Sociological Perspectives*, 2007, 87–108.

Perelman, Chaïm / Olbrechts-Tyteca, Lucie, *Traité de l'Argumentation – La Nouvelle Rhétorique*, Bruxelles, Editions de l'Université de Bruxelles, 1958.

Rossette, Fiona, *Prendre la parole en anglais*, Paris, Armand Colin, 2017.

Rowley-Jolivet, Elizabeth / Carter-Thomas, Shirley, The rhetoric of conference presentation introductions: Context, argument, and interaction, *International Journal of Applied Linguistics* 15 (1), 2005, 45–70.

Rowley-Jolivet, Elizabeth / Carter-Thomas, Shirley, Scholarly soundbites: Audiovisual innovations in digital science and their implications for genre evolution, in María J. Luzón / Carmen Pérez-Llantada (dir.), *Science Communication on the Internet. Old Genres Meet New Genres*, Amsterdam, John Benjamins, 2019, 81–106.

Sans, Benoît / Chiron, Pierre (dir.), *Les progymnasmata en pratique, de l'Antiquité à nos jours*, Éditions de la rue d'lm, sous presse.

Swales, John M., *Genre Analysis*, Cambridge, Cambridge University Press, 1990.

Swales, John M., *Research Genres*, Cambridge, Cambridge University Press, 2004.
Tindale, Christopher, *Rhetorical Argumentation*, London, Sage, 2004.
Toulmin, Stephen, *The Uses of Argument*, Cambridge, Cambridge University Press, 1958.

Geneviève Bordet

Forger la voix d'un chercheur : *abstracts* de thèses et place de la narration dans la stratégie rhétorique

Abstract : Si le discours scientifique tend à être régi par les lois de la logique argumentative et de l'objectivité, nombre de recherches ont montré l'importance que revêt la stratégie rhétorique qui permet à l'auteur de construire son positionnement de chercheur, et notamment l'utilisation d'éléments narratifs. Les *abstracts* de thèse constituent un exemple intéressant de ce type de stratégie dans la mesure où ils offrent un reflet de l'image que les doctorants se sont forgée de leur discipline. Nous appliquons le modèle d'analyse de la narration proposé par Labov et Waletzky (1967) à un corpus composé *d'abstracts* publiés en didactique des mathématiques et en sciences des matériaux dans un contexte anglophone et relevons les éléments lexicogrammaticaux qui marquent la stratégie de l'auteur. L'étude contrastive des deux disciplines met en évidence une grande différence dans l'utilisation de schémas narratifs et leur implication pour la vision de ce qu'est une démarche scientifique.

Mots-clés : *discours scientifique, abstracts, déictiques, modalisation, narration*

Introduction

On tend à considérer que le discours scientifique appuie sa crédibilité et sa force de persuasion sur la cohérence et la logique de son argumentation, hors de toute subjectivité. Pourtant, depuis une vingtaine d'années, nombre d'études (Hunston & Thompson 1999, Tognini-Bonnelli & Camiciotti 2005, Charles 2006, Hyland & Sancho Guinda 2012) ont souligné le rôle essentiel que jouent les stratégies rhétoriques dans la construction de son positionnement par le chercheur, en filigrane de sa démonstration. D'autres recherches ont mis en évidence la manière dont les discours spécialisés intègrent les techniques de la narration (Gotti & Sancho Guinda 2013) ou de la mise en récit (Resche 2016).

C'est dans ce cadre que nous proposons de nous intéresser ici aux stratégies rhétoriques mises en œuvre dans les *abstracts* pour créer et renforcer la voix du chercheur. Si les *abstracts* d'articles ont particulièrement attiré l'attention des linguistes en raison du rôle essentiel qu'ils jouent dans le processus de sélection des écrits scientifiques (Hyland 2004, Samraj 2005, Swales & Feak 2010, Bondi & Sanz 2014), ce sont les *abstracts* de thèse qui ont retenu notre attention : leur intérêt spécifique est d'offrir un reflet de l'image que les aspirants-chercheurs se sont constituée du discours de leur discipline (Bordet 2014, 2018). Avec l'analyse de la place de la narration dans ce discours, il s'agit de mieux comprendre comment l'aspirant-chercheur construit sa voix spécifique tout en cherchant à se conformer aux valeurs et normes de sa discipline.

1 Discours scientifique et narration

1.1 Science et rhétorique

Le discours scientifique est communément considéré comme le langage de la vérité et de la transparence et se veut le reflet fidèle d'un processus de recherche et de ses résultats. Or, ce point de vue a été battu en brèche depuis la deuxième moitié du XXe siècle avec la réflexion menée sur les rapports entre science et pouvoir, dans une époque où la technologie domine le système social. Pour le sociologue Stanley Aronowitz (1988), « la science est le langage du pouvoir, l'amalgame entre connaissance et vérité[1]» (notre traduction). Au fur et à mesure que son discours s'opacifie, la science décourage la contradiction du citoyen et impose sa domination, en même temps que celle de l'expert (Bourdieu 1976, Latour *et al.* 1988). Des travaux diachroniques (Banks 2017) montrent ainsi comment le discours scientifique passe de la langue concrète de l'expérimentation à un monde d'abstractions reliées par des liens logiques. L'utilisation de procédés lexicogrammaticaux

1 « *Science is a language of power, the conflation of knowledge and truth* ».

tels que la nominalisation (Halliday 2004) et la métaphore grammaticale (Taverniers 2006) contribuent à transformer un processus en fait établi.

D'autres mettent en évidence les liens complexes entre science et rhétorique, toujours soupçonnée d'être un outil de manipulation. Pour Charles Bazerman (1988 : 6), « la langue scientifique est un problème difficile pour la rhétorique, car les sciences ont la réputation d'exclure la rhétorique et de se borner à rapporter des faits de la nature qui transcendent les aspects symboliques[2] ». Pourtant, Kenneth Hyland (2004) montre comment les conventions rhétoriques de chaque texte scientifique reflètent les présupposés épistémologiques et sociaux d'une culture disciplinaire. Enfin, certains soulignent la pertinence de l'approche narratologique pour l'analyse du discours scientifique, affirmant que « les genres sont des matrices narratives (Elliott 2009 : 44) ; autrement dit, ils fournissent des cadres culturels communs, qui s'imposent par leur récurrence et nous permettent de présenter les événements de telle manière qu'ils prennent sens[3] » (Gotti et Sancho Guinda 2012 : 14). De même, des recherches se développent sur « la mise en récit dans les discours spécialisés » (Resche 2016).

1.2 Narratologie et discours spécialisé

Dans la deuxième moitié du XXe siècle, avec la perspective structuraliste, se développe l'idée que l'on peut retrouver des modèles narratifs fondamentaux à travers les réalisations discursives. La narratologie, terme proposé par Tzvetan Todorov (1969), s'appuie d'abord sur l'analyse morphologique des contes de Vladimir Propp (1970) et sur l'approche structuraliste des mythologies de Claude Lévi-Strauss (1958), ainsi que sur le schéma actantiel proposé par Julien Greimas (1966). Gérard Genette (1972) analyse les différentes fonctions du narrateur et

---

2 « *Scientific language is a particularly hard case for rhetoric, for sciences have the reputation of eschewing rhetoric and simply reporting natural fact that transcend symbolic trappings* ».

3 « *Genres are narrative templates (Elliott 2009 :44) in other words they provide culturally shared frameworks that become established through repetition and enable us to provide events and experiences so that they are meaningful* ».

Roland Barthes (1970) s'attache à déterminer des codes narratifs communs partagés par les œuvres littéraires. L'ouverture à d'autres types de discours (Todorov 1987) provoque le « tournant narratif » ou le transfert des techniques d'analyse narratologique de la théorie littéraire vers les sciences humaines puis les sciences dures (Gotti & Sancho Guinda 2013 : 24). Les techniques de la narratologie sont notamment appliquées aux récits de vie dans la mouvance de l'École de Sociologie de Chicago. C'est dans cette perspective socio-linguistique que William Labov et Joshua Waletzky (1967) proposent un cadre d'analyse de la narration d'événements personnels, qui comprend six éléments que nous détaillons dans la section 2.

Cette capacité à prendre en compte le contexte discursif constitué par la vie sociale de la communauté (Labov 1972) nous a paru particulièrement adaptée à notre approche de la construction de la voix du chercheur. Nous suivons en cela la démarche de Richard Johnson Sheehan et Scott Rode (1999) qui appliquent ce modèle aux discours de Newton et Einstein sur la lumière.

1.3 L'abstract de thèse comme objet de discours socialement situé

La place symbolique des *abstracts* dans le monde de la production scientifique en fait un sujet d'attention privilégié de *l'English for Specific Purposes* (ESP). K. Hyland (2004) affirme ainsi :

> Abstracts are worthy of study because they are significant carriers of a discipline's epistemological and social assumptions, and therefore a rich source of interactional features that allow us to see how individuals work to position themselves within their communities (Hyland 2004 : 63).

John Swales (2010) met, pour sa part, l'accent sur le rôle essentiel joué par l'*abstract* dans le processus de sélection (*gatekeeping*) des écrits scientifiques. Cet aspect stratégique est probablement à l'origine de la richesse des approches proposées (Bondi & Lorés Sanz 2014).

Les *abstracts* de thèse ne jouent pas ce rôle dans la sélection. Ils présentent néanmoins l'intérêt d'être la production d'étudiants qui sont à la fois experts et candidats (Thompson 2005 : 32). À cet instant charnière, ils fournissent un point d'observation privilégié du discours disciplinaire en cours d'élaboration, et sont, à ce titre, représentatifs de l'image de la discipline que s'est forgée le doctorant.

Nous nous proposons ici de déterminer la place qu'occupe la narration dans l'*abstract* de thèse en fonction de la discipline. À partir d'une analyse textuelle, nous tentons d'identifier les marqueurs formels qui caractérisent d'éventuels scénarios narratifs partagés par les membres de la communauté disciplinaire puis d'étudier la distribution de ces marqueurs au niveau du sous-corpus constitué pour chacune des deux disciplines étudiées, soit la didactique des mathématiques et les sciences des matériaux, suivant ainsi la démarche proposée par Elsa Pic et Grégory Furmaniak (2016).

2 Sélection du corpus et approche méthodologique

Le corpus, constitué à partir de la version gratuite de la base de données de thèses Proquest[4], se compose de trente *abstracts*, dont quinze en didactique des mathématiques et quinze en sciences des matériaux, tous rédigés par des anglophones. La taille volontairement très limitée du corpus (7440 mots en didactique des mathématiques, 5237 en sciences des matériaux)[5] nous a permis une analyse de chaque texte.

Inversant la démarche qui consiste habituellement à passer de l'identification des régularités d'un corpus à l'illustration par des extraits de discours, nous avons relevé les marqueurs des stratégies rhétoriques pour ensuite en analyser la répartition dans les deux disciplines. Le relevé des marqueurs formels et la comparaison des résultats obtenus pour chaque discipline avaient pour objet de vérifier dans quelle mesure les profils rhétoriques ainsi dessinés présentent des corrélations avec les valeurs épistémologiques liées à la discipline.

4 <https://www.proquest.com/products-services/dissertations/>

5 Le nombre moyen de mots par *abstract* est de 496 en didactique des mathématiques (minimum 336 ; maximum 768) et de 350 mots en sciences des matériaux (minimum 247 ; maximum 596)

La première étape de l'analyse du corpus se situe au niveau textuel et s'appuie sur le modèle en six éléments de W. Labov et J. Waletzky (1967) dont nous présentons une synthèse dans le tableau 1.

Tab. 1 : Les six éléments du modèle de Labov et Waletsky

Abstract	préparation du lecteur au mode d'exposition	par exemple, « il était une fois » pour un conte
Orientation	description de la situation	qui : participants où quand quoi : action (s) habituelle(s)
Complication	problème qui rompt l'action en cours	
Evaluation	passage du mode idéationnel au mode interpersonnel pour exprimer le point de vue du narrateur	NB : cet élément ne constitue pas nécessairement une phase identifiable du récit, il peut être diffus ou intégré dans d'autres éléments
Résolution	exposé de la solution trouvée et retour à l'état normal initial	
Coda	rappel du thème initial et ouverture vers une possible généralisation	souvent marquée par un changement de temps

Seules les phases dites de Complication et de Résolution sont obligatoires. Toutefois, les autres éléments fournissent l'épaisseur énonciative du récit (Adam 1996) et assurent sa contextualisation.

Après avoir vérifié pour chaque texte dans quelle mesure cette grille peut s'appliquer à l'*abstract*, nous avons tenté de dégager les éléments lexicogrammaticaux qui marquent la présence ou l'absence d'un tel scénario. Notre attention s'est notamment portée sur les marqueurs énonciatifs et la présence éventuelle d'une prosodie sémantique, négative ou positive (Sinclair 1987, Louw 1993).

Nous fondant sur ce relevé, nous avons ensuite procédé à une analyse de corpus contrastive portant sur un certain nombre d'éléments :

- les pronoms personnels et adjectifs possessifs ;
- les déictiques tels que *this study, this research* qui créent le cadre énonciatif ;

- la distribution lexicale et sémantique des verbes gouvernés par ces déictiques ainsi que les temps et les voix ;
- les termes qui introduisent une modalisation et contribuent à la mise en place d'une prosodie sémantique.

Ces données ont été identifiées grâce à l'utilisation des fonctions suivantes de Antconc[6] : Wordlist, Concordance et Clusters / Ngrams. La comparaison des résultats obtenus pour chaque discipline nous a permis d'émettre des hypothèses quant à la place donnée à la narration par chaque communauté.

3 Analyse des *abstracts* au niveau textuel

Chacun des *abstracts* des corpus de didactique des mathématiques et de sciences des matériaux a fait l'objet d'une analyse s'appuyant sur le modèle de Labov décrit ci-dessus. Faute de place, nous ne pouvons présenter ici l'intégralité de ces textes et de ces analyses. Une fois les trente *abstracts* étudiés, nous avons donc sélectionné un petit nombre de textes qui nous ont semblé représentatifs du ou des modèles rhétoriques dominants pour en donner une analyse complète.

3.1 Analyse des abstracts en didactique des mathématiques

La didactique des mathématiques est une discipline relativement récente qui fait la synthèse entre recherche mathématique et recherche pédagogique.

Nous présentons ci-dessous [1] l'analyse d'un texte dont la structure rhétorique est représentative de l'ensemble des textes qui composent ce corpus, à l'exception d'un seul, que nous commenterons plus loin. Ce texte est découpé en différentes phases correspondant à celles proposées par Labov et Waletzky. Figurent en italiques les marques de

6 <www.laurenceanthony.net › resources › help_AntConc321_english>

la position énonciative, et en gras les termes et expressions indiquant une prise de position de l'auteur et susceptibles de créer dans le texte une prosodie sémantique.

> [1] An interpretive study of the role of teacher beliefs
>
> *This thesis addresses* the internationally recognised **problem** of transforming classroom teaching that is underpinned by **transmissionist epistemologies**, especially in the field of mathematics education. A constructivist-related theory of pedagogical reform *was derived* from the research literature in the fields of teacher cognition and conceptual change theory for the purpose of **facilitating the radical reconstruction** of **teachers' centralist classroom roles** and the development of pedagogies aimed at enhancing students' conceptual development.

Avec la référence à la thèse (*This thesis addresses*), la situation d'énonciation est posée, et nous avons ici l'équivalent de la première phase du modèle du tableau 1. Le passage du présent actif au prétérit passif (*a theory was derived*) marque alors le début de l'action, dont l'initiateur reste toutefois dans l'ombre. Le terme « *problem* », qui annonce la Complication à venir, renvoie à une conception pédagogique désignée comme « *transmissionist epistemologies* » ; de même « *facilitating radical reconstruction* » attribue une valeur négative à « *teachers' centralist classroom roles* ».

Toutefois, avant de passer à la phase de Complication, l'auteur prend soin d'éclairer le lecteur sur le contexte de l'étude :

> *The thesis reports* a collaborative action research study which *was conducted* with a teacher of high school who attempted to develop a constructivist-oriented teaching approach in his Grade 12 mathematics class.

Nous savons ainsi de quoi il s'agit (une recherche action), qui est impliqué (un enseignant de mathématique en dernière année du secondaire), où se situe l'action (dans une « *high school* », équivalent d'un lycée). Quant au temps, c'est celui du récit, au prétérit, sans autre indication.

C'est alors qu'intervient la phase de Complication, qui introduit une tension :

> An interpretive research approach (Erickson, 1986) *was employed* to generate an understanding of the complex network of **teacher beliefs** and their **constraining** influence on **the radical reform** of the teacher's **centralist pedagogy**.

Cette tension repose sur l'opposition entre « *the radical reform* », d'une part, et, d'autre part, « *teacher beliefs* », « *constraining* » et « *teacher's centralist pedagogy* » qui renvoient à « *teacher's centralist classroom roles* », identifié plus haut comme le problème. On reste au prétérit passif.

Dans le passage qui suit, où la présence du chercheur est annoncée pour la première fois par l'adjectif possessif « *my* », nous abordons la première phase de Résolution :

> An emergent research focus was the **efficacy** of the theory of pedagogical reform, especially its underpinning constructivist theory which shaped *my discourse* with the teacher during the collaborative phase of *the study*. (...)The major pedagogical reforms that resulted from the collaborative phase of *the study* included (1) the teacher's adoption of the role of teacher as learner; and (2) the **refinement,** rather than radical reform, of **his centralist classroom role of teacher as informer.**

Le schéma actantiel s'enrichit donc, désignant le chercheur et l'enseignant comme véritables protagonistes du récit, plus que la classe elle-même (« *my discourse* », « *his* [...] *role* »). La Résolution s'appuie sur une attitude collaborative entre les parties et sur la modification qui en résulte quant au rôle de l'enseignant.

> **Although** the reforms provided **enriched opportunities** for the development of students' algorithmic abilities, **they largely failed to enhance** students' mathematical conceptual development.

La deuxième phase de Complication est introduite par un constat : les étudiants ne progressent pas malgré les occasions offertes.

> Interpretive *analyses were conducted* from multiple constructivist-related perspectives (...) in order to generate a better understanding of the narrow scope of the pedagogical reforms. *These analyses revealed* (1) that rationalist preconceptions of mathematics and mathematical cognition underpinned important aspects of both the theory of pedagogical reform and the teacher's **refined** centralist classroom role of teacher as interactive informer, and (2) that the teacher's technical rationality, which was buttressed by personally **constraining beliefs**, maintained the ascendency of his technical curriculum interests and sustained his centralist classroom role of teacher as controller.

Suit la deuxième phase de Résolution, cette fois au niveau théorique : le chercheur ne résout pas le problème, mais l'analyse lui permet de comprendre les facteurs d'échec, qui tiennent aux résistances de l'enseignant.

> *The results of this thesis* suggest **strongly**, therefore: (1) that pedagogical reforms which are based largely on a cognitivist theory of constructivism are susceptible to being subsumed by **a powerful technical-rationalist ideology**, and (2) that the **hegemonic nature of this ideology** is capable of **disempowering** reform-minded teachers from realising the practical viability of their constructivist-related ideals. *The thesis recommends* that (...). In particular, *it is recommended* that reform-minded teachers establish a Critical classroom discourse which aims to attain a balanced rationality by making visible and subject to critical examination the **hidden** frames of reference that constitute the **prevailing rationality** of the **traditional** mathematics classroom.

Après un long passage au passif et au prétérit, on revient à la voix active et au présent du début. De nouveau l'énonciation est attribuée à « *this thesis* » puis « *the thesis* » suivis respectivement de « *suggest strongly* » et « *recommends* ». On termine au passif avec « *it is recommended* ». Cette phase de recommandations correspond à la phase finale de *Coda* décrite par Labov et Waletzky ; elle marque le retour au contexte initial et permet de passer à la généralisation.

Sans avoir de place assignée dans le récit, l'Évaluation a pour fonction d'exprimer la position du narrateur. Elle est essentiellement exprimée par la mise en place d'une prosodie sémantique qui oppose deux camps : celui de la tradition et celui de la réforme, à travers les approches transmissionniste et constructiviste. La combinaison entre des marqueurs prosodiques explicitement négatifs (« *disempowering* », « *hidden* ») et des éléments qui ne sont négatifs ou positifs que dans le contexte de la discipline (« *transmissionist epistemologies* », « *teacher as controller versus teacher as interactive informer* ») permet de montrer comment une sorte d'agenda caché (« *hidden frames of reference* ») bloque toute modification positive.

Dans ce premier *abstract*, les différentes étapes du modèle narratif se manifestent à travers trois stratégies. La première consiste à faire assurer l'énonciation par « *this thesis* » suivi d'un verbe de report (*reporting verb*), à la seule exception de « *my discourse* », qui désigne directement le chercheur. La deuxième repose sur le passage de la voix active et du présent au passif et au prétérit pour marquer les changements de phases : le présent actif introduit le cadre énonciatif (« *this thesis addresses* »), alors que le passif (le plus souvent au prétérit) fait référence aux actions du chercheur ; on revient enfin au présent pour la *Coda*. La troisième stratégie met en œuvre une prosodie sémantique négative pour marquer le problème auquel le narrateur fait face, et positive pour marquer les changements attendus. La prosodie est liée à des valeurs disciplinaires (« *transmissionist ideology* » contre « *a constructivist-related theory of pedagogical reform* »). La valeur modalisante de ces termes n'est donc interprétable qu'en contexte.

Cet *abstract* de thèse offre un véritable récit avec des protagonistes, un rapport de force, des événements et une conclusion. Il définit un scénario que l'on retrouve dans les autres *abstracts* du corpus : le chercheur est présenté comme porteur d'innovation, l'enseignant comme force de résistance, et les solutions sont développées pour modifier le rapport de force en faveur du chercheur et de l'innovation.

Nous fondant sur le modèle identifié ci-dessus, nous avons procédé à une analyse de l'ensemble des autres textes. Cette analyse fait apparaître de nombreuses constantes et quelques variations. Au nombre des constantes figure l'introduction par une expression de type « *this study* », le plus souvent suivie par un verbe de report (ex : « *offers a new approach* ») qui exprime l'intention de l'auteur. Dans quelques cas, cependant, le verbe au passif et au prétérit indique que l'expression se réfère d'abord au processus de recherche, n'indiquant l'intention de l'auteur qu'en deuxième position (ex : « *this study was conducted to analyse* [...] »). L'usage des temps et voix peut varier quant à leur répartition. Le texte peut ainsi commencer au prétérit pour indiquer l'intention du chercheur puis passer au présent pour décrire le contexte, ou l'inverse, mais dans tous les cas, des changements de temps et de voix marquent le passage d'une phase du récit à la suivante. Toutes les phases du schéma narratif considéré sont identifiables et suivent le même modèle. Le texte, comme mentionné plus haut, est introduit par une expression de type « *this + study / thesis* », situant le contexte discursif. Suit la phase d'Orientation qui fournit les indications concernant le lieu géographique et institutionnel, le moment du récit, les protagonistes et le thème central (ex : « *mental computation, gender and mathematics* »). Puis la phase de Complication pointe les difficultés, qui tiennent presque toujours aux résistances des enseignants. La phase de Résolution présente les solutions proposées par le chercheur et c'est le plus souvent ici qu'apparaît le pronom personnel « *I* ». Dans certains cas, cette phase de Résolution débouche sur une nouvelle Complication suivie d'une autre étape de Résolution. L'articulation entre Complication et Résolution met en valeur le rôle que joue le chercheur, dans le cadre d'une recherche action, pour améliorer une situation annoncée comme problématique. C'est donc ici que la « niche » qui justifie le travail du chercheur prend tout son sens. La Coda prend la forme de recommandations générales, exprimées soit au présent passif, soit à l'actif gouverné par « *I* » (ex : « *I recommend* »). Enfin, la phase d'Évaluation est présente mais de manière diffuse et exprime le point de vue du locuteur sous la forme de modalisations négatives (« *traditional,* « *lack of* ») ou positives (« *change* », « *encourage* », « *enhance* ») liées aux comportements de résistance des enseignants et à la volonté d'innovation des chercheurs.

Sur les quinze textes, quatorze suivent ce schéma. Le seul à faire exception, intitulé *Ethnomathematics*, diffère par le fait qu'il ne s'agit pas d'une étude de cas mais de la discussion théorique d'un concept. Si le texte est également introduit par « *this thesis* » suivi d'un verbe de report, toute la suite du texte est au présent passif. On revient à l'actif pour la conclusion avec pour sujet le concept central « *ethnomathematics* » qui gouverne des verbes à forte connotation positive. La quasi absence de marquage de positionnement énonciatif, l'absence de précisions quant au contexte situationnel et le présent tout au long du texte ne permettent pas de discerner un scénario narratif.

Dans son ensemble, le corpus de didactique des mathématiques est néanmoins très homogène, unifié par un scénario commun : le chercheur comme vecteur de l'innovation et sa lutte contre les résistances.

3.2 Analyse des abstracts en sciences des matériaux

Les thèses en sciences des matériaux étant très nombreuses, le critère de sélection a été un objet commun : la résistance des matériaux. Nous présentons dans les exemples [2] et [3] l'analyse de deux *abstracts* correspondant à des schémas rhétoriques très différents.

[2]: Contact Material Optimization

> Metal-contact MEMS switches hold **great promise** for implementing agile radio frequency (RF) systems because of their small size, low fabrication cost, low power consumption, wide operational band, **excellent** isolation and **exceptionally** low signal insertion loss. Gold is often utilized as a contact material for metal-contact MEMS switches due to its **excellent** electrical conductivity and corrosion resistance.

Si l'introduction décrit le contexte de la recherche, elle ne fournit aucun marqueur de la situation d'énonciation qui permettrait au lecteur de déterminer à quel type de texte il a affaire. Elle ne peut donc jouer le rôle de phase *d'Abstract* au sens que lui donnent Labov et Waletzky. Ce passage est cependant fortement modalisé positivement. Par ailleurs, il fournit certains éléments de la phase Orientation, notamment le domaine (radio-fréquence), et l'objet de la recherche (le « quoi »), à savoir l'interaction entre un matériau (l'or), un mécanisme « micro-interrupteur électromécanique » et une application (les systèmes de radio-fréquence). En revanche, à part l'adverbe « *often* », nous n'avons ni indication de temps, ni information concernant les protagonistes.

La phase de Complication est introduite par le connecteur « *however* » et confirmée par la mention « *failure modes* ».

> **However** contact wear and stiction are the two major **failure modes** for these switches due to its material softness and **high** surface adhesion energy.

On peut considérer le passage suivant comme l'équivalent de la phase de Résolution, dans la mesure où les actions décrites permettent de mieux comprendre les faiblesses potentielles du mécanisme et les conditions d'amélioration de sa résistance :

> To strengthen the contact material, pure gold was alloyed with (…). *We* designed and constructed a **new** (..) test facility (…) and utilized this facility to **efficiently** evaluate (…). Au-Ni binary alloy system (…) *was* systematically *investigated.* A correlation between (…) and (…) was established. It was demonstrated nanoscale (…) film could possibly yield an **improved** (…) performance. Gold micro-contact **degradation** mechanisms were also systematically investigated (…). According to *our* quantitative **failure** analysis, field evaporation **could be** the dominant **failure** mode for (…) hot switching; transient thermal-assisted wear **could be** the dominant **failure** mode for(…); **on the other hand**, pure mechanical wear and steady current heating (..) caused **much less contact degradation** (…). Results from (…) tests on real MEMS switches indicated that (…) films (…) **could degrade** the switch contact resistance.

Viennent à l'appui de cette interprétation l'usage du prétérit, la succession d'actions et l'apparition de l'auteur de la thèse comme acteur de la recherche, via le pronom « *we* » et l'adjectif possessif « *our* ». On notera également la forte modalisation atténuative (« *could* » et « *on the other hand* »), qui introduit le point de vue de l'auteur dans le récit de sa recherche. De même, dans ce passage, les phénomènes de prosodie sémantique positive et négative abondent avec, d'un côté, les problèmes à résoudre (« *degradation* », « *failure* ») et, de l'autre, les solutions (« *new* », « *improve* »). Néanmoins, après chaque apparition du locuteur (« *we* », « *our* ») qui gouverne l'actif, les actions réalisées sont exprimées au passif, sans complément d'agent, donc sur un mode neutre.

Le dernier passage pourrait être assimilé à la phase de Coda, dans la mesure où l'on passe du prétérit au présent, et où l'on envisage les applications de la recherche menée à un domaine plus général. En revanche, il ne remplit pas la condition de circularité, dans la mesure où il déplace l'enjeu.

> *Our work* also contributes to the field of general nano-science and technology by **resolving** the transfer directionality of field evaporation of gold in atomic force microscope (AFM) /scanning tunneling microscope (STM).

Enfin, le dernier *abstract* présenté ci-dessous propose une situation d'énonciation radicalement différente.

> [3] Crack growth simulation and residual simulation
>
> *The dissertation* mainly *deals with* self-similar and non-self-similar crack growth simulations in thin-shell metallic structures. An analysis methodology and a software program for predicting the structural integrity and residual strength of pressurized, thin-shell, built-up structures *are developed.*
>
> *The first part of the dissertation discusses* the crack tip opening angle (CTOA) fracture criterion (...). (...) finite element analyses *are used* to simulate stable crack growth and to predict residual strength. Both measured and predicted results (...) *show* substantial reduction of (...). Detailed comparisons (...) *are used to* assess the feasibility and validity of the analysis methodology.
>
> *The second part of the dissertation discusses* issues related to crack trajectory prediction (...). A directional criterion *is developed* based on (...). Possible extensions (...) *are discussed.* The (...) method (...) *is derived* and its accuracy *is assessed* using (...). Curvilinear crack growth *is simulated* (...). Both T-Stress and fracture toughness orthotropy *are found to be* essential to predict the observed crack paths.

> The analysis methodology and software program developed *herein* **will allow** engineers to maintain aging aircraft (...). **Consequently**, **it will improve** the technology (...) as well as the design of more damage-tolerant aircraft for the next-generation fleet.

La structure de cet *abstract* est très régulière. Chaque partie est introduite par « *the dissertation* » (« *first part* », « *second part* ») qui gouverne un verbe de report actif au présent, suivi par une série d'actions décrites au prétérit passif. Seul le dernier paragraphe se démarque par l'utilisation du futur et de forts marqueurs de modalisation positive. La référence à l'objet thèse, l'omniprésence du passif et du présent, l'absence de pronoms personnels ont pour effet de privilégier une posture neutre du chercheur qui décrit objectivement le résultat des actions menées, ne s'engageant qu'indirectement dans la conclusion. Cette posture ne permet pas de dessiner un scénario narratif.

Seuls trois textes de ce corpus partagent ce schéma énonciatif fondé sur la référence à la thèse comme objet et texte. Pour les douze autres, le schéma repose sur « *this* + *x* » suivi d'un verbe de report. Les pronoms personnels sont quasi absents, la prosodie sémantique est essentiellement positive. L'image globale du corpus de sciences des matériaux est plus fragmentée que celle de didactique des mathématiques. Le scénario narratif n'est qu'incomplètement applicable, puisque seules les phases de Complication et de Résolution sont clairement identifiables. La phase Orientation est quasi inexistante, en l'absence d'informations sur les protagonistes, le lieu et le temps. L'usage dominant du passif renforce l'effet de neutralité. Seule la prosodie sémantique marque la présence du narrateur. L'étude des quinze textes du corpus montre cependant que, si l'on ne peut pas discerner de schéma narratif textuel, apparaît un scénario sous-jacent, composé des quatre éléments suivants : une situation initiale liée aux caractéristiques d'un matériau ; un problème posé par la résistance de ce matériau ; la recherche de solutions par la simulation et l'observation du phénomène redouté ; parfois, les implications de ces solutions.

Les deux disciplines semblent donc bien partager un scénario narratif, mais, si ce scénario structure le texte en didactique des mathématiques, ce n'est pas le cas en sciences des matériaux. Le rapport des deux disciplines à la narrativité est donc très différent. En didactique des mathématiques, le chercheur et son action sont mis en avant. Les marqueurs de prosodie sémantique souvent négatifs pointent les difficultés surmontées par le chercheur. À une exception près, la recherche est narrée comme un processus dans lequel s'affrontent les forces de progrès et de conservatisme. En sciences des matériaux, au contraire, le chercheur efface sa trace, exprimant ses actions au passif, voire se repliant derrière la description de sa production. L'action est très peu située, en termes chronologiques ou spatiaux. L'effet obtenu est celui d'une apparente neutralité, démentie seulement par la prosodie sémantique positive. Il n'y a pas de scénario narratif apparent.

4 Analyse contrastive des corpus de didactique des mathématiques et de sciences des matériaux

Le travail d'études de cas que nous venons de mener nous a conduite à distinguer un certain nombre d'indicateurs formels des traces de la stratégie rhétorique adoptée :

- présence des pronoms personnels ou adjectifs possessifs ;
- référence au cadre d'énonciation via des déictiques tels que « *this thesis* », « *this research* », « *this dissertation* » ;
- choix du type de verbe que gouvernent ces marqueurs de l'énonciation ;
- marqueurs de prosodie sémantique.

C'est la répartition disciplinaire de ces marqueurs que nous allons maintenant analyser (Fig.1).

Il ressort de la Fig. 1 que, en DM, les marqueurs énonciatifs sont très présents, qu'il s'agisse de pronoms personnels, d'adjectifs possessifs à la première personne du singulier, ou de la référence à la thèse (« *this* » suivi de « *thesis* » / « *study* » / « *research* » / « *dissertation* »). « *I* » et « *my* » font référence à l'auteur du texte, le doctorant. La seule occurrence de « *we* » désigne l'auteur et ses partenaires dans la recherche-action. En SM, les pronoms personnels sont très peu présents. « *We* » fait référence à l'auteur du texte mais aussi à l'équipe avec laquelle il/elle a travaillé. De plus, la référence directe à la thèse pour introduire le texte est deux fois moins fréquente qu'en DM.

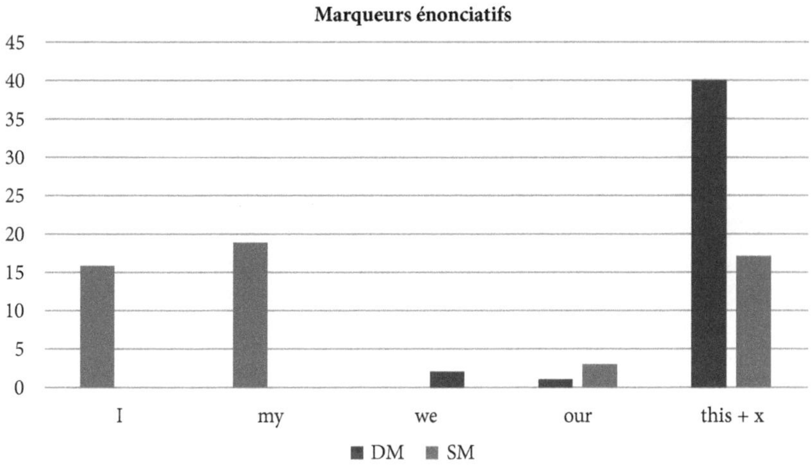

Fig. 1 : marqueurs énonciatifs en didactique des mathématiques (DM) et sciences des matériaux (SM)

La fig. 2 présente les choix lexicaux opérés lorsque des expressions de type « *this* » + *x* (« *study* », « *thesis* », « *dissertation* », etc.) introduisent le texte, considérant que le choix du terme déterminé par « *this* » affecte la valeur de ce type de marqueur énonciatif.

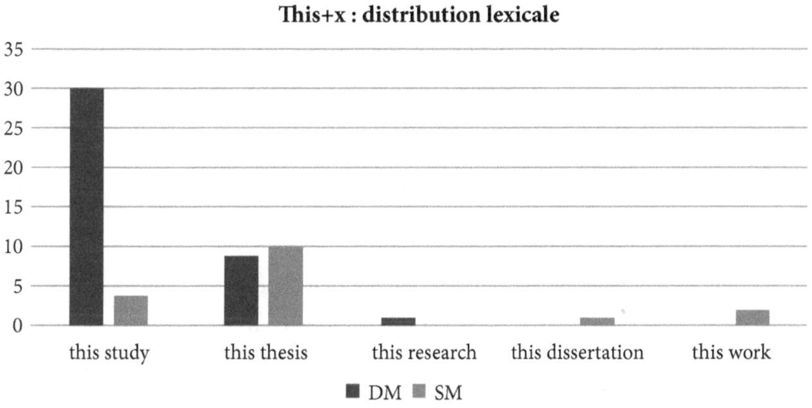

Fig. 2 : référence à la thèse et choix lexical

Ici aussi, les profils des deux disciplines sont très marqués. DM préfère l'utilisation de « *study* », SM celle de « *thesis* » (également utilisé en DM, mais trois fois moins que « *study* »). On trouve aussi des occurrences de « *dissertation* » et « *work* » en SM uniquement.. En SM, les auteurs semblent privilégier les termes qui désignent la thèse comme objet-texte (« *thesis* ») alors que, en DM, le terme « *study* » peut aussi bien désigner le processus de recherche que le produit de cette recherche.

Pour mieux préciser encore la valeur sémantique de ce type de marqueur énonciatif, il est également nécessaire d'examiner le choix des verbes qu'ils gouvernent (Tab. 2).

Tab. 2 : liste des verbes gouvernés par *this + x*

	DM	**SM**
This study	*aimed to*	*can be used to*
	demonstrates	*Results from (this study)*
	establishes	*In this study, we*
	focused on	
	identified	
	is an extension to ongoing research	
	is an attempt to	
	offers	
	presents	
	reports	
	revealed	
	set up to	
	took place	
	was conducted	
This thesis	*describes*	*describes*
	addresses	*addresses*
	provides	*deals with*
	suggests	*presents*
		summarizes

	DM	SM
This research	*determines*	
This dissertation		*In this dissertation*
This work		*has improved*
		The application of this work is

Les verbes du tableau 2 corroborent les hypothèses proposées plus haut quant au positionnement du chercheur vis-à-vis de son texte et de son processus de recherche. En DM, « *this study* » est suivi de verbes exprimant la prise de parole, l'intention de recherche, l'acte de recherche et peut se substituer à la fois au processus de recherche et au chercheur. Dans deux cas seulement (« *took place* », « *was conducted* »), « *this study* » désigne exclusivement le processus de recherche. « *This research* » et « *this thesis* » ont également un caractère polysémique. La répartition sémantique des verbes utilisés montre que dominent en DM les verbes de report qui valorisent à la fois la thèse et son auteur. En SM, « *this thesis* », qui gouverne les mêmes verbes qu'en DM, a la même valeur polysémique. En revanche, dans cette discipline, « *this study* », « *this dissertation* », « *this work* » utilisés dans un schéma prépositionnel de type « *in this* » désignent le texte comme produit de la recherche.

Au-delà des marqueurs énonciatifs, les termes qui introduisent une modalisation contribuent également à construire le positionnement du locuteur et sa stratégie rhétorique. Nous les classons ici (Tab. 3) en fonction des valeurs, positives ou négatives, qu'ils mettent en avant.

Tab. 3 : Relevé des termes modalisants et classement sémantique

Valeur	**DM**	**SM**
Réussite	*achievement*	
	positive	
	successful	
Amélioration	*enhance*	*solution*
	improve	*improve*
	facilitate	*solve*
	solve	

(*voir suite page suivante*)

Tab. 3 : Suite

Valeur	DM	SM
Innovation	*new*	*new*
		breakthrough
Pouvoir créatif	*creative*	
	empowerment	
Efficacité	*efficacy*	*efficient*
	useful	*effective*
	effective	
	reliable	
Pertinence		*realistic*
		accurate
Difficulté	*problem*	*problem*
	difficulties	
Insuffisance	*weak*	*flaw*
Empêchement	*disempowering*	
	imperialistic	

Les valeurs spécifiques à la DM sont les valeurs positives de réussite et le pouvoir créatif, mais aussi la valeur négative de l'empêchement ou du blocage de l'innovation, contre laquelle il s'agit de lutter. Pour les SM, il s'agit d'une valeur positive, la pertinence.

Les valeurs communes aux deux disciplines sont l'amélioration, l'innovation, l'efficacité, la difficulté et l'insuffisance, catégories attendues s'agissant de recherche scientifique. Les trois termes communs aux deux disciplines sont « *problem », « improve* » et « *new* ». L'étude des collocations de « *problem* » montre que ce terme dans les deux disciplines n'a pas de connotation négative et désigne l'objet de la recherche : contradiction entre deux approches pédagogiques en DM, désignation du phénomène étudié en SM (ex : « *crack problem* »). « *Improve* » s'applique en DM aux performances des élèves, en SM au matériau étudié. Le troisième terme commun, « *new* », est aussi le plus fréquent parmi ces modalisants. Si l'on s'attend à ce qu'une thèse ait pour fonction d'introduire une nouveauté, il est intéressant de voir à quels objets cette valeur s'applique pour chaque discipline. Dans les deux cas, il s'agit d'ouvrir de nouvelles perspectives (« *approach* », « *development* », « *avenue* ») ; en revanche, là où la DM recherche de nouveaux concepts (« *conceptualisation* », « *topic* », « *ideas* »), les SM visent à proposer de nouveaux outils (« *test* », « *strategy* », « *method* », « *technique* »).

La valeur d'innovation, centrale pour la recherche, met donc en avant les objectifs emblématiques de la discipline, soit la conceptualisation en DM et la méthode en SM.

5 Synthèse

L'analyse que nous venons de mener au niveau textuel, puis au niveau du corpus, met en évidence le fait que, si les stratégies rhétoriques restent individuelles, elles présentent néanmoins des caractéristiques disciplinaires fortes quant au choix du positionnement énonciatif marqué par l'usage des pronoms personnels mais aussi par des expressions comme « *this thesis* », « *this study* ». Ces marqueurs énonciatifs peuvent soit masquer la narration soit la mettre en valeur. Si ces facteurs sont clairement identifiables, l'interprétation de leur impact sur le schéma rhétorique adopté requiert la prise en compte de leurs interactions au niveau du texte. Ainsi, des expressions comme « *this thesis* » ou « *this study* » peuvent prendre des valeurs sémantiques différentes en fonction de leur environnement collocationnel, et notamment des verbes qui les accompagnent. De même, ce sont les changements de temps et de voix ou, au contraire, leur constance qui marquent ou non le passage d'une phase de la narration à la suivante. Les choix de prosodie sémantique, positive ou négative, n'affectent pas la nature du schéma rhétorique mais traduisent l'appartenance à une discipline et à ses valeurs épistémologiques.

La nécessité de prendre en compte les interactions entre les différents marqueurs relevés met en évidence les limites d'une approche quantitative de données décontextualisées, quelle que soit la taille du corpus. Dans une perspective d'identification de stratégie rhétorique, narrative ou non, il apparaît donc que la méthode qui consiste à d'abord analyser les textes dans leur intégralité pour en relever les traits saillants puis à en étudier la répartition au niveau du corpus est pertinente.

Enfin, l'étude des choix de positionnement énonciatif et de leur impact sur la construction ou non d'un scénario narratif montre que la stratégie rhétorique tient au choix de l'auteur devant l'alternative suivante : créer sa voix de chercheur en valorisant le processus de recherche et son rôle d'initiateur, ou au contraire renforcer l'effet d'objectivité en mettant en avant le texte. Ce choix répond à des impératifs individuels mais il est aussi le reflet de la représentation que se fait l'apprenti chercheur des valeurs de sa discipline, privilégiant ainsi le rôle du chercheur en didactique des mathématiques et la robustesse de l'objet réalisé en sciences des matériaux.

Conclusion

Si chacune des deux disciplines étudiées semble bien s'organiser autour d'un scénario commun, c'est la manière dont il est mis en avant qui diffère. Le positionnement énonciatif de l'auteur détermine la manière dont il scénarise sa recherche à travers une stratégie rhétorique qui peut ou non mettre en avant l'élément narratif.

Même si, compte tenu de notre démarche, la taille nécessairement limitée du corpus étudié incite à la prudence, l'analyse contrastive fait cependant apparaître des caractéristiques dominantes en ce qui concerne les valeurs disciplinaires liées au choix de cette stratégie rhétorique. En didactique des mathématiques, la stratégie est presque toujours narrative, sauf lorsqu'il s'agit d'une analyse théorique et non, comme dans la grande majorité des cas, d'une recherche-action. Elle met en scène la bataille du chercheur pour des valeurs pédagogiques et donc idéologiques dans un champ où s'affrontent des forces de résistance et de changement, d'où le positionnement énonciatif qui met en avant le chercheur et son action à travers les pronoms personnels et les déictiques suivis d'un verbe de report. Au contraire, les sciences des matériaux, en effaçant les traces énonciatives, mettent à distance le processus de recherche en valorisant la thèse comme production de recherche.

Il semble donc que l'analyse de la place de la narration dans le discours scientifique puisse servir de révélateur aux valeurs qui caractérisent une communauté disciplinaire et qui ne se réduisent pas toujours à l'appartenance aux modèles des sciences humaines ou des sciences dures. Ainsi, la didactique des mathématiques, qui relève des sciences de l'éducation, et traite d'enjeux culturels et idéologiques, privilégie un modèle narratif mettant en scène des protagonistes alors que l'on considère les sciences humaines comme des sciences argumentatives. En revanche, les sciences des matériaux, qui relèvent de la science expérimentale et s'appuient sur la résolution de problèmes fondée sur une succession d'actions, donc un processus, écartent le modèle narratif pour privilégier un style descriptif au passif, renforçant ainsi un effet d'objectivité scientifique. Le choix de la stratégie rhétorique semble donc avant tout lié aux valeurs mises en avant par la communauté disciplinaire, au moins dans la représentation que s'en font les nouveaux chercheurs. Enfin, la place accordée au modèle narratif peut agir comme un révélateur de l'opération de construction de la science et du genre scientifique. Cette approche du discours scientifique pourrait donc contribuer à une meilleure compréhension des évolutions du genre vu comme la « matrice narrative » des valeurs et des enjeux d'une communauté.

Références bibliographiques

Adam, Jean-Michel. *Le récit*, Que sais-je, Presses Universitaires de France, 1996.

Aronowitz, Stanley, *Science as power: Discourse and ideology in modern society*, Minneapolis, University of Minnesota Press, 1988.

Banks, David, *The Birth of the Academic Article Le Journal des Sçavans and the Philosophical Transactions, 1665–1700*, Sheffield, Equinox, 2017.

Barthes, Roland, *S/Z* : essai sur *Sarrasine* d'Honoré de Balzac, Paris, Éditions du Seuil, 1970.

Bazerman, Charles, *Shaping the written knowledge : the genre and activity of the experimental article in science*, Madison, University of Winsconsin Press, 1988.

Bondi, Marina / Lorés Sanz, Rosa (dir.), *Abstracts in Academic Discourse*, Bern, Peter Lang, 2014.

Bordet, Geneviève, Influence of collocational variations on making the PhD abstract an effective "would-be insider" self-promotional tool, in Bondi, Marina / Lorés Sanz, Rosa (dir.), *Abstracts in Academic Discourse*, Bern, Peter Lang, 2014, 131–160.

Bordet, Geneviève, This dissonance: bolstering credibility in academic abstracts, in Mur Duenas Pilar / Sinkuniene, Jolanta (dir.), *Intercultural perspectives on research writing*, Amsterdam / Philadelphie, John Benjamins, 2018, 83–104.

Bourdieu, Pierre, Le champ scientifique, in Actes de la recherche en sciences sociales vol. 2 (2–3), *La production de l'idéologie dominante*, 1976, 88–104.

Charles, Maggie, 'This mystery…': a corpus-based study of the use of nouns to construct stance in theses from two contrasting disciplines, *Journal of English for Academic Purposes* n° 2 (4), 2003, 313–326.

Elliott, Jane, *Using narrative in social research: Qualitative and quantitative approaches*, Thousand Oaks, Sage Publications, 2009.

Genette, Gérard, *Figures III*, Paris, Seuil, 1972.

Gotti, Maurizio / Sancho Guinda, Carmen, *Narratives in academic and professional genres*, Bern, Peter Lang, 2013.

Greimas, Algirdas Julien, Sémantique structurale, Paris, Larousse, 1966.

Halliday, Michael / Kirkwood, Alexander, *The language of science*, London / New York, Continuum, 2004.

Hunston, Susan / Thompson, Geoffrey (dir.), *Evaluation in text: Authorial stance and the construction of discourse: Authorial stance and the construction of discourse*, Oxford, Oxford University Press, 1999.

Hyland, Ken, *Disciplinary discourses, Michigan classics ed.: Social interactions in academic writing*. Chicago, University of Michigan Press, 2004.

Hyland, Ken / Sancho Guinda, Carmen (dir.) *Stance and voice in written academic genres*. Basingstoke, Palgrave Macmillan, 2012.

Labov, William / Waletzky Joshua, Narrative analysis: Oral versions of personal experience, *Essays on the verbal and visual arts*, 1967, 12–44.

Latour, Bruno / Woolgar, Steve / Biezunski, Michel, *La vie de laboratoire : la production des faits scientifiques*, Paris, La Découverte, 1988.
Lévi-Strauss, Claude, *Anthropologie structurale*, Paris, Plon, 1958.
Louw, Bill, Irony in the text or insincerity in the writer? The diagnostic potential of semantic prosodies, *Text and technology: In honour of John Sinclair*, 1993, 157–176.
Pic, Elsa / Furmaniak, Gregory, Formes et fonctions de la narration dans les articles de vulgarisation scientifique en anglais, in Resche, Catherine (dir.), *La mise en récit dans les discours spécialisés*, Bern, Peter Lang, 2016, 139–159.
Propp, Vladimir, *Morphologie du conte*, Paris, Editions du Seuil, 1970
Resche, Catherine (dir.), *La mise en récit dans les discours spécialisés*, Bern, Peter Lang, 2016.
Samraj, Betty, An exploration of a genre set: Research article abstracts and introductions in two disciplines, *English for specific purposes* 24 (2), 2005, 141–156.
Sheehan, Richard Johnson / Rode, Scott, On scientific narrative: Stories of light by Newton and Einstein, *Journal of Business and Technical Communication* 13 (3), 1999, 336–358.
Sinclair, John, *Looking up*, London, Collins, 1987.
Taverniers, Miriam, Grammatical metaphor and lexical metaphor: Different perspectives on semantic variation, *Neophilologus* 90 (2), 2006, 321–332.
Swales, John M. / Feak, Christine B., From text to task: Putting research on abstracts to work. *Utrecht Studies in Language and Communication* 22, 2010, 167.
Todorov, Tzvetan, *Grammaire du Decameron*, The Hague / Paris, Mouton, 1969.
Todorov, Tzvetan, *La notion de littérature*, Paris, Editions du Seuil, 1987.
Thompson, Paul. Aspects of identification and position in intertextual reference in PhD theses, in Tognini-Bonelli, Elena / Del Lungo Camiciotti, Gabriella (dir.), *Strategies in academic discourse* 19, Amsterdam / Philadelphie, John Benjamins Publishing, 2005.
Tognini-Bonelli, Elena / Del Lungo Camiciotti, Gabriella (dir.), *Strategies in academic discourse* 19, Amsterdam / Philadelphie, John Benjamins Publishing, 2005.

Claire Kloppmann-Lambert

Aspects rhétoriques d'un genre promotionnel en architecture : les descriptions de projet

Abstract : Au cours du XXe siècle, pour faire face aux difficultés économiques et à la concurrence grandissante, les architectes anglo-saxons ont progressivement adopté des démarches promotionnelles. Cette étude a pour objet de caractériser un genre architectural éminemment promotionnel, les « descriptions de projet » publiées par les architectes sur le site de leur agence dans le but de décrire leurs projets, qu'ils soient réalisés ou en cours de réalisation. À côté du corpus principal, deux autres corpus (critiques d'architecture et articles de recherche en architecture) ont été constitués à des fins de comparaison pour permettre de mettre en évidence, sur le plan structurel et linguistique, les stratégies rhétoriques spécifiques aux descriptions de projet utilisées aujourd'hui par les architectes pour présenter leur travail sous un jour favorable.

Mots-clés : *Architecture, description de projet, genre discursif, marketing, argumentation, rhétorique*

Introduction

Si l'architecte est avant tout quelqu'un qui conçoit et traduit sur le papier des projets d'architecture, conformément à l'iconographie classique le représentant l'équerre à la main, il est aussi quelqu'un qui doit manier l'art de l'argumentation et de la négociation. Il doit notamment faire accepter des projets dans un contexte très concurrentiel et communiquer avec différents interlocuteurs, publics et privés, depuis la première rencontre avec le client jusqu'à la remise des clés finale.

Une fois le projet réalisé, il lui faut également communiquer sur ses idées et sur son travail, afin de se faire connaître et de pouvoir continuer à produire de nouveaux projets. C'est précisément le rôle des descriptions de projet, un genre relativement nouveau publié dans les brochures d'architecture ou en ligne, et qui vise à décrire et à promouvoir les dernières réalisations en date des architectes. Autrement dit, il s'agit à la fois d'un « discours de performance » (on dit ce qu'on fait) et d'un « discours de compétence » (on dit ce qu'on sait faire) qui, indirectement, valorise l'image de l'agence d'architecture et ses services (Camus 2003).

L'étude du domaine de l'architecture est donc indissociable de l'étude des genres spécialisés de ce domaine et de leurs stratégies argumentatives et promotionnelles. Les premières « vise[nt] à intervenir sur l'opinion, l'attitude, voire le comportement de quelqu'un » (Symes *et al.* 1995), tandis que les secondes « vise[nt] un bénéfice matériel ou un bénéfice moins tangible, comme une amélioration [du] statut ou de [l'] image [de l'agence d'architecture]» (Goddard 2002 : 7, notre traduction), notamment auprès de clients potentiels. Un corpus spécialisé nous a permis de mettre en évidence les ressorts visuels, structurels et rhétoriques de ces stratégies.

1 Choix du corpus et objectifs de l'étude

En passant en revue les différents types de genres spécialisés que les architectes peuvent être amenés à produire – genres légaux et contractuels[1], genres relatifs à la gestion d'entreprise[2], genres techniques relatifs à la construction[3], genres contribuant à la construction et à la diffusion du savoir du domaine spécialisé[4] (qui sont aussi des genres promotionnels « indirects »), genres promotionnels « directs »[5] pour l'agence[6] et pour l'architecte[7] – on s'aperçoit que les genres relevant du

1 Contrats de construction, appels d'offre, certificats de paiement, etc.
2 Documentation quotidienne, objectifs de performance, budgets prévisionnels, etc.
3 Études de faisabilité, énoncés de projet, plans, spécifications, etc.
4 Critiques, traités, essais, etc.
5 La distinction entre la promotion « directe » et « indirecte » de l'architecte est développée par Lewis (1998).
6 Bulletins d'information, communiqués de presse, professions de foi, descriptions de projet, etc.
7 CV, portfolio, etc.

discours promotionnel occupent une place centrale dans l'ensemble du système des productions verbales de l'architecte au service de l'objectif premier de son domaine spécialisé : la conception et la production d'œuvres architecturales.

L'anglais de l'architecture a été très peu étudié du point de vue de l'anglais de spécialité et de l'analyse du discours, à l'exception notable de certains travaux sur le lexique et les métaphores en architecture (Caballero 2003, 2006, 2009 ; Roldán-Riejos et Mansilla 2013 ; Soneira Beloso 2015). Le discours persuasif, quant à lui, notamment dans les descriptions de projet[8], n'a pas encore été exploré. Parmi les nombreux genres promotionnels directs et indirects du domaine, nous avons décidé de nous intéresser aux descriptions de projet, qui sont de courts textes (de 400 à 500 mots) publiés sur le site des agences d'architecture afin de décrire ou de promouvoir leurs derniers projets (réalisés ou en cours de réalisation). À titre comparatif, nous avons également pris en compte les critiques et les articles de recherche en architecture. En effet, ces genres, disponibles sur plusieurs décennies au moins, voire plusieurs siècles, présentent un intérêt à la fois pour l'étude du langage persuasif et dans une perspective diachronique. Parmi les défis que présente ce corpus, notons que ces genres nous obligent à intégrer la complexité inhérente aux genres discursifs dont les auteurs ont parfois des profils assez divers et appartiennent à des communautés de discours connexes[9].

8 Le nom de « description de projet » a été retenu, car il figurait à la fois comme étiquette d'archivage à la bibliothèque du *Royal Institute of British Architects* (RIBA), sur le site <https://www.architectmagazine.com> de l'*American Institute of Architects* (AIA) et dans la littérature secondaire (Spector & Damron, 2013). Notons que les termes « présentations de projet » (Camus, 2003), « fiche par projet » (Biau, 2000) ou « fiches de projet » (Elias, 2009, ma traduction) apparaissent aussi parfois.

9 À titre d'exemple, les articles de recherches sont publiés par des architectes ou des enseignants-chercheurs en architecture, parfois anciennement architectes ; les critiques sont publiées tantôt par des architectes, tantôt par des journalistes ou des auteurs du domaine, souvent architectes de formation ; enfin, les descriptions de projet sont publiées tantôt par des architectes, tantôt par des responsables de la communication, parfois architectes à mi-temps dans l'agence.

Par ailleurs, ces genres peuvent être coécrits[10] ou encore être les résultats de chaînes de genres[11] ou de chaînes d'usages[12].

Pour cette étude, trois corpus de langue anglaise ont été constitués. Le premier corpus (A) rassemble des descriptions de projet publiées en ligne par des agences d'architectures anglo-saxonnes et internationales entre 1996 et 2019 (voir annexe). Le second corpus (B), réuni à des fins de comparaison, est fondé sur des critiques d'architecture issues de magazines reconnus tels que *Architecture Australia*, *Architectural Review*, *Architectural Record*, *Canadian Architect* et *Domus*. Enfin, le troisième corpus (C) est composé d'articles de recherche en architecture publiés sur la même période et issus des publications académiques suivantes[13] : *Archnet-IJAR International Journal of Architectural Research*, *Enquiry – the ARCC Journal of Architectural Research* et *Frontiers of Architectural Research*. Chaque corpus compte environ 300 000 mots et, pour respecter cet équilibre, il nous a fallu compiler environ 700 descriptions de projet, qui sont de courts textes, 300 critiques et 40 articles de recherche.

L'étude d'un genre tel que les descriptions de projet suppose la compréhension des conditions socio-historiques de sa genèse et de ses évolutions puisqu'un genre ne naît pas hors-sol. Dans cet article, nous revenons dans un premier temps sur la démarche promotionnelle de l'architecte.

---

10 Dans le cas où ce n'est pas l'architecte lui-même qui publie des descriptions de projet pour alimenter son site, celles-ci sont le fruit d'une co-écriture par l'architecte et la personne chargée de la communication. L'architecte fournit généralement les informations qu'il souhaite y voir figurer par écrit ou lors d'une discussion avec la personne chargée de la communication.

11 La notion de « chaîne de genre », développée par Bhatia (2004), décrit une chronologie d'écriture d'un genre à partir d'un autre genre. Ainsi, une critique d'architecture est quasiment toujours rédigée à partir d'un dossier de presse, comportant à la fois des images et des informations sur le projet, envoyé par l'architecte à une revue.

12 En effet, une critique d'architecture est à première vue un texte qui permet de décrire et d'évaluer des nouveaux projets architecturaux et ainsi d'informer la communauté des architectes, mais, dans un second temps, les critiques d'architecture sont aussi employées par les architectes comme des vecteurs de promotion qu'ils peuvent envoyer ou montrer à des clients potentiels.

13 Ces corpus sont nommés respectivement A, B et C et chaque texte est ainsi désigné par la lettre du corpus, le nom de l'agence ou du magazine, la date de publication et le titre du texte.

Nous souhaitons montrer que la lente émergence des descriptions de projet au XXe siècle à partir de genres promotionnels préexistants et son succès tardif à partir des années 1960 et 1970 témoignent d'une relation ambivalente des architectes à la promotion, entre nécessité et rejet.

Ensuite, nous livrons une caractérisation plus précise des descriptions de projet, sur les plans rhétorique et linguistique, tout en établissant des parallèles avec les critiques et les articles de recherche. Cette étude permet de mettre en évidence l'importance grandissante de la promotion pour les architectes à l'ère numérique.

Nous verrons ainsi par quels moyens ce discours de performance devient un discours de compétence servant les stratégies de « captation », de « crédibilité » et de « légitimation » (Charaudeau, 1998) des agences d'architecture.

2 L'architecte et la promotion, entre nécessité et rejet

Les traités d'architecture, très en vogue depuis la Renaissance et la redécouverte du traité antique de Vitruve, les articles critiques dans les journaux spécialisés d'architecture qui se multiplient au XIXe siècle à l'instar de *The Builder* (1842) ou *The British Architect* (1874) au Royaume Uni, ou encore les essais théoriques comme *The seven lamps of architecture* de 1848 (Ruskin 1989) ou *Learning from Las Vegas* (Venturi & Scott Brown 1972), sont autant de moyens indirects pour les architectes de faire parler d'eux et de promouvoir leurs idées. Mais lorsqu'il s'agit de promouvoir directement leur travail, comme c'est clairement le cas dans les brochures actuelles ou sur leur site, le bilan historique est plus contrasté. Les stratégies promotionnelles directes ont mauvaise presse auprès de nombreux architectes et l'idée de vendre leurs services rencontre des résistances.

2.1 Résistances des architectes à faire de la promotion

La première forme de résistance est liée à la complexité de la législation sur la question. Jusqu'aux années 1970, moment où l'*American Institute of Architects* (AIA) aux États-Unis légalise la concurrence entre les entreprises et où le *Royal Institute of British Architects* (RIBA) au Royaume-Uni vote d'importants changements dans le code de conduite professionnelle pour légaliser le démarchage, le droit de se constituer en sociétés à responsabilité limitée ou encore le droit d'imprimer de la publicité, la promotion directe est interdite ou très réglementée pour cette profession : en 1909, la circulaire de l'AIA sur les questions d'éthique stipule, selon Weld Coxe (1980 : 11–12, notre traduction), que « la promotion contribue à diminuer la respectabilité de la profession et est de ce fait condamnée »[14]. Les va-et-vient sur la législation dans les décennies suivantes[15], le manque de précision sur ce qu'est la promotion et la nature des interdits (portant tantôt sur toute forme de promotion, tantôt sur la publicité payée, tantôt sur la publicité mensongère…) et l'absence de mention de quelconques sanctions participent d'un flou législatif sur la question et entretiennent une méfiance envers la promotion qui perdure jusque dans les années 1970 et 1980 (Coxe 1980).

La seconde forme de résistance s'apparente à un frein moral puisque, dans les années 1970, les architectes ne peuvent se résoudre à « se vendre », même une fois les interdictions levées (Kolleeny & Linn 2005 : 5). C'est ainsi que l'analyse, dans les années 1990, le président sortant du RIBA :

> Les architectes influents étaient persuadés que se livrer à des pratiques *marketing* était assimilable à vendre son âme au diable. (Richardson 1996 : 1)[16]

Cette résistance de principe est sans doute liée à la nature même de l'activité architecturale qui conserve une dimension artistique incompatible avec une démarche commerciale pour bon nombre d'architectes[17].

---

14 « *Advertising tends to lower the dignity of the profession and is therefore condemned* ».

15 On citera, par exemple l'acceptation de la promotion « digne » par opposition à la publicité « promotionnelle » de 1918 à 1927 avant un retour à une législation plus stricte, ou encore l'acceptation, en 1935, de la publication de brochures promotionnelles, et ce pendant une dizaine d'années.

16 « *Influential architects felt very strongly that to indulge in marketing came very close to selling your body, if not indeed your soul* » (Richardson 1996 : 1).

17 Pour Coxe (1971 : 23), ce sont surtout les ingénieurs qui sont favorables à l'idée de commerce et de promotion (« *business oriented* »), contrairement aux architectes. Mais Rosenbaum (2017 : 45) indique qu'au sein de la profession des

Enfin, la troisième forme de résistance s'explique par des freins de compétence et de formation, puisque les architectes sont encore assez peu formés à ces questions (Dobson 2014 : 11). En dépit de ces résistances, les descriptions de projet apparaissent progressivement, d'abord dans des brochures puis sur le site des agences.

2.2 Acceptation progressive des démarches promotionnelles

Les brochures promotionnelles en architecture apparaissent au tournant du XXe siècle, d'abord ponctuellement en tant que collections quasi-encyclopédiques et uniquement visuelles de l'œuvre d'un architecte (témoignant ainsi de l'héritage de genres précurseurs comme les recueils de modèles d'architecture, ou « *pattern books* », du XVIIIe[18]) puis sous forme de véritables brochures présentant des images et du texte. Leur nombre augmente pendant la Grande Dépression, la Seconde Guerre Mondiale, puis surtout pendant les années 1960 et 1970 (Aurand 1990 : 2). Elles deviennent par la suite de plus en plus flexibles et ciblées d'après le principe de « *targeted marketing* » et migrent enfin vers le net vers la fin des années 1990.

---

architectes, on trouve des architectes plus ou moins ouverts à l'idée de marketing selon l'endroit où ils se placent sur le gradient allant de l'« architecte-star » ou « architecte d'affaires » à l'architecte artiste.

18 Ces recueils de modèles sont des compilations d'ouvrages et de détails architecturaux, produits tantôt par un seul et même architecte, tantôt par des architectes divers, qui sont des sources d'inspiration techniques, méthodologiques et surtout esthétiques pour les architectes et leurs clients (Aurand 1990 : 1). Ces recueils de modèles sont très en vogue au XVIIIe siècle au Royaume-Uni à l'instar du *Vitruvius Britannicus, or the British Architect* (Campbell 1715), qui présente les projets de Christopher Wren, Inigo Jones, Campbell lui-même et d'autres. Parmi les autres précurseurs probables des brochures d'architecture, nous pouvons également citer les catalogues de fournisseurs (ou *trade catalogues*), promouvant mobilier, objets de décoration et tendances décoratives, qui apparaissent également au XVIIIe. Enfin, si l'on cherchait à retracer toute la genèse du genre, on pourrait sans doute remonter aux traités illustrés par l'exemple, comme le célèbre *Quattro Libri*, de Palladio (1570) : l'auteur profite de l'angle théorique de son ouvrage pour y publier ses commissions, les plans, les détails et la localisation de sept villas qu'il a réalisées.

En effet, malgré les nombreuses résistances à la promotion au XXe siècle, les architectes adoptent peu à peu des pratiques promotionnelles. D'abord, celles-ci se sont avérées importantes pour résister à la concurrence grandissante entre architectes et avec d'autres professions (Chambers 1935 : 73), mais aussi pour survivre aux périodes économiquement difficiles[19]. De plus, la promotion a connu un véritable tournant dans les années 1970, avec la parution de deux ouvrages cruciaux sur la question. Dans le premier, *Marketing architectural and engineering practices* (1980), l'auteur, W. Coxe, brise les tabous et rompt l'hypocrisie entourant le sujet[20] ; quant au second, *Creative communications for a successful design practice* (Kliment 1978), il légitime les stratégies de marketing et de communication qui se mettent en place progressivement, notamment dans les grandes agences, des années 1980 à nos jours. La création d'un service de conseil en marketing pour les membres du RIAS (*Royal Incorporation of Architects in Scotland*) en 1986 montre l'importance de la question : 7,5% du chiffre d'affaires des agences américaines sont aujourd'hui consacrés au marketing selon une étude de l'AIA du début des années 2000 (Kolleeny & Linn, 2005 : 5). Enfin, la connexion d'une majorité d'agences architecturales à Internet en 1995–96 aux États-Unis (Cohen 2000 : 25), la création de sites web spécialisés à la fin des années 1990, et l'adoption des réseaux sociaux aujourd'hui, ont permis une plus large visibilité de leur activité.

3 Caractérisation des descriptions de projet

Il convient à présent de caractériser plus avant les descriptions de projet, en nous appuyant sur nos trois corpus spécialisés de descriptions de

19 Dans les périodes de récession, la difficulté à trouver du travail s'accroît et la concurrence se fait plus rude : « *when times are tough, architects can spend months looking unsuccessfully for jobs, because the number of competitors is so great in comparison to the amount of available work* » (R. K. Lewis, 1998 : 22).

20 « *For, in truth, the quality of what we professionals can do is determined largely by the way in which we promote a project* » (Bullock & Scott in Coxe, 1980 : v).

projet, de critiques et d'articles de recherche. La partie outillée de notre analyse a été effectuée à l'aide du logiciel d'analyse de corpus Antconc.

3.1 Analyse structurelle en moves

Trente textes de notre corpus, sélectionnés de manière aléatoire, nous ont permis de dégager la structure type d'une description de projet[21]. Ce genre est ainsi constitué de plusieurs *moves* et *steps*[22], qui sont tantôt obligatoires, tantôt facultatifs[23], et parfois intervertis, témoignant de la relative flexibilité des genres (Bhatia 1993 : 56).

Tab. 1 : structure type d'une description de projet.

TITRE DU PROJET
INTRODUCTION Move 1 : Présentation générale du bâtiment (systématique : 100%) <nom de l'agence> et/ou <localisation du bâtiment> et/ou <caractéristiques du bâtiment> et/ou <fonction du bâtiment> et/ou <histoire du bâtiment> Move 2 : Présentation des objectifs architecturaux et première évaluation des résultats (très fréquent : 92,9%) <importance, problèmes ou enjeux du projet> et/ou <objectifs du projet> et/ou <évaluation du projet>

(*voir suite page suivante*)

21 L'accord inter-observateur, établi à l'échelle modeste de trois de nos textes, est bon (0,67), mais le reste des textes n'a pu être annoté que par une seule personne pour cette étude exploratoire.

22 Nous reprenons ici les termes de Swales (1990) : pour lui, les *moves* sont des unités de discours qui remplissent une fonction communicative particulière sans pour autant nécessairement coïncider avec des paragraphes, et les *steps* sont des étapes rhétoriques qui remplissent des fonctions secondaires dans ces *moves* (Cotos, Huffman, & Link 2017 : 90).

23 Moyetta (2016), comme d'autres auteurs, fixe à 50% la barre séparant les *moves* facultatifs des *moves* conventionnels.

Tab. 1 : Suite

PRÉSENTATION DÉTAILLÉE

Move 1 : Présentation du contexte (peu fréquent : 39,3%)

<présentation de la demande du client> et/ou
<chronologie de la conception et des négociations > et/ou
<chronologie de la construction> et/ou
<évaluation de l'adéquation du projet à la demande>

Move 2 : Description du projet (au moins un *step*, systématiquement : 100%)

Move 2 Step 1 : Description de l'extérieur du bâtiment (très fréquent : 89,3%)

<description de l'apparence, de la structure, des matériaux> et/ou
<présentation des objectifs> et/ou
<évaluation du résultat>

Move 2 *Step* 2 : Description de l'intégration du bâtiment à son environnement (fréquent : 71,4%)

<description de l'environnement> et/ou
<description de l'insertion du bâtiment dans l'environnement> et/ou
<évaluation du résultat>

Move 2 *Step* 3 : Description du plan et de l'intérieur du bâtiment (fréquent : 71,4%)

<description de l'apparence, de la structure, des matériaux> et/ou
<description du plan et de la configuration des pièces>
<rappel des futurs usages du bâtiment>
<évaluation du résultat>

Move 2 *step* 4 : Description d'un élément ou d'une fonctionnalité saillante de l'édifice (relativement fréquent : 50%)

<description d'un élément saillant ou d'une fonction saillante> et/ou
<évaluation du résultat>

Move 3 : état des lieux de l'avancement du bâtiment et perspectives (peu fréquent : 21,4%)

<état des lieux de l'avancement> et/ou
<prévisions et perspectives>

Move 4 : évaluation finale (peu fréquent : 42,9%)

<résumé des enjeux et description du résultat final>
<présentation de réception du bâtiment par les usagers/ le public/le client>
<évaluation du résultat final>

FICHE TECHNIQUE *Move* 1 : présentation synthétique des acteurs et des informations clés (systématique : 100%) <client> et/ou <localisation> et/ou <type de bâtiment> et/ou <surface du bâtiment> et/ou <valeur> et/ou <date de réalisation> et/ou <état de l'avancement> et/ou <partenaires> et/ou <équipe> et/ou <récompenses, prix, publications relatives à l'édifice>

L'introduction est relativement stabilisée puisque toutes les descriptions de projet visent à capter l'attention du lecteur et à présenter le bâtiment et le projet succinctement sous un jour favorable (voir tableau 1) : on retrouve systématiquement une présentation générale du bâtiment et très fréquemment une présentation des objectifs architecturaux et une première évaluation des résultats.

De même, on trouve immanquablement une fiche technique présentant de manière synthétique les acteurs et les informations clés du bâtiment, le plus souvent à la fin de la description. En effet, la simple mention d'un client prestigieux, de la somme en jeu ou des concours remportés avec le projet suffisent à valoriser l'agence, sans qu'il soit besoin d'un quelconque développement argumentatif.

Le corps du texte, lui, est plus flexible, puisque, en termes de stratégies rhétoriques, les éléments que les auteurs souhaitent mettre en avant diffèrent selon la nature du projet. La présentation du contexte de la commande et de la construction présente parfois un intérêt pour l'agence (39,3%). Par ailleurs, on trouve toujours une description d'au moins un aspect du bâtiment, selon les enjeux et les réussites du projet : extérieur du bâtiment (89,3%), intégration du bâtiment à son environnement (71,4%), plan et intérieur du bâtiment (71,4%), ou encore d'un élément saillant du bâtiment (50%). De nombreuses images, qui font partie du dispositif de séduction, illustrent ces différents points[24].

24 Goddard (2002) parle d'« *attention-seeking devices* ».

Enfin, l'état des lieux de l'avancement du bâtiment (21,4%) et l'évaluation finale (42,9%) sont facultatifs.

Notons que si les *moves* de l'introduction ont une position relativement stabilisée au début de l'article[25], de même que la fiche technique (après l'introduction ou en position finale, le plus souvent[26]), les positions des *moves* du corps des textes peuvent varier[27].

3.2 Analyse linguistique

Une étude des mots clés de ces textes, couplée avec l'étude de marqueurs saillants de la persuasion présents dans quelques textes, de même que l'exploration des synonymes de ces marqueurs et de leur inclusion ou non suite à une analyse statistique, nous ont permis de comparer les stratégies persuasives dans les trois genres, et d'identifier les principaux piliers de l'argumentation dans les descriptions de projet.

3.2.1 Évaluation méliorative

Le premier vecteur majeur de la persuasion est l'évaluation méliorative. Il est frappant de voir que ces marqueurs mélioratifs (comme « *iconic* », « *unique* », « *innovative* », « *creative* », ou encore « *landmark* ») relèvent pour la majeure partie de ce que James Martin et Peter White (2005) nomment « *valuation* » (c'est-à-dire qu'ils répondent à la question « Est-ce que X en vaut la peine ?[28]»). Toutefois, il convient de noter qu'ils permettent aussi d'évaluer la composition d'un bâtiment (« *flexible* », « *generous* »,

25 Lorsque les deux *moves* sont présents, ils sont toujours positionnés dans l'introduction exclusivement.

26 Le *move* 1 correspondant à la fiche technique est positionné en début de texte à hauteur de 25%, en position intermédiaire (le plus souvent entre l'introduction et le corps du texte) à hauteur de 42,9%, et en position finale à hauteur de 35,7%.

27 Nous pouvons néanmoins définir un schéma typique de ce corps de la description, puisque, lorsqu'ils apparaissent, le premier *move* est au début de la description à 77,8%, le *move* 2 *step* 4 est toujours dans les quatre derniers *moves* et le plus souvent en avant dernière position (72,7%), le *move* 3 est en avant-dernière position (33,3%) ou en dernière position (50%) et le *move* 4 est en avant-dernière position (30%) ou en dernière position (70%).

28 « *Was it worthwhile* ? »

« *dynamic* »), son caractère fonctionnel (« *functional* ») et son intégration au paysage (« *integrated* », « *open* »). Il ressort de notre étude que ces marqueurs sont systématiquement plus nombreux dans les descriptions de projet que dans les critiques (environ deux fois plus) et que dans les articles de recherche (environ quatre fois plus).

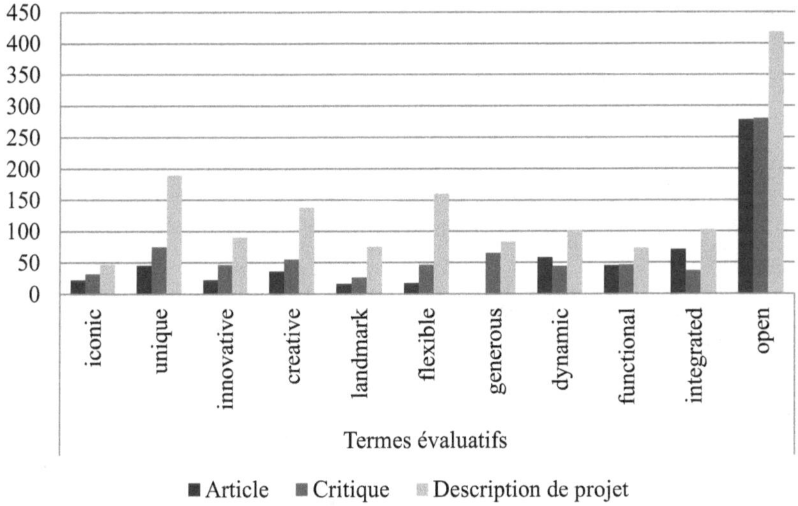

Fig. 1 : graphique représentant la répartition des marqueurs mélioratifs dans les trois corpus.

Non seulement l'usage des adjectifs évaluatifs est marqué dans les descriptions de projet, mais surtout, ils sont systématiquement mélioratifs et en contexte positif.

[1] We wanted to do something for the city and its people, something that could lead to a **magnificent new** *landmark* and a *boost* for the economy. (A_HASSELL_east perth power station.txt)

Les intensifieurs (« *very* »), les formules hyperboliques et les superlatifs sont nombreux [2]. La forme superlative « *the *est* » [3] est présente en moyenne dans plus d'une description de projet sur deux.

[2] It is a concept only, but a *very* **exciting** one. (A_HASSELL_east perth power station.txt)

[3] The bedrooms and the kitchen will be fully equipped with *the latest* **comforts, design innovations and amenities**. (A_A_03_10_17_la foret urbaine.txt)

Les adjectifs négatifs n'apparaissent, quant à eux, qu'en contexte de négation ou en présence de constructions suggérant le refus ou le changement, dans un mouvement rhétorique binaire qui consiste à décrire en des termes très négatifs la situation constatée pour valoriser la solution architecturale apportée ([4] à [6]).

[4] The different characters of each sector are a guarantee that the experience of the reassembled Museum *will never be* **monotonous or predictable**. (A_OMA_the museum of the 20th century.txt)

[5] We achieved this rise in acoustic standards by (...) *removing* the **ineffective** acoustic dishes and providing a new acoustic reflector above the stage. (A_ARMA_hamer hall.txt)

[6] This major addition and renovation *renewed* the **out-dated** building to an iconic cultural institution in the heart of Winnipeg. (A_PATKAU_winnipeg library)

Les collocats de « *conventional* » dans la fig. 2 (« *departure from* », « *transform from...to...* », « *replace* », « *beyond* », « *unlike* », « *reshape* », « *undoing* », « *reimagine* ») vont dans le même sens.

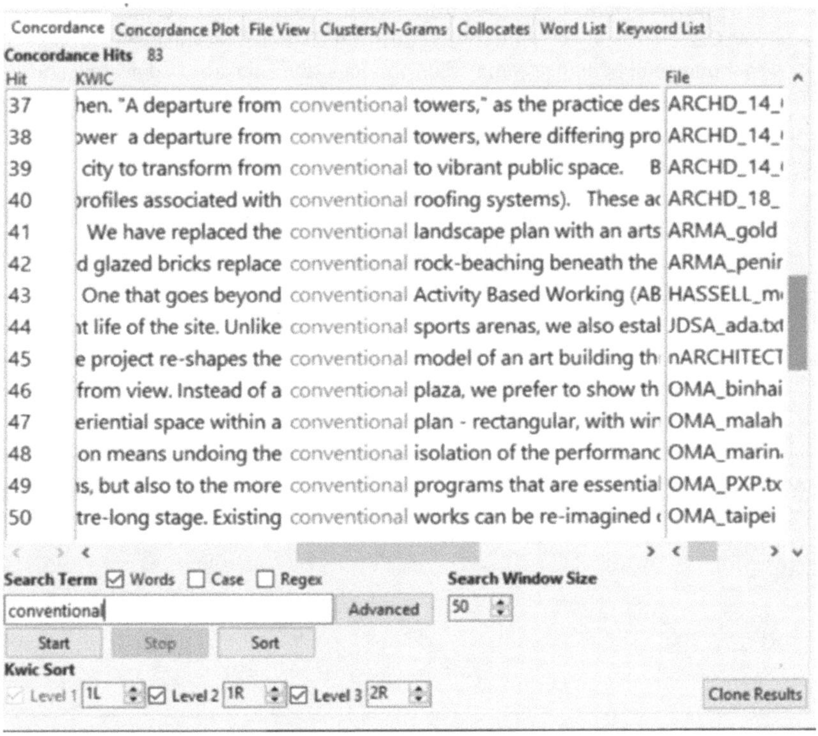

Fig. 2 : capture d'écran des collocats de *conventional* dans les descriptions de projet.

3.2.2 Argumentation logique

Le second pilier de la persuasion dans les descriptions de projet est l'argumentation logique, qui n'est d'ailleurs pas réservée à ce genre. Toutefois, si elle apparaît en contexte relativement neutre dans les articles, elle est employée en contexte positif dans les descriptions de projet. C'est particulièrement net pour l'expression du lien cause / conséquence, présenté tantôt en contexte neutre dans les articles à l'aide d'un adverbe comme « *because* » ou « *therefore* » [7], tantôt avec une prosodie sémantique[29] positive dans les descriptions de projet [8].

29 Par prosodie sémantique, Loock (2016 : 120) entend « une aura de sens » que les phénomènes de collocation confèrent à un mot » ; il cite ici la définition de

[7] *Therefore*, most CPC users were able to compare the CPC and the Square XV Camelódromo. (C_ARCHNET_2016_vol10_issue1_evaluation of a popular shopping mall built to accommodate previous street vendors in downtown porto alegre.txt)

[8] *By creating* a main street, cutting diagonally across the Lab City, *the design allows* a **seamless** experience between the building and its surroundings, *providing* a **convenient** public route between the future heart of the neighbourhood and the future subway station. (A_OMA_lab city.txt)

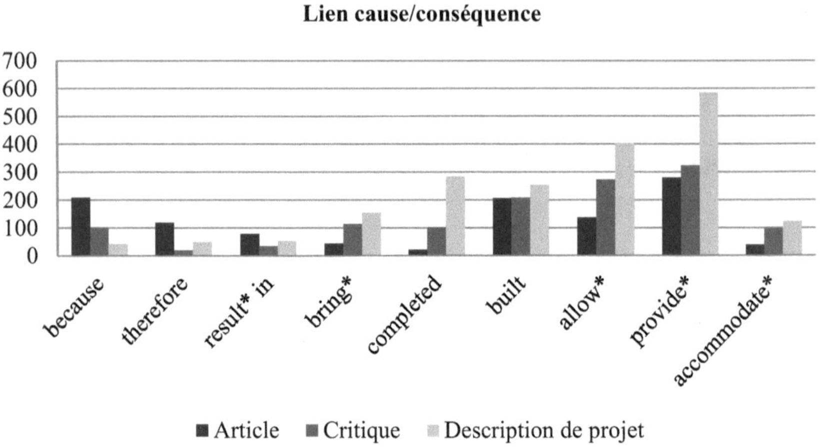

Fig. 3 : répartition des marqueurs exprimant un lien de cause-conséquence dans nos trois corpus.

On observe la même chose pour l'expression du lien problème / solution dans les articles (Ex.9) et les descriptions de projet (Ex.10).

Louw (1993 : 157), autrement dit « une forme de couche de sens supplémentaire systématiquement associée au terme en question par contagion ». Kübler et Volanschi (2011) indiquent ainsi comment « *commit* » est quasiment systématiquement employé avec un mot à connotation négative (comme « *suicide* », « *crime* », « *conspiracy* »). Cela implique que « *commit* » a une prosodie sémantique négative par contagion.

[9] Recent advancements in construction informatics now address the complex *problem* of integrating building energy performance analysis and building design. (C_FRONTIERSOFAR_2017_vol6_issue1_assessment of energy utilization and leakages in buildings with building information model energy.txt)

[10] Designing the right balance of shared and private spaces for four adults was *key to* a **high functioning** design. (A_A_28_09_17_ hammoch house.txt)

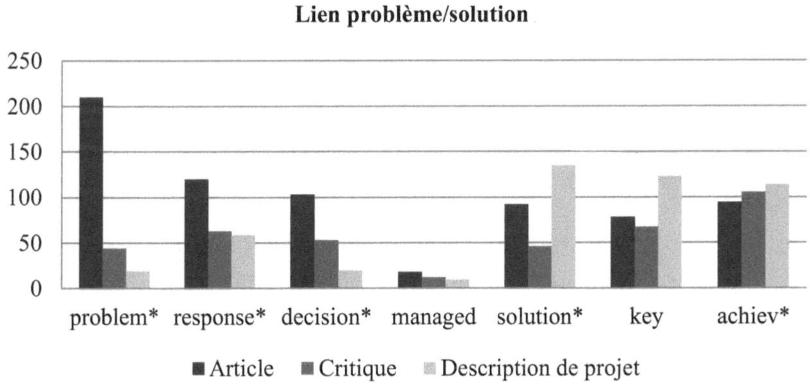

Fig. 4 : répartition des marqueurs exprimant un lien problème-solution dans les trois corpus.

Parmi les autres stratégies rhétoriques mobilisées dans les descriptions de projet, on retrouve l'expression du manque (notamment « *need* »*, « *require* »*) justifiant l'intervention de l'architecte, l'expression de l'objectif (notamment « *aim* », « *purpose* », « *intend* », « *scheme* ») permettant d'exposer une vision et un projet, et l'expression de l'opposition (« *old* », « *existing* », « *new* », « *once* », « *now* »), comme dans l'exemple suivant :

[11] We installed *new*, more energy-efficient escalators, lighting and lighting controls. The *new* water fixtures and fittings have *a higher WELLS rating than the original ones.* (A_ARMA_hamer hall.txt)

3.2.3 Pronoms personnels & métadiscours

La mention personnelle relève de ce que Hyland nomme « *stance* »[30] :

> A textual voice or community recognized personality, (…) it is the way that writers intrude to stamp their personal authority onto their arguments or step back and disguise their involvement. (Hyland 2005 : 176)

On observe que les critiques privilégient la première personne du singulier, expression de l'autorité personnelle du critique d'architecture qui se met en scène visitant le bâtiment décrit [12], retranscrit ses impressions et exprime son avis sur le projet.

> [12] When *I flew* into Karratha to visit the centre it had rained two weeks prior to my arrival and the unfocused landscape was prevalent. (B_AA_0117_ 85_arratha central healthcare.txt)

Les articles de recherche en architecture et les descriptions de projet privilégient au contraire la première personne du pluriel, le « *we* » institutionnel, ponctuellement inclusif.

Les auteurs des articles de recherche exposent leurs intentions (« *we sought* », « *we set out* »), leur méthodologie (« *we began* », « *we developed* », « we *formed* ») et leurs résultats (« *we found* », « *we were able to* », « *we present* », « *we could* ») et les auteurs des descriptions de projet présentent avant tout les propositions (« *we propose* »), la conception du projet (« *we were asked to* », « *we designed* », « *we created* », « *we worked* », « *we drew* »), la construction du projet (« *we opted for* », « *we chose* », « *we used* »), leurs certitudes et leurs espoirs (« *we believe* », « *we hope* »).

---

30 La notion de « *stance* » se rencontre pour la première fois en anglais de spécialité chez Biber & Finegan (1989), qui proposent « un modèle de '*stance*' qui recouvre l'attitude personnelle, les émotions ainsi que l'évaluation du statut de vérité des affirmations » (Sancho Guinda & Hyland, 2012,p. 17, notre traduction), et Hyland a poursuivi ce travail de modélisation. Hyland décline « *stance* » en quatre sous-catégories : « *hedges* », « *boosters* », « *attitude markers* » et « *self-mention* ». Cependant, ces sous-catégories ont été créées pour décrire le discours académique et elles ne sont pas directement applicables au domaine de l'architecture. En effet, on peut trouver un très grand nombre de marqueurs de référence personnelle et de métadiscours, mais le « *hedging* », les « *boosters* » (« *definitely* », « *it is clear* »), ou les marqueurs d'attitude que Hyland indique (« *fortunately* », « *surprisingly* », « *agree* », « *prefer* »…) ne sont pas présents systématiquement dans tous nos genres.

Nous retrouvons donc régulièrement une dimension narrative et une mise en scène des auteurs en véritables « personnes construites » (Goddard 2002 : 31) qui retracent, pas à pas, l'ensemble des décisions prises pour aboutir à un projet d'architecture [13].

[13] *We worked* with Grounds and Truscott's aesthetics to maintain the existing character. *We added* more Truscott-style materials such as dark mirrors and leather walls, but changed the red colour scheme to orange and bronze. *We found* the original carpet swatches and had the ageing carpets remade. In the auditorium, the concrete walls are painted to look like stratified stone. *We engaged* the original artist to retouch them. (…) *We also introduced* a box office. (A_ARMA_hamer hall.txt)

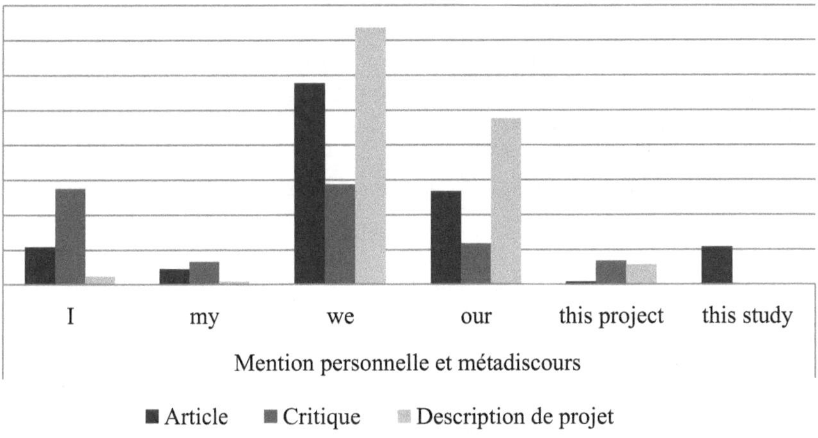

Fig. 5 : répartition des mentions personnelles et du métadiscours dans les trois genres.

3.2.4 « Boosters » et « hedging »

Le dernier aspect est le « *hedging* », l'ensemble des moyens qui permettent d'exprimer une nuance par rapport à un contenu propositionnel, et surtout de présenter une information comme une opinion plutôt qu'une vérité absolue (Hyland 2005 : 178), autrement dit une marque de prudence qui ouvre le dialogue et laisse la place à l'interprétation dans les critiques :

> [14] An inner skin containing a quadruple helix of stairs between walls is *perhaps* the craziest gesture of the building. (B_AR_0312_vol231_reference library.txt)

Il suggère par ailleurs une posture scientifique de doute et l'évocation d'une vérité temporaire dans les articles :

> [15] By extension, we believe that our analysis *may* contribute to the growing ability to uncover the qualities and structure that constitute the identity of Urbino, or of any city, or of any place. (C_ENQUIRY_2013_vol10_issue1_an archaeology of the street Analysis of place in Urbino, Italy.txt)

Mais le « *hedging* » n'a pas du tout sa place dans un discours purement promotionnel. Dorothée Baud (2003 : 3) indique que, dans les discours de types persuasifs, les verbes par lesquels l'auteur exprime un jugement ne sont « quasiment jamais modalisés », afin de présenter ses opinions « de manière péremptoire ». « *Will* » en tant que « *booster* » est l'apanage des descriptions de projet [16], tandis que les « *hedges* » en sont quasiment absents.

> [16] *Obviously*, the building *will* become a landmark. (A_3xn_lighthouse.txt)

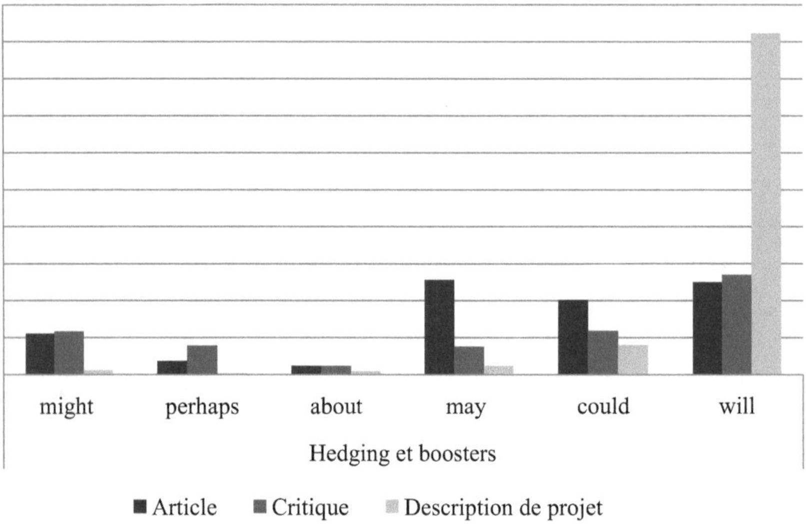

Fig. 6 : répartition des marques de *hedging* et du *booster* "*will*" dans nos trois corpus.

Conclusion

Nous avons montré, à travers une brève analyse rhétorique, linguistique et visuelle des descriptions de projets, que l'ensemble des stratégies argumentatives était déployé au service de la promotion directe de l'architecte et de son agence.

Nous avons pu notamment mettre en évidence des régularités de structures et des régularités langagières dans les descriptions de projet. Comme l'indique Patrick Charaudeau (1998), la pratique et l'exposition à un genre discursif permettent aux auteurs d'une communauté de discours d'intégrer une schématisation abstraite des conditions de l'argumentation, un stock d'arguments et une réserve de procédés discursifs, qui sont ainsi partagés par la communauté et observables par le chercheur à l'échelle d'un genre relativement stabilisé.

Cette pratique de promotion directe semble à présent bien ancrée dans la communauté, mais l'histoire du genre témoigne d'une relation ambivalente de l'architecte à la promotion : dans le passé et parfois encore aujourd'hui, l'architecte a pu exprimer des réticences face à cet exercice de rhétorique qui, s'il n'est peut-être pas, comme l'a noté Platon dans le *Gorgias* (1987) un « art élaboré du mensonge », est au moins un exercice argumentatif de sélection, de valorisation, voire de mise en récit d'un projet. Les descriptions de projet d'architecture, véritables discours de légitimation de l'agence, se systématisent et se stabilisent à l'heure du numérique.

Nous souhaitons, dans un futur proche, proposer des réflexions sur le plan diachronique et contrastif, et voir comment le genre des descriptions de projet a évolué au cours de ces cinquante dernières années, notamment avec la migration du genre sur Internet. Par ailleurs, on peut s'interroger sur la dimension promotionnelle des critiques d'architecture, qui partagent de nombreuses ressources persuasives avec les descriptions de projet et développent d'autres ressources qui leur sont propres. Rosario Caballero (2009) a très bien montré que les critiques d'architectures publiées dans les revues spécialisées de la fin du XIXe parlaient plus volontiers d'œuvres architecturales en des termes négatifs que ne le font les critiques aujourd'hui. Nous aimerions rendre compte de cette évolution des critiques qui, comme les descriptions de projet, cherchent bien souvent à présenter sous un jour favorable les projets d'architecture.

Références

Aurand, Marc, *Architectural brochures: history, hype and graphic design*, Carnegie Mellon University, 1990.

Baud, Dorothée, Analyse de genre : La critique de cinéma dans la presse quotidienne britannique, *ASp. la revue du GERAS*, 39/40, 2003, 37–45.

Bhatia, Vijay, *Analysing Genre: Language Use in Professional Settings*, Londres, New York, Routledge, 1993.

Bhatia, Vijay K. 2004 *Worlds of Written Discourse: A Genre-Based View*, Londres, Continuum, 2004.

Biau, Véronique, *La consécration en architecture : l'émergence de nouvelles élites architecturales en France*, Paris, Ecole des Hautes Etudes en Sciences Sociales, 2000.

Biber, Douglas / Finegan, Edward, Styles of stance in English: Lexical and grammatical marking of evidentiality and affect, *Text-interdisciplinary journal for the study of discourse*, 9 (1), 1989, 93–124.

Caballero, Rosario, Metaphor and genre: The presence and role of metaphor in the building review, *Applied Linguistics*, 24 (2), 2003, 145–167.

Caballero, Rosario, *Re-viewing space: Figurative language in architects' assessment of built space* (Vol. 2), Berlin, New York, Walter de Gruyter, 2006.

Caballero, Rosario, *The role of metaphor in architectural appreciation: A look at reviews from the 19th and 20th centuries*, in Sara Radighieri / Paul Tucker (dir.), *Point of View. Description and Evaluation across Discourses,* Rome, Officina, 2009, 69–95.

Campbell, Colin, *Vitruvius Britannicus or the British architect.* Cum Privilegio Regis, London, 1715.

Camus, Christophe, *Écrire ce qu'on sait faire : Stratégies de réécriture des références d'une agence d'architecture*, in Philippe Boudon (dir.), *Langages singuliers et partagés de l'architecture,* Paris, L'Harmattan, 2003, 73–82.

Chambers, Elmer, On publicity for the profession, *Pencil Points*, 16 (2), 1935, 73.

Charaudeau, Patrick, L'argumentation n'est peut-être pas ce que l'on croit, *Le français aujourd'hui*, 123, 1998, 6–15.

Cohen, Jonathan, *Communication and design with the Internet: A guide for architects, planners, and building professional,* New York, WW Norton & Co. Inc, 2000.

Cotos, Elena / Huffman, Sarah / Link, Stephanie, A move/step model for methods sections: Demonstrating Rigour and Credibility, *English for Specific Purposes*, 46, 2017, 90–106.

Coxe, Weld, *Managing Architectural and Engineering Practice*, John Wiley & Sons Inc, 1980.

Dobson, Adrian, *21 things you won't learn in architecture school,* London, RIBA Publishing, 2014

Elias, Helen, *Marketing Your Practice*, London, RIBA Publishing, 2009.

Goddard, Angela, *The Language of Advertising: Written Texts* (1è edition), London, Routledge, 2002.

Hyland, Ken, Stance and engagement: A model of interaction in academic discourse, *Discourse studies*, 7 (2), 2005, 173–192.

Kliment, Stephen, *Creative communications for a successful design practice*, New York, NY, Whitney Library of Design, 1978.

Kolleeny, Jane / Linn, Charles, *Marketing: Lessons from America's best-managed architectural firms*, New York, McGraw-Hill Construction, 2005.

Kübler, Natalie / Volanschi, Alexandra, Le rôle de la prosodie sémantique en traduction spécialisée, présenté au 32e colloque du GERAS, *Hégémonies et singularités : comment orchestrer les langues de spécialité ?*, 2011

Lewis, Rodger, *Architect?: A candid guide to the profession,* Cambridge, Mass., London, MIT Press, 1998

Loock, Rudy, *La Traductologie de corpus*, Villeneuve d'Ascq, Presses Universitaire du Septentrion, 2016

Louw, Bill, *Irony in the text or insincerity in the writer? The diagnostic potential of semantic prosodies*, in Mona Baker / Gill Francis / Elena Tognini-Bonelli (dir.), *Text and technology: In honour of John Sinclair*, 240, 1993, 251.

Martin, James / White, Peter, *The language of evaluation* (Vol. 2), Basingstoke, New York, Palgrave Mcmillan, 2005.

Moyetta, Daniela, The discussion section of English and Spanish research articles in psychology: a contrastive study, *ESP Today*, 4 (1), 2016, 87–106.

Palladio, Andrea, *I quattro libri dell'architettura*, Venise, Domenico de' Franceschi, 1570.

Platon, *Gorgias* (M. Canto, Trad.), Paris, Flammarion, 1987.

Riba, *RIBA Standard Agreement 2010 (2012 Revision): Architect* (1 édition), Londres, RIBA Publishing, 2013.

Richardson, Brian, *Marketing for architects and engineers: A new approach*. London, E& FNSpon, 1996.

Roldán-Riejos, Ana / Úbeda Mansilla, Paloma, Metaphor in the ESP engineering context, *Ibérica*, 25, 2013, 107–126.

Rosenbaum, Laura, *La condition internationale des architectes. Le monde en référence : représentations, pratiques et parcours*, Bordeaux, Université de Bordeaux, 2017.

Ruskin, John, *The Seven Lamps of Architecture*, Courier Corporation, 1989.

Sancho Guinda, Carmen / Hyland, Ken, *Introduction: A Context-Sensitive Approach to Stance and Voice*, in Carmen Sancho Guinda / Kenneth Hyland (dir.), *Stance and Voice in Written Academic Genres*, 2012, 1–11.

Soneira Beloso, Begoña, Designing, Describing and Compiling a Corpus of English for Architecture, *Procedia-Social and Behavioral Sciences*, 198, 2015, 459–464.

Spector, Tom / Damron, Rebecca, *How Architects Write*, London, Routledge, 2013.

Swales, John, *Genre Analysis: English in Academic and Research Settings*, Cambridge, Cambridge University Press, 1990.

Symes, Martin / Eley, Joanna / Seidel, Andrew, Architects and Their Practices: A Changing Profession. Oxford, Architectural Press, 1995.

Venturi, Robert / Scott Brown, Denise / Izenour, Steven, *Learning from Las Vegas* (First Edition), Cambridge, Mass, The MIT Press, 1972.

Annexe : les 3 corpus

DESCRIPTIONS DE PROJET	
Nom du site	**Nombre de descriptions**
3xn	53
Architect	62
Archdaily	60
Arma	38
Collective Architecture	39
Hassell Studio	64
JDSA	49
JM	54
LOM	46
Make	55
nArchitects	29
OMA	79
Patkau	39
Studiogang	44
TOTAL	711
NOMBRE DE MOTS	**293778**
NOMBRE MOYEN DE MOTS / TEXTE	**413**

CRITIQUES D'ARCHITECTURE	
Nom de la revue	Nombre de critiques
Domus	66
Canadian architect	52
Architectural Record	52
Architectural review	26
Australian Architect	84
TOTAL	281
NOMBRE DE MOTS	**293527**
NOMBRE MOYEN DE MOTS/ TEXTE	**1045**

ARTICLES DE RECHERCHE EN ARCHITECTURE	
Nom de la revue	Nombre d'articles
Frontiers of architecture	13
Enquiry	13
Archnet	14
TOTAL	40
NOMBRE DE MOTS	294465
NOMBRE MOYEN DE MOTS/ TEXTE	7362

Mathilde Gaillard

Les *policy briefs* des *think tanks* aux États-Unis, outils d'action politique

Abstract : La présente étude explore les stratégies rhétoriques mobilisées par les experts des *think tanks* aux États-Unis pour convaincre les acteurs politiques du bien-fondé de leurs propositions. Un corpus de soixante-quatre *policy briefs* publiés entre 2014 et 2017 est analysé. L'hypothèse suivante est explorée : le genre serait caractérisé par un large éventail de stratégies rhétoriques pour répondre aux exigences de crédibilité et de pertinence qui conditionnent l'objectif d'influence des *think tanks* dans la vie politique américaine. L'étude modulaire du péritexte, de la structure, puis de certaines précautions discursives dans le genre démontre que les *policy briefs* peuvent être envisagés comme un véritable « outil d'action politique » (Rude 1997 : 89) dans la rhétorique des *think tanks* aux États-Unis.

Mots clés : *États-Unis, think tanks, policy briefs, genre de discours, stratégies rhétoriques, précautions discursives*

Introduction

Qu'il soit technique, scientifique, annuel ou d'expertise, le rapport est l'un des genres les plus communément utilisés dans de multiples contextes professionnels (Bhatia 2004 : 81). Certains de ces rapports, caractérisés par une double visée informative et prescriptive, constituent un « outil privilégié d'aide à la décision » (Née *et al.* 2017 : 9). Dans ces cas, ils peuvent être envisagés en fonction du poids rhétorique qu'ils occupent dans la mise en œuvre de décisions dans un contexte donné. C'est cette dimension rhétorique du genre, et plus particulièrement de l'un de ses sous-genres, les *policy briefs* de huit *think tanks* américains, qui fait l'objet de la présente étude.

Les *think tanks* aux États-Unis peuvent être définis comme des institutions qui rassemblent des experts issus de divers horizons disciplinaires et professionnels et spécialisés dans le domaine des politiques publiques. Bien que les frontières du milieu soient floues, celui-ci trouve sa spécificité dans son objectif d'influence des processus de décision politique, à travers notamment la diffusion de l'expertise de ses membres sous de multiples formats. Les *policy briefs*, de courts rapports créés pour répondre aux besoins des acteurs politiques en matière d'expertise, sont un exemple emblématique d'un tel objectif. À cet égard, ils représentent un terrain d'observation privilégié des enjeux de captation et de crédibilité qui conditionnent la prise de parole des *think tanks*.

Aussi, cette étude vise-t-elle à montrer en quoi ces enjeux singularisent le genre des *policy briefs*. Elle présente d'abord brièvement le genre, avant d'exposer le corpus retenu et la méthodologie adoptée. En s'appuyant sur quelques exemples ciblés, elle met ensuite en lumière un ensemble de stratégies rhétoriques aux niveaux péritextuel, structurel et discursif qui font des *policy briefs* un véritable « outil d'action politique » (Rude 1997 : 89).

1 Présentation d'un genre emblématique

Créés par la Heritage Foundation dans les années 1980, les *policy briefs* sont aujourd'hui largement utilisés par de grandes organisations internationales, des agences gouvernementales ou des organisations de la société civile. À l'origine, toutefois, ils représentent l'un des premiers produits spécifiques au milieu des *think tanks* et se distinguent des formats longs tels les rapports ou les ouvrages publiés jusqu'alors (Medvetz 2012 : 120). Destinés à un public extrêmement restreint, à savoir les représentants et les sénateurs du Congrès américain, leur format devait répondre au dit « test de la valise » :

> As one Heritage fellow puts it, "The test was if the Congressman could put it in his briefcase and read it going to the National Airport…then okay, he might find some use in it and take the arguments and rely upon those in the debate about a particular issue". (*ibidem*)

Pour des institutions d'experts comme les *think tanks*, souvent en concurrence avec des organisations similaires pour obtenir l'attention des acteurs politiques, un tel format se révèle particulièrement attractif. D'autres *think tanks* se le sont approprié à la suite de la Heritage Foundation, parfois en lui conférant une dénomination différente[1] ; tous envisagent cependant pour le genre une même visée : servir de support aux acteurs politiques lors de débats et de discussions devant mener à la mise en œuvre de certaines politiques.

Bien qu'aujourd'hui les *policy briefs* soient disponibles en ligne sous format PDF et accessibles au plus grand nombre, le genre respecte toujours les principes énoncés par le fondateur de la Heritage Foundation en 1985, c'est-à-dire un nombre de pages restreint (entre trois et quinze), et un mode de présentation susceptible d'attirer l'attention d'un lectorat soumis à une multitude d'informations (Feulner 1985).

Un soin tout particulier est accordé à la mise en page et aux couleurs qui permettent d'identifier la série dont relève le document, ainsi que l'organisation dont sont issus les auteurs. De fait, d'un *think tank* à l'autre, les *policy briefs* sont aisément reconnaissables par des lecteurs familiers des travaux de l'organisation, et sont présentés de façon à attirer le regard. Par exemple, les *Policy Analysis* du Cato Institute sont imprimés sur du papier glacé et stratégiquement exposés dans le hall d'accueil et sur les paliers des étages du *think tank* pour être consultés par un public extérieur[2]. De manière générale, ceci permet de valoriser l'image de crédibilité que l'institution souhaite communiquer à travers ses travaux (Struyk 2002 : 203–204).

Comme en témoigne la fig. 1, divers procédés permettent de faciliter la lecture, tels des encadrés et des énoncés aphorisés qui mettent en exergue certains passages-clés en marge du texte (Maingueneau 2012). Ce dernier procédé constitue une véritable stratégie dans un débat politique souvent surchargé : il marque d'emblée l'esprit du lecteur, et facilite, par la suite, le repérage et la mémorisation des arguments.

---

1 Pas moins de neuf dénominations différentes pour le genre des *policy briefs* ont été relevées sur un échantillon de huit *think tanks*. La longueur, le format et le co-énonciateur cible de chaque type de document ont été examinés avant de valider leur appartenance au genre.

2 Observation effectuée lors d'une visite au Cato Institute fin juin 2017.

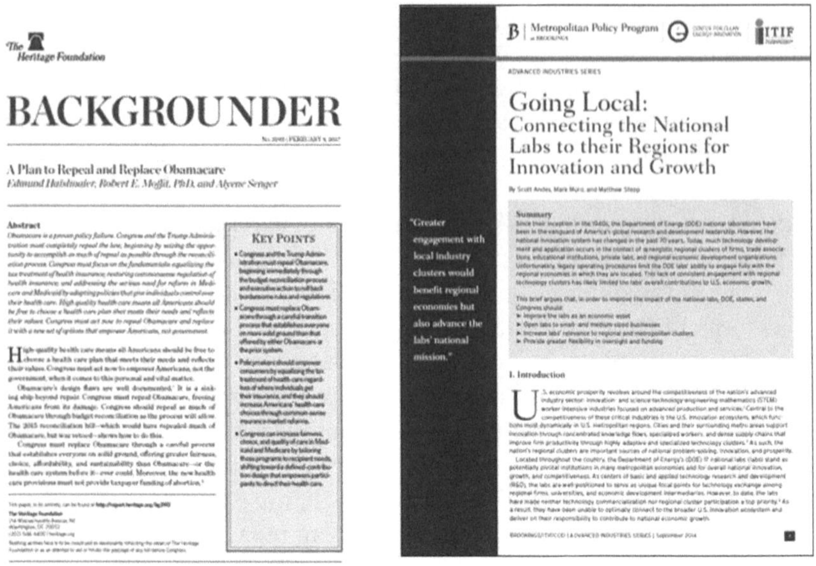

Fig. 1 : Pages de couverture de deux *policy briefs* de la Heritage Foundation et de la Brookings Institution.

Le format restreint du *policy brief* permet aux *think tanks* de s'adapter aux publics qu'ils ciblent et de les persuader de la pertinence de leurs propositions. Leur crédibilité, de même que leur capacité à convaincre, sont essentielles. Plusieurs enjeux sont donc à l'œuvre dans le genre et c'est sur cette base que nous avons construit le protocole méthodologique adopté dans le cadre de cette étude.

2 Corpus et méthodologie retenue

Soixante-quatre *policy briefs* publiés entre 2014 et 2017 par huit *think tanks* américains ont été retenus, soit un corpus de 281 686 mots. Ces huit organisations[3] ont été sélectionnées de façon à représenter les caractéristiques définitoires du milieu en termes de type organisationnel, de taille, de répartition géographique et d'orientation politique (Gaillard 2019). Les documents portent sur les sujets variés qui caractérisent le domaine des politiques publiques et relèvent de sujets de politique étrangère, comme de questions pointues de politique intérieure, à l'image de la réforme de Medicaid ou de la régulation des drones à des fins de surveillance.

L'angle choisi pour cette étude est celui d'une analyse rhétorique du genre des *policy briefs* envisagé en termes de l'action qu'il permet d'accomplir et non de sa seule forme (Miller 1984). Notre hypothèse est la suivante : le genre serait caractérisé par un ensemble de stratégies rhétoriques, lesquelles permettraient de répondre aux exigences de captation et de crédibilité qui fondent l'intervention des *think tanks* dans la sphère politique.

Plusieurs modules d'analyse ont été retenus, dans l'idée que l'étude de chacun de ces modules et la question spécifique qu'ils examinent offrent la possibilité de construire l'analyse « pas à pas et d'établir des acquis, au moins provisoires » (Roulet n.d.). Une telle approche permet ultimement de donner une vision globale du genre et de ses procédés rhétoriques.

Le premier module est d'ordre péritextuel et se concentre sur les titres des *policy briefs*. Par leur position sur la page et la taille de leur police de caractères, les titres ont vocation à résumer ou à dramatiser le contenu du document, comme pour les articles de journaux (Bell 1991 ; Isani 2011 ; Peynaud 2013). Pour Shaeda Isani (2011), les titres sont caractérisés par plusieurs fonctions pragmatiques, à savoir une fonction informative et cataphorique dans la mesure où ils visent à résumer le contenu de l'article qui suit, et une fonction persuasive puisqu'il s'agit d'inciter le lecteur à vouloir en savoir davantage. Cette dernière fonction nous intéresse particulièrement.

Le deuxième module est structurel et suit la perspective théorisée par John Swales (1990) pour les articles de recherche notamment. Il a pour objet de mettre en évidence différents mouvements rhétoriques,

3 Ces huit *think tanks* sont les suivants : Brookings Institution, Center for American Progress (CAP), Cato Institute, Heritage Foundation, Mackinac Center, Resources for the Future (RFF), RAND Corporation, Roosevelt Institute.

dont la combinaison donne son caractère unique au genre et illustre sa visée communicationnelle (Bhatia 1993 : 23). Plus spécifiquement, l'étude de cette combinaison met en lumière la progression de l'argumentation dans le genre (*logos*).

Le troisième module nous permet de nous intéresser à un niveau de granularité plus fin et de nous concentrer sur le « *hedging* » ou les précautions discursives mobilisées par les auteurs des *policy briefs* pour construire leur éthos d'expert, en alliant rigueur, crédibilité et discours programmatique. La façon dont ces auteurs présentent leurs recherches, persuadent les lecteurs de leur bien-fondé et interagissent avec eux, est, en effet, cruciale pour la portée rhétorique du genre :

> Hedging is a rhetorical strategy. By including a particular term, choosing a particular structure, or imposing a specific prosodic form on the utterance, the speaker signals a lack of a full commitment either to the full category membership of a term or expression in the utterance (content mitigation), or to the intended illocutionary force of the utterance (force mitigation). Simply put, it is attenuation of the full value which the utterance would have, absent the hedging. (Fraser 2010: 201)

Afin de refléter ces différents niveaux d'intervention du « *hedging* », lexical, syntaxique ou discursif, nous adoptons une approche pragmatique de la notion. Cette perspective définit les précautions discursives comme « tout moyen permettant à l'orateur ou à l'auteur de se protéger des risques encourus dans un contexte ou une situation donnés » (Resche 2015) ; elle prend en compte des marqueurs lexicaux et grammaticaux traditionnellement associés au « *hedging* », tels les adverbes d'approximation ou les modaux à valeur épistémique, mais également des éléments discursifs plus diffus présentés dans le tableau 1[4]. Dans cette perspective, nous avons aussi été amenée à mobiliser les notions de politesse linguistique et de gestion des faces (Brown & Levinson 1987). Selon cette théorie, toute interaction est potentiellement menaçante pour les faces des participants, qu'il s'agisse de leur image de soi (face positive) ou de leur autonomie (face négative), d'où la notion de « *face-threatening act* » pour décrire les actes de langage qui pourraient

---

4 Notons que d'autres éléments auraient également pu être pris en compte dans l'analyse des marqueurs de la présence de l'auteur dans son texte et notamment des précautions discursives. Une revue des marqueurs d'attitude et du pronom personnel « *we* » a notamment été proposée dans une autre étude (Gaillard 2014).

leur porter préjudice (critique ou ordre). Dès lors, il nous a semblé essentiel de comprendre comment les experts des *think tanks* font usage de précautions discursives pour évaluer, critiquer les politiques actuelles et suggérer d'éventuelles voies de remédiation sans menacer les faces de leurs interlocuteurs.

Par conséquent, l'approche adoptée dans le cadre de ce travail s'est voulue en premier lieu qualitative et ciblée sur des exemples précis. Elle est accompagnée de façon ponctuelle par des analyses quantitatives afin d'apporter un éclairage supplémentaire. Pour ce faire, le concordancier *AntConc 3.5.7 2018* et l'outil de textométrie *TXM 0.7.9* ont été utilisés.

Tab. 1 : Modules et procédés étudiés dans le cadre du genre des *policy briefs*.

Modules principaux	**Procédés étudiés**
Module péritextuel	Titres
Module structurel	Mouvements rhétoriques
Module des précautions discursives	Langage des chiffres, politesse linguistique, etc.
	Modalité (*should*)
	Polyphonie

3 Résultats

3.1 Module péritextuel : attirer l'attention des lecteurs

Tout comme le format des *policy briefs*, le péritexte a été pensé pour répondre aux attentes des acteurs ciblés par les *think tanks*. C'est notamment le cas des titres qui se révèlent essentiels pour susciter l'intérêt du co-énonciateur, et qui font l'objet d'une attention particulière de la part des membres des *think tanks*, y compris dans les *policy briefs*. Comme le soulignent Eóin Young et Lisa Quinn (2017 : 15) dans leur manuel dédié à la rédaction de ces documents, le titre est d'abord un outil de captation qui consiste à faire passer un message au premier coup d'œil :

> As an advocacy tool, the title of the brief is an important opening element in grabbing the attention of the reader and may also be used to start communicating the essence of your message. Beware of just cutting and pasting academic titles; instead try to make your title 'sticky' [...].

Bien que les titres des *policy briefs* ne soient pas contraints par l'espace comme ceux des articles de journaux (Peynaud 2013), ils partagent certaines de leurs caractéristiques dont le but est d'accroître l'efficacité du message (Engel 2012). Cinquante des soixante-quatre titres du corpus font usage de syntagmes nominaux (*Policy Implications of Autonomous Vehicles*[5]) ou de propositions gérondives qui reprennent un syntagme verbal (*Improving Afghanistan Policy*[6]).

Les jeux de mots remplissent une fonction similaire en établissant une complicité entre lecteurs et auteur.

> [1] *Crude Behavior*: How Lifting the Export Ban Reduces Gasoline Prices in the United States (RFF_2014_ Gasoline Prices)

En accord avec l'objectif de captation énoncé par E. Young et L. Quinn, plus de la moitié des titres (53,1 %) ont pour objet de traduire la position adoptée par l'auteur par rapport à une seule fonction thématique : celui-ci fait ainsi fréquemment usage d'un lexique à valeur axiologique (« *devastating* », « *wrong* ») et d'amplificateurs (« *essentially* »), notamment pour critiquer certains aspects des politiques menées. Il peut s'agir de prendre position dès le titre pour mieux interpeller, voire choquer le lecteur sur des sujets d'actualité ([2], [3]) :

> [2] Consequences of Paris Protocol: *Devastating* Economic Costs, *Essentially Zero* Environmental Benefits (Heritage_2016_Renewable Energy)

> [3] What's *Wrong* With Michigan's No-Fault Automobile Insurance (Mackinac_2017_Automobile Insurance)

> [4] Improving Children's Life Chances *through Better Family Planning* (Brookings_2015_Family Planning)

5 Cato_2014_Autonomous Vehicles
6 Brookings_2016_Afghanistan

Le lecteur peut se trouver dès lors incité à agir sur des sujets qui lui sont probablement familiers. C'est le cas des accords de Paris qui ont fait l'objet de multiples analyses. En [4], la solution est offerte dès le titre, dans un syntagme adverbial de manière.

En mettant en avant son point de vue dès le titre, l'institution, à travers l'expert, attire l'attention de ses lecteurs, souligne sa différence, et s'identifie clairement sur le « marché des idées »[7] (Smith 1991 : 177–178). Cette prise de position est d'ailleurs clarifiée dès les premières lignes des *policy briefs*.

3.2 Module structurel : apporter une réponse d'expert codifiée

Selon Patrick Charaudeau (2007), tout discours argumentatif nécessite une forme de mise en scène de l'argumentation, en particulier par le biais d'une problématisation préliminaire, qui consiste à « faire savoir à l'autre [...] de quoi il s'agit ». C'est le cas des *policy briefs*, dont l'argumentation est articulée dès l'introduction autour de l'exposé d'un sujet de préoccupation nécessitant diagnostic et remédiation. Cet exposé est nécessaire à la prise de parole de ces experts dont l'intervention est rarement sollicitée : afin d'influencer les processus de décision politique, il est essentiel d'identifier une conjoncture problématique à l'impact suffisamment important pour susciter l'intérêt et, ultimement, inciter à l'action (Smith 2016 : 37). La façon dont cette conjoncture est formulée détermine la direction que prendront les débats et ainsi la structure de l'argumentation du genre.

> [5] *The unexpected election* of Donald Trump in 2016 dashed these hopes. With renewed tensions and open debate within the Trump administration as it conducts a "comprehensive review of our Iran policy," the future of the JCPOA and of U.S.-Iranian relations is *uncertain. There are certainly many options* for the Trump administration if it wishes to take a more confrontational approach to Iran, four of which are examined in this paper. *Yet* each is *difficult, costly, and carries far higher risks than continuing a policy of engagement.* (Cato_2017_Foreign Policy)

---

7 Cette expression est attribuée à l'ancien président de l'American Enterprise Institute qui concevait l'espace de décision politique comme un « marché des idées » où seuls les meilleurs produits ou idées seront adoptés (Smith 1991 : 177–178).

L'exemple [5] introduit un débat bien connu des destinataires des *policy briefs*, à savoir la remise en cause des accords nucléaires avec l'Iran par Donald Trump pendant l'année 2017. Dès les premières lignes, ces quelques phrases résument le mouvement argumentatif du document. Le contexte incertain justifie une nouvelle étude de la part des auteurs sur l'approche américaine en Iran ; la conjonction à valeur concessive « *yet* » en début de phrase met clairement en évidence ce point dans le bloc de texte. L'acteur ciblé est identifié (le gouvernement), et les critères d'applicabilité, de coût et de sécurité suivant lesquels la politique est évaluée sont exposés. Enfin, on peut observer un début de remédiation (continuer la politique actuelle).

La réaction à un débat controversé et au contexte d'incertitude qu'il génère est en réalité souvent un prétexte pour un nouveau *policy brief* : environ deux-tiers des textes du corpus font usage d'une telle accroche et suivent le principe de la « fenêtre politique » énoncé par le politologue John Kingdon (1984 : 174) ; ce principe fait écho au *kairos* théorisé par Aristote dans sa *Rhétorique* pour référer aux moments opportuns, ici les moments propices à des changements de politique que se doit d'exploiter tout expert de *think tank*.

Dès lors, cette accroche a un double objectif : d'une part, elle constitue un élément de langage aisément réutilisable par un acteur politique qui souhaiterait légitimer une prise de position ; d'autre part, l'analyse de l'expert peut être envisagée comme une réponse à la contrainte de pertinence qui conditionne le discours des *think tanks* (Marzouki 2011) et s'articule autour de la nécessité de remédier à cette incertitude dans le reste du texte.

Trois mouvements rhétoriques récurrents succèdent à ce premier mouvement introductif. Ils ont pour but d'exposer le raisonnement conduisant au choix d'une alternative politique particulière (Young & Quinn 2017). Une lecture approfondie du corpus montre que 85% des *policy briefs* qui le composent se caractérisent par une partie « état des lieux » consacrée à l'analyse de la situation problématique, puis par une partie portant sur les conséquences potentiellement néfastes que cette situation a sur le pays ou sur certains groupes d'individus ; enfin, ils se terminent par une section offrant d'éventuelles alternatives et une série de recommandations à l'intention des acteurs politiques et de leurs équipes. Le tableau 2 présente, à titre d'exemple, la structure d'un *policy brief* de la Brookings Institution au sujet de la répartition des laboratoires de recherche à l'échelle locale.

Tab. 2 : Mouvements rhétoriques d'un *policy brief.*

Mouvements rhétoriques	**Passages et/ou sous-titres**[a] **Brookings_2014_Metropolitan Policy**
Introduction d'une conjoncture problématique	*As centers of basic and applied technology research and development, the labs are well-positioned to serve as unique focal points for technology exchange [...].* However, *to date, the labs have made neither technology commercialization nor regional cluster participation a top priority.*
Bilan	*Defining the lab system*
Conséquences néfastes	*Challenges in connecting the labs to their regions and states*
Recommandations	*Toward more regionally connected labs* *Moving forward*

[a] La structure du *policy brief* a été examinée en détail. Nous avons seulement reproduit les sous-titres dans le tableau pour des raisons de lisibilité.

Des variations plus importantes ont également pu être observées : neuf *policy briefs* du corpus suivent une structure thématique. C'est le cas du document soumis par le *think tank* Resources for the Future (spécialisé dans les questions environnementales) aux représentants de l'Oregon en vue de réduire les émissions de gaz à effet de serre de l'État. Afin de répondre aux besoins immédiats de ces lecteurs, le *policy brief* est organisé dans l'ordre des suggestions des auteurs. Chacune d'entre elles suit toutefois la structure interne exposée plus haut : sont proposés un rapide état des lieux des politiques actuelles, de leurs conséquences éventuelles et des détails relatifs à leur mise en œuvre.

C'est sur l'articulation de l'ensemble de ces mouvements que se construit l'argumentation dans le genre. Le raisonnement est structuré pour répondre aux attentes en matière d'expertise de lecteurs peu familiers des sujets traités : des voies d'action sont suggérées en vue de prendre position dans le débat politique ; des arguments sont développés pour quiconque souhaite en savoir davantage. Une telle structure permet également d'influencer les conclusions du lecteur : l'analyse d'un état de fait sous la forme d'un problème en conditionne l'interprétation dès l'introduction, et rend cette interprétation difficilement contestable. Il s'agit moins d'une démonstration dont découleraient naturellement conséquences et recommandations, que d'une justification des voies d'action proposées par l'auteur pour intervenir dans une conjoncture qu'il présente comme délicate. L'absence de section dédiée à l'exposé d'une alternative est, à cet égard, particulièrement révélatrice, puisqu'une seule voie d'action semble dès lors possible pour le lecteur. La RAND Corporation, qui propose dans ses publications une série de scénarios possibles pour remédier à la situation analysée, semble faire exception dans notre corpus.

3.3 Module des précautions discursives : renforcer l'éthos de l'expert

La structure des *policy briefs* a pour but d'attirer l'attention, voire d'influencer l'interprétation de leurs lecteurs en quête d'expertise. Pour autant, le genre ne peut remplir son objectif sans la démonstration d'un raisonnement crédible et pertinent qui contribue à légitimer la crédibilité (éthos) des auteurs en tant qu'experts, d'où l'intérêt d'un module consacré à l'analyse des précautions discursives.

Afin de mesurer le poids de ce procédé, nous avons effectué un premier relevé manuel de ses marqueurs lexicaux et syntaxiques classiques sur la moitié du corpus[8]. Bien qu'une comparaison quantitative ne puisse rendre compte de l'ampleur du phénomène sans une étude du contexte situationnel de ces marqueurs, ce sont les proportions relatives qui nous intéressent ici (voir Tableau 3). À première vue, il semble que le genre se distingue par une proportion plus importante de marqueurs de « *hedging* » que de leurs pendants, les amplificateurs (« *boosters* »), tels que ceux soulignés dans l'exemple [6] :

8 Le relevé des marqueurs de « *hedging* » étant d'abord manuel, il nous a fallu restreindre la taille de l'échantillon traité.

Tab. 3 : Répartition des *hedges* et des *boosters* suivant les *think tanks* dans les *policy briefs* publiés entre 2016 et 2017

Think tank	***Hedges***	***Boosters***
Resources for the Future	4.8 %	1.0 %
Brookings Institution	4.0 %	0.8 %
RAND Corporation	3.8 %	0.8 %
Center for American Progress	3.5 %	0.8 %
Mackinac Center	3.2 %	0.6 %
Roosevelt Institute	3.2 %	0.7 %
Heritage Foundation	3.0 %	0.8 %
Cato Institute	2.9 %	0.7 %
Total général	**3.4 %**	**0.8 %**

Nous convenons que ces pourcentages sont peu élevés, notamment en raison de la difficulté à quantifier ce qui relève des marqueurs de précautions discursives. Toutefois, ce sont les proportions relatives entre « *hedges* » et « *boosters* » qui nous intéressent ici.

> [6] *It's hard to pin down exactly* what factors and *to what extent* each factor contributes to the *relatively* high costs of Michigan auto insurance premiums. *One possible explanation* is that Michigan drivers are *just* simply riskier to insure, *maybe* causing more accidents and damage than drivers in other states, *for example*. (Mackinac_2017_Automobile Insurance)

Ainsi, si les *policy briefs* ont pour objectif de faire adopter des recommandations qui visent à améliorer les politiques existantes, ils semblent caractérisés par un ensemble de marqueurs et de procédés qui nuancent, atténuent, et tempèrent les positions adoptées, et renforcent l'éthos d'un expert rigoureux et mesuré. Il convient toutefois de mieux comprendre la nature et les fonctions argumentatives de ces procédés, en nous appuyant sur des analyses à la fois quantitatives et qualitatives de quelques-unes de leurs manifestations linguistiques et discursives dans le corpus. Un premier aspect du module se concentre sur la façon dont est mis en œuvre le diagnostic élaboré dans le genre.

3.3.1 Le langage des chiffres, le nombre comme preuve

Une première impression à la lecture des *policy briefs* est que les estimations chiffrées[9], notamment dans les sections « état des lieux » et « conséquences », colonisent les analyses établies par les auteurs ; les noms « *percent* », « *number* » et « *rate* », de même que les verbes « *increase* » et « *reduce* » viennent en tête de liste en termes de fréquence dans le corpus. Environ un tiers des *policy briefs* font usage de figures et de tableaux mettant en évidence les diverses statistiques mobilisées pour évaluer l'impact des politiques étudiées.

Parce que le nombre est doté « de trois propriétés, celles d'être vrai, neutre et incontestable » (Ogien 2010), il est mis au service du *logos* sous la forme d'une argumentation rigoureuse sur laquelle l'expert peut fonder ses recommandations. Dès le premier mouvement rhétorique du genre, les politiques sont, par exemple, évaluées en termes de coût et d'efficacité :

> [7] Using a fair-value estimate, which projects a $101 billion deficit for 2017 to 2036, a 4.7-fold increase would cover *only* 19 percent of the PBGC's multiemployer program deficit [...]. *These findings suggest* that it could be impossible to use premium increases alone to cover the multiemployer program's shortfalls [...]. (Heritage_2016_Social Security)

À travers l'adverbe « *only* », l'attention du lecteur est concentrée sur les limites des politiques actuelles, tandis que le recours à la troisième personne dans la collocation « *these findings suggest* » permet à l'expert d'avancer ses propres suggestions, qui semblent découler non pas d'une estimation subjective, mais d'une analyse chiffrée. À travers le « prestige des apparences objectives » (Koren 2009 : §16), se construit la crédibilité de l'expert.

De fait, son investissement énonciatif est diminué pour mieux diriger l'attention du lecteur sur les éléments jugés importants : le langage des chiffres peut paradoxalement prendre la forme d'un langage vague.

> [8] Repeat DUI offenders are responsible for *a large proportion of* the DUI costs. *A disproportionate number of* DUI fatalities are caused by drivers previously

9 Nous entendons « estimations chiffrées » au sens large : les chiffres, nombres mais également les ordres de grandeur sont pris en compte dans notre analyse.

> convicted of an alcohol-related motor vehicle offense, with *approximately* 40 percent of fatally injured impaired drivers having a history of repeat DUI offenses [...]. (RAND_2015_Alcohol and Driving)

Dans cet exemple, au « quantifieur vague » (« *approximately* ») (Banks 1998), se superposent des syntagmes nominaux dont les noms principaux (« *proportion* » ; « *number* ») se caractérisent par un sémantisme vague qui rend impossible toute estimation précise. Certes, cet effet peut être interprété comme une forme de respect de la Maxime de Quantité de Paul Grice (1975) suivant laquelle seules les informations nécessaires à la compréhension doivent être fournies, mais il peut aussi relever d'une utilisation « stratégique » et rhétorique du vague (Myers 1996 : 6). Dans l'extrait [8], bien que le taux de conducteurs récidivistes pour les délits de conduite sous l'emprise de l'alcool soit décrit comme important, voire disproportionné, il n'est pas indiqué de manière précise. Seule compte ici la forte proportion de récidives. L'utilisation d'approximations dans la présentation des chiffres permet de souligner certains points de l'argumentaire au détriment d'autres, ici la nécessité d'agir pour limiter le taux de récidives.

Si le discours de l'expert nous amène à nous concentrer essentiellement sur le logos et l'éthos, soulignons que la troisième des « preuves administrées par le discours » identifiées par Aristote (1990) n'est pas complètement absente du genre : l'usage d'approximations, ici sous la forme de nombres cardinaux, permet également d'introduire quelques éléments de pathos.

> [9] Heritage's clone of the Energy Information Administration's energy model shows that restricting energy production to meet targets like those of the Paris agreement will significantly harm the U.S. economy. Bureaucratically administered mandates, taxes, and special interest subsidies will drive family incomes down by *thousands of dollars* per year, drive up energy costs, and eliminate *hundreds of thousands of jobs*. (Heritage_2016_Renewable Energy)

Dans l'extrait [9], nous pouvons relier le choix de l'approximation à la nécessité, pour un expert, de ne pas être pris en faute sur des chiffres trop précis qui pourraient ensuite être contredits dans les faits. C'est alors l'ampleur du chiffre qui permet d'interpeller, voire de choquer un lecteur non spécialiste et de lui faire prendre conscience des conséquences néfastes des décisions technocratiques prises froidement, en jouant sur l'empathie pour les familles qui auront du mal à gérer les fins de mois et pour ceux qui perdront leur emploi.

3.3.2 Une dimension polémique neutralisée

L'élaboration d'un diagnostic crédible repose également sur la démonstration de la part de l'auteur de sa capacité à apprécier les différents enjeux et à évaluer les parties prenantes qui occupent le débat politique. Dans le cas des *think tanks* aux États-Unis, il ne s'agit pas pour autant de prendre position pour un quelconque groupe politique. À l'instar de certaines organisations de la société civile à but non lucratif, ces institutions sont régies par le statut fiscal 501 (c) 3 qui interdit toute activité s'apparentant à des activités de *lobbying* et de défense d'intérêts particuliers. Il est donc essentiel de tempérer la dimension potentiellement polémique d'un genre dont le contenu l'inscrit directement au cœur des débats politiques : les experts interviennent dans un concert de différentes voix, parfois divergentes, celles d'autres experts, ou d'acteurs du domaine. Cela se traduit par l'usage d'un langage vague lié, cette fois, à la dimension polyphonique[10] du genre.

Les différences politiques sont ainsi neutralisées dans le corpus : les entités qui habitent le paysage politique américain sont rarement évoquées par leurs noms, et encore moins par leur ligne idéologique, mais par l'intermédiaire de formes plurielles comme « *advocates* », « *opponents* » ou « *critics* ».

> [10] *Gun-control advocates* often claim that 40 percent of annual firearms sales take place today without background checks. (Cato_2015_Gun Control)

Dans l'extrait [10], l'identité des partisans de l'interdiction du port d'armes et leur point de vue, d'ailleurs généralisé par l'adverbe de fréquence « *often* », passent au second plan pour laisser place à l'argumentaire de l'auteur. Bien que le débat politique semble relativement mis à distance, les experts ne se privent pas pour autant de prendre position. La critique, notamment, est essentielle, non seulement pour suggérer de nouvelles voies d'action, mais également pour démontrer l'indépendance intellectuelle de ces experts :

---

10 Par « dimension polyphonique » est entendu un « phénomène de démultiplication des voix à l'intérieur d'un énoncé » (Amossy 2005 : 63).

[11] Michigan's No Fault Act was *a well-intended experiment* by *the Legislature* to address the multiple problems created by an unchecked, wide open tort system. [...] *It was thought that* this would reduce the large volume of auto accident lawsuits clogging the court system and make it *simpler and easier* for everybody to receive benefits after being injured in an accident. (Mackinac_2017_Automobile Insurance)

Ce reproche émis à l'encontre des législateurs de l'État du Michigan fait preuve d'une certaine habileté rhétorique : il se voit atténué par une dénomination propre (« *Legislature* ») qui évite toute individualisation des auteurs de la mesure. La structure extraposée (« *it was thought that* »), en rapportant ici un état des choses jugé vrai par l'auteur[11], permet de présenter les intentions des législateurs comme justifiées, tout en ne les visant pas directement. Bien qu'elles aient eu un impact négatif, les premières intentions des hommes politiques sont louées. L'auteur se livre dès lors à un véritable jeu sur les faces : la face positive des législateurs, susceptibles de lire le *policy brief*, est ménagée. Pour sa part, l'expert se montre capable d'empathie et s'attire les bonnes grâces de son lecteur.

Si certains hommes politiques, tels Barack Obama et son successeur Donald Trump, font l'objet de critiques individuelles, celles-ci sont formulées à partir de la fonction qu'ils incarnent :

[12] *The Obama administration* made important strides at the federal level, but *President Donald Trump* seems to be intent on reversing that progress through his appointments, 75 percent of which have been white men. (CAP_2017_Justice and Racism)

Dès lors, fort de son appartenance à une institution de la société civile, l'expert de *think tank* joue le rôle d'un observateur détaché, distribuant les bons et les mauvais points aux acteurs politiques. Émises par un connaisseur de la vie politique américaine, les analyses présentées n'en sont que plus crédibles. Les auteurs évitent toutefois les formes les plus violentes de la polémique par des procédés visant à reléguer

11 Nous faisons ici référence aux fonctions rhétoriques identifiées par Shirley Carter-Thomas et Elizabeth Rowley-Jolivet (2017) à partir de la classification des actes de langage de John Searle (1976) pour étiqueter les structures extraposées. Dans cet exemple, l'extraposition a une fonction déclarative.

les dissensions idéologiques au second plan pour mieux convaincre les lecteurs du bien-fondé de leurs analyses.

Les *policy briefs* n'en restent pas moins un outil programmatique, dont l'une des fonctions principales est d'inciter les acteurs de la vie politique américaine à agir. C'est au sein du dernier mouvement rhétorique du genre, consacré aux recommandations des experts, que cet enjeu prend toute son importance.

3.3.3 Des recommandations peu radicales : le cas de « should »

Cette dernière section se concentre sur le modal à valeur déontique[12] « *should* » et sur son voisinage. Troisième modal le plus fréquemment observé dans le corpus, il semble, en effet, un vecteur privilégié des recommandations[13] émises par les auteurs des *policy briefs*. Comme en témoigne la copie d'écran de l'outil « *Concordance plot* »[14] du concordancier *AntConc*, les traits correspondant aux occurrences de « *should* » sont plus épais à la fin de chacun des textes du corpus.

Si l'emploi déontique de « *should* » exprime prototypiquement l'obligation ou la contrainte (Huddleston & Pullum 2002 : 186), le modal a une valeur de conseil dans le genre des *policy briefs*. Les acteurs politiques sont invités, plutôt que contraints à agir suivant une ligne politique particulière qui a été jugée légitime ou nécessaire par l'auteur :

> [13] Lawmakers *should* also aim to increase *transparency* by mandating that police departments release information about drone flights. (Cato_2016_Surveillance)

> [14] [...] Congress *should* replace Obamacare through a *careful* process that establishes everyone on solid ground, offering *greater fairness, choice, affordability, and sustainability* than Obamacare ever could. (HF_2017_BG_Healthcare)

---

12 Une analyse manuelle nous a permis d'établir que seules 29 sur les 550 occurrences du modal relevaient d'un emploi épistémique. Nous nous sommes appuyée sur les contextes d'occurrences du modal pour en déterminer les types de modalité.

13 J. Swales (1990) observe que les mouvements rhétoriques d'un genre ne se caractérisent pas seulement par le contexte dans lequel ils apparaissent mais également par certains procédés linguistiques récurrents.

14 Cet outil indique la place du mot recherché au sein de chacun des textes du corpus.

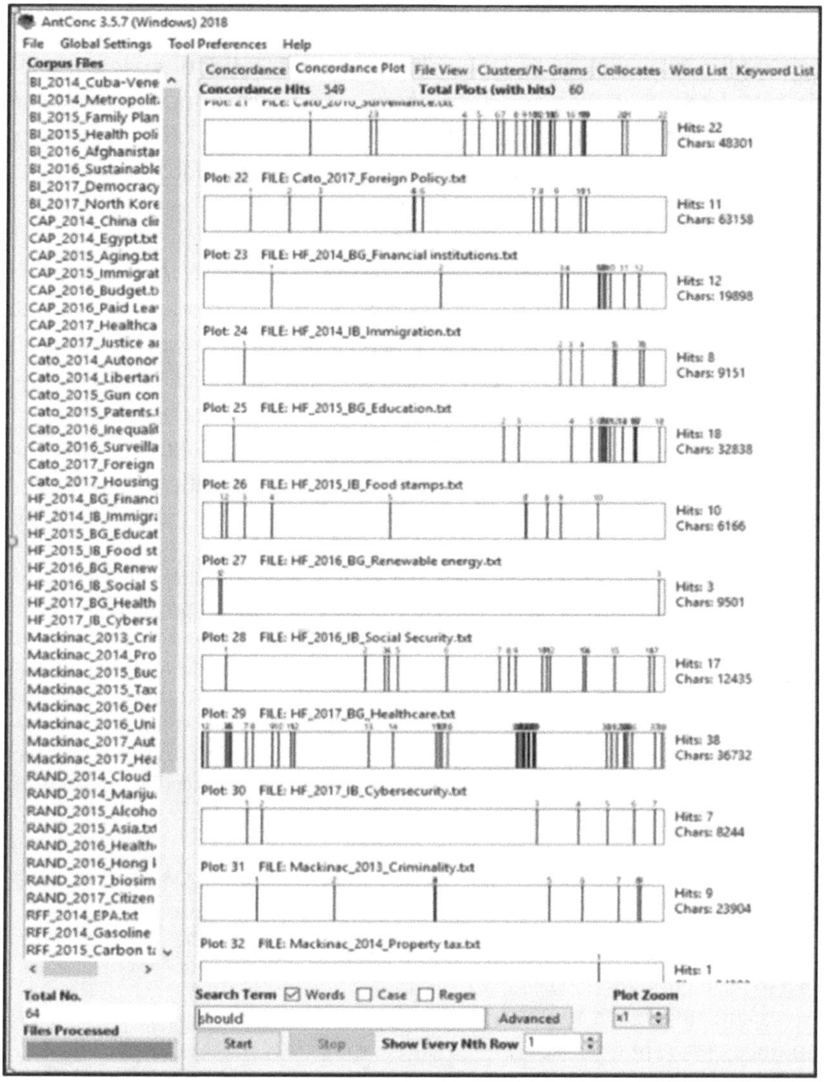

Fig. 2 : Répartition spatiale du modal « *should* » dans les *policy briefs* obtenue à l'aide de l'outil « *Concordance Plot* » (*AntConc 3.5.7. 2018*)

En [13] et [14], les objectifs visant à plus de transparence en matière de surveillance ou à plus de justice sociale n'ont pas été atteints, mais sont présentés comme désirables. En plaçant les procès introduits par le modal dans le domaine du non-actualisé (*ibidem*), le prétérit modal contribue à affaiblir son sens d'obligation (Palmer 2001 : 73, cité par Lillian 2008 : 9), et permet d'atténuer les potentielles menaces envers la face négative des acteurs politiques : les recommandations sont présentées comme des voies d'action préférables et non obligatoires.

La dépersonnalisation des sujets introduisant « *should* » contribue également à atténuer la force illocutoire de ces recommandations. Comme en témoignent ces deux exemples et le tableau 4, ces sujets sont en premier lieu des formes plurielles ou des entités collectives. Il peut s'agir de l'instance de décision à laquelle ils appartiennent (« *Congress* »), de certaines instances du pouvoir exécutif (DOE), ou de groupes plus larges (« *policy-makers* » ; « *states* ») qui contribuent à la dépersonnalisation, voire même à la « dépolitisation » du discours évoquée par Pierre Bourdieu :

> Ne trouvant rien à redire au monde tel qu'il est, [les dominants] s'efforcent d'imposer universellement par un discours empreint de simplicité et transparence, le sentiment d'évidence et de nécessité que le monde leur impose […]. Ce langage politique non marqué politiquement se caractérise par une rhétorique de l'impartialité, marquée par les effets de symétrie, d'équilibre, de juste milieu, et soutenue par un éthos de la bienséance et de la décence, attesté par l'évitement des formes les plus violentes de la polémique […]. Cette stratégie de la neutralité (éthique) trouve son accomplissement naturel dans la rhétorique de la scientificité. (Bourdieu 1982 : 155)

En mettant à distance toute dimension polémique dans le choix des acteurs visés, l'auteur construit un éthos rassembleur et inclut des acteurs de toute tendance politique dans un même effort pour réformer la vie politique américaine.

Bien qu'éminemment politiques, les recommandations sont alors amenées suivant un ensemble de valeurs *a priori* partagées par la majorité des lecteurs : ainsi que le suggère le lexique en italiques dans les exemples précédents, les politiques suggérées sont évaluées en termes de leur efficacité, de leur équité ou encore de leur durabilité. Parce qu'elles se fondent sur un certain nombre de « lieux communs »[15], ces suggestions apparaissent dès lors presque logiques et difficilement contestables.

Tab. 4 : Sujets les plus fréquents de « *should* » par indice de spécificité (*TXM 0.7.9*)

Sujets de « should »	**Fréquence dans le corpus**	**Cofréquence avec « should »**	**Indice de spécifité**
Congress	179	39	50
Policymakers	88	18	24
DOE	89	17	21
States	692	27	16
Lawmakers	30	9	14
It	1,313	27	11
United States	358	16	10
Administration	181	11	9
They	811	20	9
Food stamps	16	4	6
Libertarians	25	4	5
Washington	60	5	5
Rebates	67	5	5
Total	**11,650**	**412**	**N/A**

L'indice de spécificité permet d'analyser la « spécificité d'apparition d'un événement textuel » (mot ou expression) dans un corpus donné (Heiden *et al.* 2010). Nous considérons qu'un indice de spécificité inférieur à 5 n'est pas réellement significatif.

15 Par « lieux communs », nous faisons référence à la notion rhétorique de *doxa* qui réfère aux perceptions et aux valeurs partagées par les deux entités d'un échange donné (Amossy 2010 : 89).

Conclusion

À l'issue de cette étude, il semble que le genre des *policy briefs* se caractérise par un ensemble de procédés argumentatifs qui traduit les critères de crédibilité et de pertinence que doit posséder toute analyse émise par un expert de *think tank*.

L'examen d'un procédé péritextuel comme les titres souligne les enjeux de captation du genre qui doit répondre aux besoins des acteurs politiques en matière d'expertise. C'est la structure assez codifiée des *policy briefs* qui offre une première réponse à ces besoins. Au *logos* de la démonstration élaborée dans le genre, se superposent un ensemble de précautions discursives qui permettent de construire un éthos d'expert rigoureux, conscient des subtilités d'un débat politique auquel il ne peut prendre part que de façon distanciée, et soucieux des sensibilités de ses lecteurs. Bien que nous n'ayons relevé que peu d'éléments de pathos dans le cadre de cette étude, probablement en raison de la dimension fondamentalement analytique et prescriptive du genre, ce procédé n'en est pas totalement absent : il est parfois fait référence à certaines situations politiques délicates ou encore aux valeurs partagées par l'ensemble des lecteurs et sur la base desquelles l'expert peut émouvoir les acteurs politiques et les inciter à agir.

Aussi, nous espérons avoir démontré l'intérêt de multiplier les points d'entrée et les approches qualitatives et quantitatives pour mettre en évidence les stratégies rhétoriques récurrentes qui peuvent faire d'un genre un genre spécialisé, mis au service de la finalité et des contraintes d'un milieu particulier.

Références bibliographiques

Aristote, *Poétique, introduction, traduction et annotation de Michel Magnien*, Paris, Libraire générale française, 1990.

Banks, David, Vague quantification in the scientific journal article, *ASp* 19–22, 1998, DOI: 10.4000/asp.2666.

Bell, Allan, *The Language of News Media*, Oxford, Blackwell, 1991.
Bhatia, Vijay K., *Analysing Genre: Language Use in Professional Settings*, Londres, Longman, 1993.
Bhatia, Vijay K., *Worlds of Written Discourse: A Genre-Based View*, Londres, Longman, 2004.
Bourdieu, Pierre, *Ce que parler veut dire*, Paris, Fayard, 1982.
Carter-Thomas, Shirley / Rowley-Jolivet, Elizabeth, Maintaining a dominant voice: a syntactic analysis of the way power is wielded in medical editorial, in María Ángeles Orts Llopis / Ruth Breeze / Maurizio Gotti (dir.), *Power, Persuasion and Manipulation in Specialised Genres: providing keys to the rhetoric of professional communities*, Bern, Peter Lang, 2017, 71–99.
Channell, Joanna, *Vague Language*, Oxford, Oxford University Press, 1994.
Charaudeau, Patrick, De l'argumentation entre les visées d'influence de la situation de communication, in Christian Boix (dir.), *Argumentation, Manipulation, Persuasion*, Paris, L'Harmattan, 2007, disponible en ligne : <http://www.patrick-charaudeau.com/De-l-argumentation-entre-les.html>.
Engel, Dulcie, Syntaxe à la une : la structure des titres de journaux français et britanniques, *The Web Journal of French Media Studies* 3/1, 2000, disponible en ligne : <http://wjfms.ncl.ac.uk/engelWJ.htm>.
Feulner, Edwin, Ideas, think-tanks and government, *Quadrant* 29/11, 1985, 22–26.
Fraser, Bruce, Pragmatic competence: the case of hedging, in Stephen Schneider / Wiltrud Mihatsch / Gunther Kaltenböck (dir.), *New Approaches to Hedging*, Bingley, Emerald Group Publishing, 2010, 15–34.
Gaillard, Mathilde, Entre parole d'expert et visée programmatique : les *policy briefs*, genre discursif propre aux *think tanks* américains, *ASp* 67, 2015, 55–80.
Gaillard, Mathilde, *Contribution à la caractérisation du milieu des think tanks américains à travers l'étude de leur discours et de leur culture professionnelle*, Thèse de doctorat en linguistique anglaise, Sorbonne Université, 2019.
Grice, Paul, Logic and conversation, in Peter Cole / Jerry Morgan (dir.), *Syntax and Semantics: Volume 3, Speech Acts*, New York, Academic Press, 1975, 41–58.

Heiden, Serge / Mague, Jean-Pierre / Pincemin, Bénédicte, TXM : Une plateforme logicielle open-source pour la textométrie – conception et développement, in Sergio Bolasco (dir.), *Proc. of 10th International Conference on the Statistical Analysis of Textual Data – JADT 2010* 2, Rome, Edizioni Universitarie di Lettere Economia Diritto, 2010, 1021–1032, disponible en ligne : <http://textometrie.ens-lyon.fr/>.

Huddleston, Rodney D. / Pullum, Geoffrey K., *The Cambridge Grammar of the English Language*, Cambridge, Cambridge University Press.

Isani, Shaeda, Of headlines & headlinese: towards distinctive linguistic and pragmatic genericity, *ASp* 43–44, 2011, DOI: 10.4000/asp.2523.

Koren, Jocelyne, Le récit de chiffres : enjeux argumentatifs de la 'narrativisation' des chiffres dans un corpus de presse écrite contemporain, *A contrario* 2/12, 2009, disponible en ligne : <https://www.cairn.info/revue-a-contrario-2009-2-page-66.htm>.

Kingdon, John, *Agendas, Alternatives and Public Policies*, New York, Harper Collins, 1994.

Lillian, Donna, Modality, persuasion and manipulation in Canadian conservative discourse, *Critical Approaches to Discourse Analysis across Disciplines* 2/1, 2008, 1–16.

Née, Émilie / Oger, Claire / Sitri, Frédérique, Le rapport : opérativité d'un genre hétérogène, *Mots. Les langages du politique* 114, 2017, disponible en ligne : <http://journals.openedition.org/mots/22752>.

Maingueneau, Dominique, *Les phrases sans texte*, Paris, Armand Colin, 2012.

Marzouki, Nadia, De l'endiguement à l'engagement : le discours des think tanks américains sur l'islam, *Archives de sciences sociales des religions*, 2011, 21–39.

Medvetz, Thomas, *Think tanks in America*, Chicago, University of Chicago Press, 2012.

Miller, Carolyn, Genre as social action, *Quaterly Journal of Speech* 70, 1984, 151–167.

Myers, Greg, *Strategic vagueness in academic writing*, in Eija Ventola / Anna Mauranen (dir.), *Academic Writing Intertextual and Cultural Issues*, Amsterdam, Philadelphie, John Benjamins, 1996, 3–18.

Ogien, Albert, La valeur sociale du chiffre : La quantification de l'action publique entre performance et démocratie, *Revue Française de Socio-Économie* 5/1, 2010, DOI :10.3917/rfse.005.0019.

Peynaud, Caroline, *Contribution à la caractérisation de la presse écrite états-unienne de qualité comme domaine spécialisé : milieu, culture et discours du New York Times et du Washington Post*, Thèse de doctorat en études anglophones, Sorbonne Université, 2013.

Resche, Catherine, Hedging in the discourse of central banks, *Studies in Communication Sciences* 15, 2015, 83–92.

Roulet, Eddy, *Glossaire français de terminologie linguistique. Analyse modulaire du discours : définitions, terminologie, explications*, disponible en ligne : <https://feglossary.sil.org/sites/feglossary/files/amdfr.pdf?language = fr>.

Rude, Carolyn, Environmental policymaking and the report genre, *Technical Communication* 6 (1), 1997, 77–90.

Searle, John, A classification of illocutionary acts, *Language in Society* 5(1), 1976, 1–23.

Smith, Catherine, *Writing Public Policy: A Practical Guide to Communicating in the Policy Making Process*, New York, Oxford University Press, 2016.

Smith, James A., The Idea Brokers: Think Tanks and the Rise of the New Policy Elite, New York, The Free Press, 1991.

Struyk, Raymond, *Managing Think Tanks: Practical Guidance for Maturing Organizations*, Washington, DC, The Urban Institute, 2002.

Swales, John M., *Genre Analysis: English in Academic And Research Setting*, Cambridge, Cambridge University Press, 1990.

Young, Eóin / Quinn, Lisa, *An Essential Guide to Writing Policy briefs*, Berlin, International Centre for Policy Advocacy, 2017.

Catherine Resche

Approche comparative des stratégies rhétoriques de trois genres discursifs distincts dans le domaine de l'économie

Abstract : Cette étude, qui adopte une perspective pragma-rhétorique du genre, compare les stratégies rhétoriques employées dans trois genres de discours spécialisés distincts dans le but de déterminer si des différences marquées ressortent. L'analyse s'intéresse d'abord à la structure rhétorique des discours, puis aux manifestations mesurables du métadiscours. Une analyse qualitative est ensuite menée, afin d'apprécier de manière plus fine la façon dont les énonciateurs déclinent l'éthos, le logos et le pathos pour servir leurs besoins de communication et répondre aux attentes de leur public. Les questions de politesse linguistique, de gestion des faces, de recours stratégique à la polyphonie, aux moments narratifs, aux métaphores et aux analogies sont prises en compte tour à tour. Au niveau rhétorique, l'évocation d'un macro-genre de type « bilan-perspectives », qui servirait de canevas à moduler en fonction des contextes, visées et publics pressentis, permettrait d'expliquer les convergences notées dans les stratégies passées en revue.

Mots-clés : *macro-genre, rhétorique, métadiscours, gestion des faces, polyphonie, narration, métaphores.*

Introduction

L'intérêt des chercheurs en économie pour la rhétorique n'est plus à démontrer (George 1990 ; Henderson *et al.* 1993 ; Klamer *et al.* 1988 ; McCloskey 1985, 1994 ; Stigler 1982), et les acteurs des domaines d'application de la discipline (comme la politique monétaire ou la direction d'entreprise) font eux aussi grandement appel aux ressorts de la rhétorique pour étayer leur communication.

Cette étude, qui propose une analyse comparative de discours relevant de trois genres différents dans le domaine de l'économie théorique ou appliquée, s'intéresse plus particulièrement à la démarche rhétorique et aux techniques et stratégies linguistiques convoquées pour servir la fonction qui est la leur. Les trois genres pris en compte sont les discours de politique monétaire du président de la Réserve fédérale américaine, les lettres annuelles aux actionnaires des PDG de deux géants américains (Walmart et le conglomérat Berkshire Hathaway), et les conférences des lauréats du Prix de la Banque de Suède (*Sveriges Bank*) pour l'économie, autrement dit l'équivalent du prix Nobel. La période étudiée dans les trois cas est 2001–2017. Ces genres sont aisément identifiables par la dénomination retenue par la communauté qui les produit (Swales 1990 : 54).

Depuis Aristote, rhétorique et genre sont étroitement liés, en fonction du but que chaque genre est censé poursuivre, même si, au fil du temps, la gamme des genres étudiés a évolué par rapport aux trois genres traditionnels[1]. Pour mener notre analyse comparative dans la perspective des stratégies rhétoriques, nous nous appuyons sur la définition du genre offerte par Carolyn Miller (1984 : 151–153) car elle nous semble particulièrement éclairante :

> A rhetorically sound definition of genre must be centered not on the substance or the form of discourse but on the action it is used to accomplish [...], genre in this way becomes more than a formal entity; it becomes fully pragmatic, fully rhetorical, a point of connection between intention and effect, an aspect of social action.

Miller insiste par ailleurs sur le caractère récurrent de cette « action sociale » (*op. cit.* 159) censée constituer une réponse adaptée (ou « *fitting response* ») aux attentes du public (Bitzer 1968 : 10).

Les genres retenus pour cette analyse sont en phase avec ce qui précède : il s'agit de constructions d'ordre social qui tiennent compte de circonstances et besoins particuliers (Freedman & Medway 1994 : 2)[2], en d'autres termes, des genres seconds. Dans les trois cas, les co-énonciateurs savent que ces discours à caractère officiel, délivrés tous les ans à des dates annoncées, s'apparentent à des rendez-vous convenus ; et les énonciateurs, comme leur public, se font une idée assez précise les uns des autres.

---

1 L'épidictique, le délibératif et le judiciaire.

2 « *to achieve some purpose within a social situation* ».

L'hypothèse que nous souhaitons vérifier est la suivante : si, d'une part, on peut observer des différences à l'intérieur d'un même genre reconnu et si, d'autre part, on peut noter un certain nombre de traits communs à des discours relevant de genres différents, ne serait-il pas judicieux de les envisager autrement, c'est-à-dire, comme des déclinaisons discursives d'un macro-acte de langage (Bazerman 1994 : 89) qui constituerait, le cas échéant, leur dénominateur commun ? Afin de tester notre hypothèse, nous avons souhaité prendre la mesure des outils rhétoriques que les divers énonciateurs mettent en œuvre pour faire passer leur message ; pour ce faire, nous nous sommes intéressée au préalable à ce qui motive ces discours et au but recherché par les énonciateurs. Autrement dit, au-delà du « comment, » nous avons surtout voulu comprendre le « pourquoi » et le « pour quoi ». Nous avons cherché à établir 1) comment ces genres officiellement différenciés s'appuient sur la triade rhétorique aristotélicienne, à savoir l'éthos, le logos et le pathos, dans le but d'informer, « instruire » (*docere*) et convaincre, d'émouvoir (*movere*) et de plaire (*placere*), et 2) quelles stratégies ils privilégient ou négligent, le cas échéant.

Cette étude est organisée comme suit : après l'exposé du cadre théorique dans lequel elle s'inscrit, puis la présentation des trois corpus et de la méthode suivie pour les analyser, les résultats obtenus sont passés en revue, tant au niveau quantitatif que qualitatif. Ils sont ensuite analysés et discutés, et, pour terminer, les premières conclusions sont livrées. Il va de soi que cette première démarche comparative devra être complétée, vérifiée et enrichie ultérieurement à la lumière d'autres approches et perspectives.

1 Cadre théorique

En tant qu'acte rhétorique (Bouchien de Groot 2008), dans bon nombre de situations, le discours est soumis à des enjeux communicationnels et construit de manière à donner à l'énonciateur les meilleures chances de canaliser l'attention de son auditoire, de le convaincre par une argumentation bien pensée, de le persuader en gagnant sa confiance et en tenant compte de ses réactions possibles. Le discours, bien que monologal, se conçoit alors comme une pseudo-conversation avec le co-énonciateur (Deirdre McCloskey 1998). Par ailleurs, le discours ne naît pas du néant : il entretient des liens avec d'autres textes du même énonciateur ou d'autres auteurs et s'inscrit dans une longue chaîne de productions discursives (Bakhtin 1986). Interdiscursivité, intertextualité, rhétorique, argumentation et énonciation (Kerbrat-Orrecchioni 1980) tissent donc une toile de fond théorique à notre approche socio-/pragma-rhétorique du genre dans cette étude.

Avant même de lire ou d'entendre un discours dont l'énonciateur est connu par la fonction qu'il occupe et les responsabilités qui sont les siennes, le public se fait déjà une idée de cette personne et conçoit des attentes : on parle alors d'éthos préalable ou pré-discursif (Amossy 1999). L'image construite ensuite dans le discours a pour but d'asseoir l'autorité, la légitimité et la crédibilité de l'énonciateur, en apportant la preuve de sa capacité à remplir son rôle, à juger sainement, etc. Certains chercheurs évoquent d'ailleurs dans le cadre de l'éthos une « mise en scène » des qualités morales ou sociales de l'énonciateur (*ethé*), et l'on pourrait également parler de « mise en mots » (*elocutio*), puisque les choix lexicaux permettent d'éviter des faux pas qui risqueraient de heurter les sensibilités et, de ce fait, de ternir la réputation de l'énonciateur. Politesse linguistique ou théorie des « faces » (Goffman 1959 ; Brown & Levinson 1978), euphémismes et autres précautions discursives (Hyland 1996 ; Resche 2015) sont donc des éléments à prendre en compte, car ils participent à la réussite de l'acte illocutoire (Maingueneau 1992 : 115).

Les choix syntaxiques, qui contribuent étroitement à la rhétorique du discours (Mann & Thompson 1988) ne doivent pas pour autant être négligés. Les outils linguistiques mis en œuvre doivent permettre aux co-énonciateurs de saisir la structure de l'ensemble, de suivre le déroulement logique du discours et la progression raisonnée de l'argumentation (*dispositio*).

Enfin, pour éviter un discours froid et distant, il est important de s'adresser non seulement à la « tête », mais également au « cœur », de tenir compte des « affects » du public. En d'autres termes, si le logos est mobilisé pour apporter des preuves et convaincre, l'éthos et le pathos ont pour objet de persuader. Mais les cloisons ne sont pas étanches. Par exemple, l'épaisseur humaine, à travers la présence explicite ou implicite de l'énonciateur dans le texte, peut servir l'éthos et le pathos (par le recours à la première personne) mais aussi s'exprimer dans le métadiscours (Hyland 1998a, 1998b) ou par le biais de questions rhétoriques (Thompson & Thetela 1995 ; Thompson 1998) et sous-tendre ainsi le logos. Ce sont tous ces aspects que nous proposons de prendre en compte pour mesurer le savant dosage entre éthos, logos et pathos dans les genres de discours étudiés ici.

2 Présentation des corpus

Le choix des trois corpus a été motivé par la nécessité d'une cohérence aussi grande que possible afin de ne pas compromettre la logique d'une étude comparative. Pour cette raison, une même période (2001–2017) a été retenue et les trois corpus s'inscrivent dans le domaine large de l'économie, qu'il s'agisse de la macroéconomie (politique monétaire) ou de la microéconomie (gestion d'une entreprise ou d'un conglomérat), les chercheurs en économie pouvant, quant à eux, s'intéresser aux deux sous-domaines.

Tab. 1 : Tableau récapitulatif des trois corpus

2001–2017	**Corpus A** Discours du président de la Réserve Fédérale devant des commissions parlementaires	**Corpus B** Lettres annuelles des PDG de Walmart et de Berkshire Hathaway	**Corpus C** Conférences des Prix Nobel pour l'économie (8 décembre de chaque année)
Nombre d'énonciateurs concernés pendant la période sous revue	3	4	33
Nombre de discours	101	45	33
Nombre de mots	239302	254394	295013
Longueur moyenne des discours	2369	5653	8939 De 631 (Shapley) à 22536 mots (Stiglitz)

Dans les trois corpus, les discours sont le fait d'experts reconnus, légitimes, dont la position est officielle, soit parce qu'ils ont été nommés, élus, ou sont honorés pour leurs travaux. Ces discours sont attendus, mis en ligne, et leur teneur est relayée et commentée par la presse, de sorte que les énonciateurs sont conscients que leur public est beaucoup plus large et diffus que celui auquel leur discours est destiné au premier chef. Pour reprendre la formulation de Dominique Maingueneau (1992 : 120), il s'agit donc de discours ouverts, qui ne sont pas restreints à un public de pairs et de gens avertis. Pour le corpus C, celui des chercheurs, le défi était de travailler également à partir de discours ouverts, ce qui excluait les articles de recherche. La solution a été de nous intéresser aux conférences prononcées chaque année par les lauréats du Prix de la banque de Suède pour l'économie, et qui sont, elles aussi, accessibles en ligne.

Les situations d'énonciation ont en commun d'être assez formelles et convenues. Les contraintes sont liées aux enjeux : il s'agit de faire la démonstration du bien-fondé et de la cohérence des décisions prises, des actions menées, ou de la recherche effectuée. Dans tous les cas, l'auteur des discours doit se montrer à la hauteur des attentes de son public, être digne du crédit que sa position lui confère, et il lui appartient de veiller à exposer ses idées de manière logique, de guider le public afin de maintenir son attention, et d'éviter de heurter quelque sensibilité que ce soit. Nous sommes donc bien ici au cœur de la rhétorique aristotélicienne.

Les corpus réunis ont fait l'objet d'une lecture classique *in extenso*, qui a permis de prendre la mesure de certaines similitudes entre les genres, et a confirmé, de ce fait, l'idée de genres hybrides. Parmi les similitudes et aspects transversaux, on notera que, d'une certaine manière, tous les auteurs livrent un bilan et ouvrent des perspectives. Même les récipiendaires du prix Nobel n'échappent pas à cette inscription dans le temps : en effet, ils reviennent naturellement sur leurs travaux antérieurs, leurs choix et leur démarche, ce qui n'exclut pas la mention des travaux en cours et à venir et des retombées espérées de ces travaux sur les décisions politiques. Passé, présent et futur tissent donc une toile commune aux trois corpus.

Une fois la première lecture effectuée et un certain nombre de points établis, les corpus ont été préparés pour un traitement par l'outil

Antconc[3]. Un certain nombre de résultats chiffrés ont pu ainsi confirmer ou infirmer les impressions premières et fournir des données précises sur certains aspects du métadiscours. Mais il va de soi que d'autres éléments de rhétorique, tels que la politesse linguistique, les moments narratifs, les analogies et métaphores, entre autres, ne peuvent s'apprécier que qualitativement. Nous revenons sur ces points dans la section 4.

3 Structure rhétorique et métadiscours

3.1 La structure rhétorique des textes dans les trois corpus

Pour que le lecteur puisse se faire une idée de la façon dont le texte est structuré, il est nécessaire de lui fournir des repères clairs. Dans les trois corpus, les auteurs se plient à cette exigence, de manière assez parallèle pour les corpus A et C, en annonçant brièvement leur plan. Les discours de politique monétaire sont quasiment construits sur le modèle de l'extrait [1] ci-dessous, avec l'ajout, le cas échéant, d'une question jugée particulièrement importante (réformes, transparence et indépendance de la Banque centrale)[4] :

> [1] In my remarks today, *I will discuss* the current economic situation and outlook *before turning to* monetary policy. *I will conclude with a few words about* financial stability. (A / Janet Yellen, 15 juillet 2014)

Les conférences des lauréats du « Prix Nobel » pour l'économie correspondent plus ou moins, avec quelques variantes selon les chercheurs, au plan rhétorique classique : exorde (introduction), puis narration (recherche passée, chemin heuristique), suivie de l'argumentation qui correspond à la démonstration et la justification de leur recherche et enfin une conclusion clairement annoncée (« *concluding remarks* »).

3 Antconc est un logiciel en libre accès, créé par Laurence Anthony, de l'université de Waseda, Japon. AntConc (Version 3.5.7) [Computer Software]. Tokyo, Japan: Waseda University. <http://www.laurenceanthony.net/software>

4 Dans tous les extraits, les éléments en italique sont de notre fait.

Le plan *stricto sensu*, n'est toutefois pas figé. Certains l'annoncent de manière formelle, section par section, comme ils le feraient pour un article de recherche scientifique. D'autres choisissent d'annoncer la structure de leur propos de manière moins évidente, avec des digressions plus ou moins longues. Parfois, seul le thème général est mentionné, puis la structure des différentes sections est progressivement indiquée à intervalles réguliers dans le corps du discours [2] :

> [2] *In this lecture, I want to set the particular work which was cited within our broader agenda, and that agenda within the broader perspective of the history of economic thought. I hope to show* that Information Economics represents a fundamental change in the prevailing paradigm within economics. Problems of information are central to understanding not only market economics but also political economy, and *in the last section of this lecture*, I explore some of the implications of information imperfections for political processes. (C / George Stiglitz, 8 décembre 2001)

Il en va autrement des entreprises (corpus B). Walmart annonce rarement la structure de la lettre aux actionnaires de manière très précise, à l'exception de celle de 2001 [3] qui se rapproche davantage d'un modèle plus classique :

> [3] [...] I appreciate the opportunity to share with you *some thoughts from fiscal 2001* and *our outlook for the future*. What a year of milestones it was! But *before we get into the details, I'd like to touch on a few highlights* from the year. (B / Lee Scott 2001)

Souvent, le thème principal est souligné par un titre donné à la lettre, et des sous-parties thématiques sont ensuite signalées par des titres intermédiaires qui résument l'essentiel de ce qui va être développé[5]. De manière assez générale, après une mise en lumière des résultats jugés les plus significatifs de l'année, les lettres consacrent une section différente à diverses catégories de partenaires (clients, employés, fournisseurs, etc.) afin qu'ils se sentent pris en compte ; elles sont aussi l'occasion d'annoncer des mesures, toujours présentées comme des progrès,

5 Ainsi, la lettre de 2006 donne le ton par un titre accrocheur « *Building smiles today and tomorrow* » et celle de 2007 est annonciatrice de bonnes nouvelles « *Our "Wal-Mart Out in Front" plan is delivering tangible results* ».

qui visent en réalité à répondre indirectement aux attaques et critiques des opposants à l'entreprise.

Quant à Warren Buffett, obligé de passer en revue les diverses entreprises de son conglomérat, ses lettres ont une trame assez semblable d'une année sur l'autre. Après un paragraphe introductif sur la teneur générale des résultats[6], il résume les points saillants de l'année écoulée et, le cas échéant, apporte des précisions sur les acquisitions récentes, puis annonce les résultats regroupés en quatre secteurs d'activités principaux, par souci de clarté :

> [4] Now, let's examine the four major sectors of our operations. Each has vastly different balance sheet and income characteristics from the others. Lumping them together therefore impedes analysis. So we'll present them as four separate businesses, which is how Charlie and I view them. (B / Warren Buffett 2012)

Il livre ensuite des commentaires divers sur des questions plus ou moins techniques qui lui tiennent à cœur, et termine sa lettre en rappelant l'événement annuel qu'est l'assemblée générale dans sa ville d'Omaha, qu'il appelle, non sans humour, le berceau du capitalisme (« *the cradle of capitalism* »).

En dehors de l'annonce du plan, les énonciateurs dans les trois corpus accompagnent leur public dans sa compréhension du discours en lui offrant d'autres repères et jalons, grâce à des marqueurs structurels ou des marqueurs endophoriques qui contribuent à souligner la logique et la cohérence du discours. Ces éléments qui, parmi d'autres, relèvent du métadiscours, ont pu être quantifiés et les résultats figurent dans le tableau récapitulatif (Tableau 2) de la section suivante.

3.2 Les éléments de métadiscours

La notion de métadiscours ou « discours sur le discours » a été interprétée diversement par les chercheurs, envisagée de manière étroite par les uns et plus large par d'autres, comme Kenneth Hyland (1996). C'est cette dernière perspective que nous avons retenue : elle prend

6 Selon ses propres dires, ce paragraphe est assez figé : « *the format of that opening paragraph has been standard for 30 years* » (lettre de 2017).

en compte tous les éléments linguistiques qui permettent de vérifier comment l'auteur s'inscrit dans son discours, établit un lien avec son public, cherche à le guider dans sa découverte et sa compréhension du message, non seulement pour éviter tout malentendu, mais aussi pour influencer son opinion.

Nous nous sommes fondée sur les catégories établies par K. Hyland dans ses travaux sur les articles de recherche (1998b) et sur les lettres aux actionnaires de diverses entreprises (1998a). Certaines catégories ont été rebaptisées : nous avons souhaité les rendre plus lisibles et tenir compte de la spécificité de nos corpus. Il va de soi que les éléments pris en compte ne sauraient prétendre à l'exhaustivité et doivent être mis en perspective avec d'autres aspects non quantifiables sur lesquels nous revenons par la suite.

Tab. 2 : Eléments de métadiscours (entre parenthèses, la proportion pour 10000 mots).

CORPUS	A : Réserve Fédérale 239302 mots	B : Lettres annuelles de Wal-Mart et de Berkshire Hathaway 254394 mots	C : Conférences des lauréats "Nobel" pour l'économie 295013 mots
Métadiscours textuel			
Connecteurs logiques	3002 (125,4)	2980 (117,1)	3573 (121,1)
Marqueurs structurels	226 (9,4)	420 (16,5)	649 (22)
Marqueurs endophoriques	160 (6,7)	97 (3,8)	251 (8,5)
Cohérence/sources, etc.	651 (27,2)	451 (17,7)	943 (32)
Marqueurs d'explicitation	427 (17,9)	374 (14,7)	856 (29)
Sous-total	4466 (186,6)	4322 (169,8)	6272 (212,6)
Métadiscours interpersonnel			
Précautions discursives	3217 (134,4)	2877 (113,1)	3765 (127,6)
Fiabilité des arguments	568 (23,7)	500 (19,6)	651 (22)
Marqueurs d'attitude	2187 (91,4)	2094 (82,3)	1255 (42,5)
Marqueurs relationnels	398 (16,6)	1849 (72,7)	1139 (38,6)
Première personne	752 (31,4)	2892 (113,7)	1544 (52,3)
Sous-total	7122 (297,6)	10212 (401,4)	8354 (283)
TOTAL	11588 (484,2)	14534 (571,3)	14626 (495,7)

Le tableau récapitulatif présenté ci-dessus a surtout pour objet de comparer les trois corpus, rubrique par rubrique, de mesurer quels outils rhétoriques sont privilégiés par les uns et les autres et de voir si des différences majeures ressortent. En suivant Avon Crismore *et al.* (1993) et Hyland (1996), nous avons établi une distinction entre le métadiscours au niveau strictement textuel et le métadiscours au niveau des relations entre l'auteur et son public.

Il apparaît clairement que, dans les trois corpus, le métadiscours interpersonnel l'emporte sur le métadiscours textuel, avec une différence nettement plus marquée pour le corpus B. On conçoit aisément combien il est vital pour les chefs d'entreprise ou présidents d'un conglomérat d'entretenir des liens privilégiés avec toutes les parties prenantes afin de susciter confiance et respect et d'assurer la pérennité de l'entreprise ou du groupe. On aurait sans doute pu s'attendre à ce que les énonciateurs des corpus A et C s'attachent davantage au métadiscours textuel ; mais il s'avère que convaincre leur auditoire premier et un public plus large exige d'eux qu'ils s'engagent personnellement dans leur propos, afin de montrer combien leur mission (corpus A) ou leur recherche (corpus C) leur tient à cœur.

Il ressort également de ces résultats que, dans les trois corpus, les connecteurs logiques l'emportent au niveau du métadiscours textuel et les précautions discursives au niveau du métadiscours interpersonnel. Ces deux éléments sont cohérents. D'une part, si les énonciateurs veulent maintenir l'attention et rester crédibles, il leur faut asseoir leurs analyses et raisonnements sur un faisceau d'arguments présentés logiquement. D'autre part, il leur faut nuancer leur propos pour éviter tout malentendu, toute remarque susceptible de heurter quiconque, et devancer toute remise en cause de leurs assertions ou de leur sincérité et fiabilité.

Dans le corpus B, au niveau du métadiscours interpersonnel, on constate que les marqueurs de première personne rivalisent en nombre avec les précautions discursives. On peut avancer une explication logique à ce point. D'une part, en tant que dépositaire d'informations, mais aussi représentant de la culture et de l'histoire de l'entreprise ou du groupe, le PDG est le personnage en vue, et il est comptable des décisions prises. Le PDG du géant Walmart, institution qui suscite de nombreuses réactions positives ou négatives, n'a pas d'autre choix que de se mettre en avant pour affirmer son enthousiasme, sa confiance en l'avenir de l'entreprise, et sa reconnaissance afin de stimuler, encourager, et rassurer. De son côté, Warren Buffett, figure devenue emblématique, se doit de rassembler autour de lui des entreprises de secteurs très divers ; il est l'élément fédérateur, capable de réunir quelque 40 000 actionnaires pour l'assemblée générale annuelle, qu'il décrit dans la plupart de ses lettres comme le « *Woodstock for Capitalists* ». Il assume pleinement, par le recours au « je » un discours où il mêle *mea culpa* quant à ses erreurs de jugement, *satisfecit* à propos de ses choix heureux, louanges pour les dirigeants des diverses entreprises composant le conglomérat, leçons de gestion, d'économie, de morale, et de sagesse, analyse fine des situations, anecdotes personnelles, citations, et humour.

On pourrait certes s'étonner de la place importante des marqueurs d'attitude dans le corpus A : il est vrai que le cadre officiel et assez austère d'une audition devant une chambre du Congrès laisse présager un discours formel et institutionnel ménageant peu de place pour l'expression d'avis personnels. Toutefois, on constate que le président de la Réserve fédérale n'hésite pas à laisser entendre ses espoirs ou ses craintes en veillant à doser savamment ses analyses, sans doute pour influencer le public dans ses décisions d'achat ou d'épargne, et ainsi gérer son ressenti ou ses attentes. En effet, si l'on considère le décalage inévitable entre l'annonce des décisions de politique monétaire et leur effet réel sur l'économie, il est plus rapide de faire comprendre aux agents économiques de quel côté le vent souffle pour s'assurer qu'ils réagiront sans tarder dans le sens souhaité.

Les résultats chiffrés mentionnés dans le tableau récapitulatif montrent, sans surprise, que le corpus B privilégie le métadiscours interpersonnel, mais que les trois corpus ont recours à toute la panoplie des éléments métadiscursifs. Il importe d'ailleurs de souligner que les éléments des diverses rubriques prises en compte relèvent également des composants traditionnels de la rhétorique. Si le métadiscours textuel s'apparente assez clairement au logos, les éléments du métadiscours interpersonnel se répartissent de manière plus diffuse entre l'éthos et le pathos et une même sous-rubrique peut relever aussi bien de l'un que de l'autre par certains aspects. Il s'ensuit que les résultats chiffrés ne permettent pas d'établir des distinctions très marquées entre les trois genres, et il convient donc de s'intéresser à d'autres outils rhétoriques, non mesurables statistiquement, pour pousser plus avant cette étude comparative.

4 Analyse qualitative et discussion

Parmi les éléments qui échappent à un décompte statistique, on note, en particulier, la gestion des « faces », la polyphonie, les moments narratifs, les métaphores et analogies, et certaines autres stratégies relevant du pathos.

4.1 La gestion des « faces »

La gestion des « faces » (Brown & Levinson 1987, Goffman 1959, voir aussi Domenec, Gaillard, Harris et Preite dans ce volume) consiste pour l'énonciateur à préserver ou améliorer l'image que les autres peuvent avoir de lui et à ménager la leur en évitant de les offenser. Les expressions usuelles « éviter de perdre la face » ou « sauver la face » des uns et des autres illustrent bien cette question et il est désormais courant d'opposer les actes de langage menaçants pour la face (*Face-Threatening Acts* ou FTAs) à ceux qui, au contraire, préviennent toute interprétation négative et contribuent à donner une image positive (*Face-Flattering Acts* ou FFAs). Ce travail sur les « faces » s'inscrit dans une stratégie de précautions discursives (« *hedging* »), catégorie qui, à nos yeux (Resche 2013), recouvre une réalité beaucoup plus large que l'expression de la modalité ou l'approximation prises en compte statistiquement dans le tableau récapitulatif de la section précédente. Par leur large éventail, les expressions ou circonlocutions qui servent de telles stratégies sont difficilement dénombrables, d'autant qu'elles varient en fonction des circonstances, des thèmes abordés et du public concerné.

La considération pour les « faces » requiert de l'énonciateur une bonne appréciation du public auquel il s'adresse et une capacité à se mettre à la place de l'autre pour répondre à ses attentes, devancer son interprétation des remarques et ses réactions. Cet aspect de l'interaction fait appel au principe de politesse de Geoffrey Leech (1983) et aux maximes inspirées de Paul Grice ([1969] 1989) : tact, respect, recherche d'un accord, prise en compte des opinions d'autrui, ou encore empathie. Ainsi, on trouve dans les trois corpus des remerciements et témoignages de reconnaissance envers les prédécesseurs dans la même fonction [5], envers les mentors ([6] et [7]), les collaborateurs ou les partenaires [8], en un mot, tous ceux qui ont contribué à la réussite des projets ou d'une mission :

[5] First, *let me acknowledge the important contributions of Chairman Bernanke.* His leadership *helped make our economy and financial system stronger* and ensured that the Federal Reserve is transparent and accountable. I pledge to continue that work. (A / Janet Yellen, 11 février 2014)

[6] After just a few months into my new role, *I have an even deeper appreciation for Mike Duke's extraordinary contributions as CEO over the past 5 years.* His work positioned Walmart for long-term success, and *I am one of the many associates who benefitted from his guidance and leadership.* (B / Doug MacMillon, 2014)

[7] This model builds on the *contributions of many economists*, many of whom have been awarded the Nobel Prize. *The importance of the contributions of Simon Kuznets and Richard Stone* in developing the national income and product accounts *cannot be overstated.* (C / Edward Prescott, 8 décembre 2004)

[8] Ten years of working with Dave, Greg and Walter have reinforced my original belief: *Berkshire couldn't have better partners. They are truly a dream team.* [...] Charlie[7] and I *treasure these companies and their managers.* (B / Warren Buffett 2009)

Non seulement les compliments et remerciements honorent ceux qui en sont l'objet, mais ils donnent une image positive de l'énonciateur qui ne peut être taxé d'ingratitude ou d'impolitesse.

Le travail sur les « faces » peut aussi passer par une forme d'humilité qui sera appréciée venant d'un personnage en vue capable d'admettre ses limites [9], voire de se livrer à une certaine autodérision [10] :

[9] We've worked hard over the years to earn the trust of those we serve and do business with around the world. *By no means am I saying Walmart is perfect.*

7 Il s'agit de Charlie Munger, associé, ami et vice-président de Warren Buffett.

We'll make honest mistakes along the way, but we won't let up until we get it right. (B / Doug McMillon, 2017)

[10] A clean statement of the joint hypothesis problem, close to that given above, is in Chapter 5 of Fama (1976b). *Everybody in finance claims to have read this book, but given its sales, they must be sharing the same copy.* (C / Eugene Fama, à propos de son propre ouvrage, 8 décembre 2013)

Il convient également de prendre en compte deux autres manifestations de la construction de l'éthos et de la préservation de la réputation. D'une part, le recours à des mises en garde générales permet d'insister sur les difficultés rencontrées et les défis à relever ; c'est aussi l'occasion de se dédouaner, d'une certaine manière, d'erreurs éventuelles ou d'une situation encore imparfaite, donc de protéger sa propre face [11]. D'autre part, l'expression des valeurs et principes auxquels l'énonciateur est attaché constitue un moyen d'en souligner l'adéquation avec celles du public pressenti [12]. Ceci a pour effet de souligner une culture commune, d'exprimer des préoccupations d'ordre moral ou philosophique appréciées [13], et d'inspirer confiance en affirmant l'engagement personnel de l'énonciateur et de l'institution qu'il représente [14].

[11] The issues are *complex*, and the work is *difficult*. But our role is to get up every day, roll up our sleeves and lead. (B / Walmart, Global Sustainability Report, 2016)

[12] We have the good fortune to live in *democracies*, in which individuals can fight for their perception of what *a better world* might be like. We as academics have the good fortune to be further protected by our academic freedom. *With freedom comes responsibility*: the responsibility to use that freedom to do what we can *to ensure that the world of the future be one in which there is not only greater economic prosperity, but also more social justice.* (C / Joseph Stiglitz, 8 décembre 2001)

[13] It is important for a company like Wal-Mart *to step up to make a difference in our communities.* Even if governments can't or won't address key issues, *it is critical for corporations to take the lead.* (B / Michael Duke 2008)

[14] *Transparency* concerning the Federal Reserve's conduct of monetary policy is desirable because better public understanding enhances the effectiveness of policy. More important, however, is that *transparent communications* reflect the Federal Reserve's *commitment to accountability within our democratic system of government.* (A / Janet Yellen, 15 juillet 2015)

4.2 La polyphonie

Le recours à la polyphonie, qui consiste pour l'énonciateur à donner la parole à des figures connues et reconnues pour étayer ses arguments ou explications, permet de jouer sur divers tableaux : cette stratégie renforce non seulement l'argumentation, mais aussi l'autorité de l'énonciateur. En effet, elle sera l'occasion de mesurer son érudition ou d'apprécier qu'il se fonde sur un socle culturel commun. Au titre de la polyphonie, les citations (directes ou non) qui font vraiment entendre d'autres voix, abondent dans le corpus C. Nous nous contenterons d'en mentionner quelques-unes : un passage du prophète Isaïe chez Robert Aumann (2005), les emprunts à Platon et Juvénal par Leonid Hurwicz (2007), un extrait de Robert Lucas choisi par Finn Kydland (2004), une citation d'Alfred Marshall par Peter Diamond (2010), ou encore de John Maynard Keynes et William Shakespeare par Joseph Stiglitz (2001). La conférence d'Edmund Phelps (2006) rassemble le plus grand nombre de « voix » extérieures au domaine de l'économie, avec Aristote, Bergson, Calvin, Cellini, Cervantes, Shakespeare et Voltaire.

En revanche, sans grande surprise, le corpus A n'offre aucune citation directe, dans la mesure où le président de la Réserve fédérale parle en son nom ou au nom de ses collègues et n'a pas à rechercher des références autres que statistiques et techniques. Même s'il n'est pas rare qu'il s'appuie sur l'expérience passée pour corroborer son analyse (« *history suggests* » / « *cautions* » / « *shows* » / « *tells us* » / « *has amply demonstrated* »), c'est en termes généraux et il ne laisse pas la place à d'autres voix.

Pour Walmart (corpus B), il est difficile de parler de « polyphonie », puisque la seule autre voix convoquée par citations directes, à 39 reprises dans les 28 lettres du corpus, est celle du patriarche Sam Walton, pourtant décédé en 1992, ce qui lui confère une présence « spectrale » :

> [15] On March 17, 1992, [...] accepting the [Medal of Freedom] award, Mr. Sam said: "We'll lower the cost of living for everyone, not just in America, but we'll give the world an opportunity to see what it's like to save and do better." Sam Walton saw then what we're making a reality today at Wal-Mart. And to borrow just a few more of his words from that moving day: "We think we've just begun." (B / Lee Scott 2006)

Cette technique est le plus souvent motivée par le besoin de souligner la fidélité à la philosophie de l'entreprise de ses PDG successifs, qui, tout en s'adaptant au contexte nouveau, veillent au changement dans la continuité.

Le champion de la polyphonie reste Warren Buffett qui émaille son discours de citations empruntées à un large spectre allant de la Bible ou encore Horace et Shakespeare à Woody Allen en passant par Darwin, Einstein, Keynes, Pascal, Newton, Adam Smith, mais aussi Winston Churchill, Benjamin Franklin, John Fitzgerald Kennedy et Ronald Reagan. Ce large éventail illustre d'ailleurs la caractéristique majeure de son discours, véritable marqueterie (Resche 2010) de petites anecdotes, de leçons théoriques, d'explications et définitions, d'apartés, de leçons de morale, et d'aphorismes.

4.3 Les moments narratifs

Parmi les stratégies rhétoriques qui favorisent un certain rapprochement avec le public, figurent les moments narratifs, qui concernent les corpus B et C[8]. Le terme « *story* » est d'ailleurs mentionné à plusieurs reprises (33 occurrences pour Warren Buffett, par exemple), y compris dans le corpus C :

> [16] In the beginning there were *stories. People think in stories*, or at least I do. My research in the field now known as behavioral economics started from *real life stories* I observed while I was a graduate student at the University of Rochester. [...] I had a long list of these *stories* and would bore my friends with new ones as I acquired them. But I had no idea what to do with these *stories*. A collection of anecdotes was not enough to produce a publishable paper, much less a research paradigm. And certainly, *no one could have expected these stories to someday lead to a Nobel Prize*. In this lecture, *I will briefly sketch the path that took me from stories to Stockholm*. (C / Richard Thaler, 8 décembre 2017)

À des fins diverses, les énonciateurs ont recours à des moments narratifs pour se mettre en scène et livrer des anecdotes ou des témoignages plus personnels, qui peuvent s'apparenter à des confidences. Cette stratégie

8 On comprend aisément que les discours de politique monétaire ne se prêtent guère à ce type de stratégie.

discursive, qui laisse percer l'homme sous le chercheur, permet aussi aux scientifiques de retracer leur parcours heuristique et de mieux faire ressortir la cohérence de leur recherche :

> [17] *I cannot resist referring back to one of my first discoveries on consumption and saving. As a cash-strapped young father in Britain in the mid-1970s* when the government had lost control of inflation (the British retail price index rose by 16, 24, and 17 percent in 1974, 75, and 76), I realized that, *when I went shopping, mostly for one or two items at a time*, I could not tell inflation from relative price increase, especially in the early months of the inflation, and especially for items like *coffee which, for me then, was a luxury* with a wildly fluctuating price. (C / Angus Deaton 2015)

Les références au vécu réduisent la distance entre le « narrateur » et son public. En même temps qu'elles peuvent changer le rythme de l'exposé pour susciter l'attention renouvelée du public ou faciliter sa compréhension du message, elles servent, le cas échéant, à introduire ou illustrer certains points (intégrité du locuteur, valeurs, principes, leçon de vie) :

> [18] My first day in the new job fell on *the first Sunday in February.* So *my wife Susan and I took a few hours to move some boxes and belongings into my new office.* But we *didn't replace the carpet, furniture*, or even Sam Walton's *old wood paneling.* With the exception of *a couple of pictures on the wall, we kept it as the same office in which Sam Walton, David Glass and Lee Scott made the decisions that built our great Company.* I could not be more honored or more humbled to sit at their desk now. (B / Michael Duke 2009)

4.4 Les métaphores et les analogies

Métaphores et analogies, parfois mêlées, sont présentes dans les trois corpus, le plus souvent dans le but d'expliquer et d'illustrer le propos [19], de sorte que, à ce titre, elles peuvent être intégrées au logos. Elles servent également à attirer l'attention sur les difficultés rencontrées et les efforts à déployer pour relever les défis [20], mais aussi à rassurer [21] et elles relèvent alors de l'éthos et du pathos. Dans ce même extrait [21], la métaphore de la boîte à outils bien fournie permet au président de la Réserve fédérale, chargé de conduire la politique monétaire, de se montrer rassurant quant à sa capacité à intervenir en bon mécanicien et à réparer le moteur économique ou arrimer solidement le navire.

> [19] When we talk about a wheel that can rotate freely, we don't mean a wheel that is unconnected to anything else. We mean *a wheel that has an axle, and well-oiled bearings. I think that is a good metaphor for a free market.* A free market needs institutions that let it work well. (C / Alvin Roth, 2012)

> [20] [E]conomies, *like lions*, are wild and dangerous. Modern behavioral economics has rediscovered the wild side of macroeconomic behavior. *Behavioral economists are becoming lion tamers.* The task is as intellectually exciting as it is difficult. (C / George Akerlof, 8 décembre 2001)

> [21] However, the Committee remains confident that it has the *tools* necessary *to tighten* monetary policy when the time comes to do so. As I noted, inflation is currently subdued, and inflation expectations appear *well anchored.* (A / Bernanke, 26 février 2013)

Une même métaphore, comme celle du voyage dans les corpus B et C, peut être exploitée différemment en fonction du thème et du contexte. Dans le corpus C, elle participe du logos, puisqu'il s'agit de retracer l'itinéraire de recherche (« *intellectual journey* ») des lauréats du Prix Nobel, dont les étapes seront balisées au fil du texte [22].

> [22] I will provide a narrative of *my intellectual journey.*[...] I will highlight *the key moments of this journey*, including misunderstandings as well as new insights. The former are often precursors to the latter. (C / Bengt Holmström, 2016)

Dans le corpus B, la métaphore est plus complexe dans sa finalité : pour Walmart, il s'agit non pas de baliser le texte, mais d'inciter les parties prenantes à accepter de se lancer dans une aventure qui promet d'être passionnante, tout en précisant que le chemin sera long (extrait [23]). La métaphore sert donc le pathos, et s'inscrit dans une stratégie de séduction :

> [23] We shouldn't forget that when we started on this *journey*, many still believed that companies had to choose between "doing good" and "doing well." [...] With sustainability, we've accomplished a lot and laid a strong foundation, but we know *we still have a long way to go* in many areas. [...] We are *committed to this journey*, our goals and the approach that has served us well. (B / Mike Duke 2012, CSR)

Pour Warren Buffett, la métaphore de la route est exploitée pour ouvrir des perspectives, à l'occasion du 50e anniversaire du groupe en 2014 (« *Now let's take a look at the road ahead* ») ; mais elle sert également à souligner la qualité de la gouvernance et le souci d'intégrité en matière de gestion, puisque les membres du directoire ne bénéficient d'aucun privilège et empruntent exactement le même chemin que les actionnaires (« *At Berkshire, board members travel the same road as shareholders* » 2005).

Enfin, la métaphore sert également à influencer l'opinion et à la guider dans le sens désiré. Dans le corpus Walmart, c'est la métaphore du phare, « *The Lighthouse of the Ozarks* », (Mike Duke 2011 CSR) qui est privilégiée pour faire rêver alors que l'entreprise a été la proie de campagnes de dénigrement : le phare évoque un repère qui peut sauver des vies et qui montre le chemin, et la métaphore est habilement réactualisée pour susciter enthousiasme et fierté à propos de ce que l'entreprise Walmart peut à nouveau représenter.

Aucun géant n'est à l'abri d'attaques, que ce soit contre sa réputation, ou contre ses secteurs d'activités de la part de concurrents. Warren Buffett choisit de rassurer les parties prenantes en expliquant comment il sélectionne les entreprises de son groupe. Pour ce faire, il s'appuie régulièrement[9] sur la métaphore du fossé médiéval dont le but était de protéger la forteresse des assauts ennemis :

> [24] A truly great business must have an enduring "*moat*" that protects excellent returns on invested capital. The dynamics of capitalism guarantee that competitors will repeatedly *assault* any business "*castle*" that is earning high returns. Therefore a formidable *barrier* such as a company's being the low cost producer (GEICO, Costco) or possessing a powerful world-wide brand (Coca-Cola, Gillette, American Express) is essential for sustained success. Business history is filled with "Roman Candles," companies whose *moats* proved illusory and were soon crossed. Our criterion of "enduring" causes us to rule out companies in industries prone to rapid and continuous change. Though capitalism's "creative destruction" is highly beneficial for society, it precludes investment certainty. *A moat that must be continuously rebuilt will eventually be no moat at all.* (B / Warren Buffett 2007)

9 On décompte 16 occurrences de la métaphore au cours de la période étudiée et le terme « *fortress* » l'accompagne à 3 reprises.

4.5 Autres manifestations du pathos

Le recours au pathos se manifeste également lorsque l'énonciateur lève le voile sur ses propres sentiments. Savoir faire preuve d'empathie [25], avoir une pensée émue pour les aînés disparus [26], parler en tant que parent soucieux de l'avenir des générations futures [27] et faire preuve d'humilité en relatant son propre parcours [28] sont autant de moyens de séduire et de toucher le co-énonciateur.

> [25] *Lengthy periods of unemployment and underemployment can erode workers' skills* and attachment to the labor force or *prevent young people from gaining skills and experience in the first place* – developments that *could significantly reduce their productivity and earnings* in the longer term. (A / Ben Bernanke, 26 février 2013)

> [26] Before going on, I would like to say that *there are two people whom I would have loved to see in Stockholm this week, but who will not be here because they have passed away.* One is *my father, Martin; the other Scott Freeman, who died some months ago.* I've had the fortune to work with *the greatest economist in the world, Ed Prescott.* But *Scott Freeman was not far behind.* He was a tremendous economist, with great insight and innovative ability. He and I did work on the interaction of monetary phenomena and real factors. *In his memory, I've included two pictures.* In the first, you see Scott in a pensive mood. In the second, he's enjoying himself at a party a few years ago. (C / Finn Kydland 2004)

> [27] We're the world's largest retailer, but *we're also moms and dads, and we have sons and daughters who will need this planet long after we will.* (B / Doug MacMillon 2014 CSR)

> [28] *I am one of many leaders in our company who benefited from this opportunity to begin as an hourly associate and grow into roles with increased responsibility.* (B / Doug McMillon, 2015)

Il va de soi qu'on ne saurait mettre en doute la sincérité des sentiments exprimés, mais il est vrai que certaines déclarations sont particulièrement stratégiques et opportunes quand elles se font l'écho des préoccupations présentes de la société [27] ou quand elles visent à rassurer l'auditoire sur l'avenir qui peut s'ouvrir devant lui [28].

Conclusion

Au terme de cette étude comparative, nous voudrions d'abord souligner combien il est important de compléter l'approche quantitative par une approche qualitative que seule une lecture classique peut permettre d'assurer. En dépit du fait que les résultats obtenus par une analyse outillée n'ont pas mis en lumière de différences marquées au niveau des éléments du métadiscours mesurables statistiquement, l'analyse qualitative a révélé l'absence de moments narratifs et de citations directes dans le corpus A. Toutefois, de nombreuses similitudes existent entre les corpus au niveau du recours à l'éthos, au logos et au pathos pour persuader et convaincre les publics respectifs, et remplir les conditions de félicité de la communication.

Se pose alors la question de ce qui permet de rapprocher des genres aussi officiellement différenciés que les trois genres étudiés ici. Certes, il s'agit de genres hybrides : les lettres aux actionnaires sont-elles vraiment des lettres, même si elles respectent les formules d'adresse et de politesse classiques ? Certaines définitions et explications de notions pointues[10] par Warren Buffett, de même que ses précisions sur les principes de comptabilité, pourraient très bien se retrouver sous la plume de chercheurs. Les discours de politique monétaire, qui empruntent au discours politique et diplomatique, s'apparentent à des auditions, mais rappellent aussi le style académique, par certains aspects. Les conférences des lauréats du « prix Nobel » s'inspirent du discours académique, mais ne sauraient être confondues, pour autant, avec des communications ou des conférences plénières dans le cadre de colloques.

Au vu des similitudes et recoupements entre ces trois genres, on est donc en droit de se demander s'il ne conviendrait pas de poser autrement la question des genres à l'intérieur d'un même domaine. Pour faire écho à notre hypothèse de départ, et apporter un début de réponse à nos interrogations, il semblerait que nous devrions plutôt nous appuyer sur la nature performative (Austin 1962) de ces discours, et sur l'intention qui préside à leur production (Grice 1969, Searle 1983). Cette

10 Parmi les termes et concepts expliqués, on trouve *book value*, *intrinsic value*, *float*, *derivatives*, *coverage*, *GAAP* (*Generally accepted accounting principles*).

perspective, qui nous inviterait alors à repenser la notion de genre, non pas en fonction de leur format ou structure, mais à partir de leur dimension rhétorique et de leur visée pragmatique (Dascal 1999), semble ici confirmée par les recoupements que nous avons pu constater. Autrement dit, plutôt que de s'attacher à analyser les genres spécialisés à partir du repérage d'éléments textuels et linguistiques, il convient de s'interroger sur l'intentionnalité collective (Van der Yeught 2016) qui préside à leur émergence ou au choix qui en est fait par les milieux spécialisés, et sur les buts poursuivis par les institutions qui les produisent. En effet, les caractéristiques communes suivantes doivent être prises en compte car elles jouent un rôle important. Dans les trois corpus, les énonciateurs ne peuvent s'exprimer dans ces circonstances particulières que parce qu'ils jouissent d'une autorité qui leur est conférée, qui est largement acceptée et reconnue dans le cadre d'une sorte de « convention sociale » qui officialise leur statut. Les genres spécialisés prennent corps et sens parce qu'ils servent les besoins particuliers des communautés spécialisées pour lesquelles ils sont des canaux de communication stratégique. Si l'on s'attache en premier lieu à la stratégie rhétorique poursuivie, il serait alors peut-être souhaitable d'envisager un cadre générique plus large, en accord avec la théorie pragma-rhétorique du genre, une sorte de macro-genre (qui pourrait s'intituler « genre bilan et perspectives ») et qui serait à même de mieux rendre compte des liens et des parallèles que nous avons relevés dans les trois genres étudiés ici ; il importerait alors de prendre la mesure des écarts possibles par rapport aux caractéristiques prototypiques, en examinant les divers contextes, enjeux, et partenaires de l'énonciation.

Références bibliographiques

Amossy, Ruth, *Images de soi dans le discours. La construction de l'éthos*, Lausanne, Delachaux et Niestlé, 1999.

Aristote, *Rhetoric,* disponible en ligne : <http://homepage.cs.uri.edu/courses/fall2007/csc305/Schedule/rhetoric/index.htm>

Austin, John L., *How to Do Things with Words*, Oxford University Press, 1962.

Bakhtin, Mikhail, *Speech genres and other late essays.* (Traduit par V. W. McGee, Austin, TX: University of Texas Press, 1986.

Bazerman, Charles, Systems of Genres and the Enactment of Social Intentions, in Aviva Freedman / Peter Medway (dir.), *Genre and the New Rhetoric,* Londres, Taylor & Francis, 1994, 79–101.

Bitzer, Lloyd, F., The Rhetorical Situation, *Philosopy and Rhetoric*, 1(1), 1968, 1–14.

Bouchien de Groot, Elizabeth, *English annual reports in Europe*, LOT, Utrecht, Pays Bas, 2008.

Brown, Penelope / Levinson, Stephen, Universals in language usage: politeness phenomena, *Questions and Politeness. Strategies in Social Interaction*, Cambridge, Cambridge University Press, 1978.

Crismore, Avon / Markkanen, Raija / Steffensen, Margaret, Metadiscourse in persuasive writing: A study of texts written by American and Finnish university students, *Written Communication* 10 (1), 1993, 39–71.

Dascal, Marcelo, L'éthos dans l'argumentation : une approche pragma-rhétorique, in Ruth Amossy, *Images de soi dans le discours. La construction de l'éthos*, Lausanne, Delachaux et Niestlé, 1999, 61–73.

Freedman, Aviva / Medway, Peter, Locating Genre Studies: Antecedents and Prospects, in Aviva Freedman / Peter Medway (Eds.), *Genre and the New Rhetoric,* Londres, Taylor and Francis, 1994, 1–20.

George, David, The Rhetoric of Economics Texts, *Journal of Economic Issues* 24 (3), 1990, 861–878.

Grice, H. Paul, Utterer's Meaning and Intentions, *Philosophical Review* 78, 1969, 147–177, reproduit dans H. Paul Grice, *Studies in the Way of Words,* Cambridge, MA, Harvard University Press, 1989, 86–116.

Goffman, Erving, *The presentation of self in everyday life,* Garden City, N.Y., Doubleday, 1959.

Henderson, Willie / Dudley-Evans, Tony / Backhouse, Roger, *Economics and Language*, Londres, Routledge, 2002[1993].

Hyland, Kenneth, Exploring corporate rhetoric: metadiscourse in the CEOS's letter, *The Journal of Business Communication* 35(2), 1998*a*, 224–245.
Hyland, Kenneth, Persuasion and context: The pragmatics of academic metadiscourse, *Journal of Pragmatics* 30, 1998*b*, 437–455.
Hyland, Kenneth, Talking to the academy: Forms of hedging in science research articles. *Written Communication*, 13(2), 1996, 251–281.
Kerbrat-Orecchioni, Catherine, L'énonciation. De la subjectivité dans le langage, Paris, Armand Colin, 1980.
Klamer, Arjo / McCloskey, Donald N. / Solow, Robert M., *The Consequences of Economic Rhetoric*, Cambridge, Cambridge University Press, 1990 [1988].
Leech, Gorffrey, N., *Principles of Pragmatics*, Londres / New York, Longman, 1983.
Mann, William C. / Thompson, Sandra, Rhetorical Structure Theory: Toward a functional theory of text organization, *Text* 8(3), Mouton de Gruyter, 1988, 243–281.
McCloskey, Deirdre N., *Knowledge and Persuasion in Economics*, Cambridge University Press, 2004 [1994].
McCloskey, Deirdre N., *The Rhetoric of Economics*, The University of Wisconsin Press, 1998 [1985].
Maingueneau, Dominique, Le tour ethnolinguistique de l'analyse du discours, *Langages* 105, 1992, 114–125.
Miller, Carolyn R., Genre as Social Action, *Quarterly Journal of Speech 70* (2), 1984, 151–167.
Resche, Catherine, Hedging in the discourse of central banks, *Studies in communication Sciences 15*, Elsevier, 2015, 83–92.
Resche, Catherine, Analyse d'un genre de discours spécialisé : les lettres annuelles de Warren Buffett aux actionnaires de Berkshire Hathaway et leur spécificité, *E-rea* [En ligne], 8.1, 2010, disponible en ligne : <http://erea.revues.org/1365>.
Searle, John, R., *Intentionality. An Essay in the Philosophy of Mind,* Cambridge University Press, 1983.
Stigler, George, *The Economist as Preacher, and Other Essays*, Chicago, University of Chicago Press, 1982.
Swales, John M., *Genre Analysis: English in Academic and Research Settings*, Cambridge, Cambridge University Press, 1990.

Thompson, Geoff / Thetela, Puleng, The sound of one hand clapping: The management of interaction in written discourse, *Text* 15 (1), 1995, 103–127.

Van der Yeught, Michel, A proposal to establish epistemological foundations for the study of specialised languages. *ASp* 69, 2016, 41–63.

Fanny Domenec

Aspects rhétoriques et degrés de spécialisation : la communication scientifique, médiatique et institutionnelle autour de l'Affaire Séralini

Abstract : En septembre 2012, Gilles-Éric Séralini et son équipe signaient une étude toxicologique sur les effets du Roundup dans la revue *Food and Chemical Toxicology*. Controversée, l'étude fut retirée en 2013, puis republiée en 2014, et elle refit surface fin 2018 avec les *Monsanto Papers*. Le présent article propose d'analyser les stratégies argumentatives mises en œuvre dans trois types de discours (scientifique, médiatique et institutionnel) portant sur l'affaire Séralini. Il s'agit de s'interroger sur les fonctions pragmatique, psycholinguistique et sociolinguistique des procédés de reformulation et de recadrage (Mortureux 1995, Nisbet 2009) pour communiquer sur l'argument scientifique en contexte de controverse. Les résultats des analyses quantitative et qualitative montrent que les variations sémantiques identifiées dans les différents corpus servent divers procédés rhétoriques fondés sur l'éthos, le logos ou le pathos et sur la gestion des faces (Brown & Levinson 1987 ; Kerbrat-Orecchioni 2011).

Mots-clés : *discours spécialisés* ; *argumentation* ; *analyse de corpus* ; *reformulation* ; *recadrage* ; *controverse scientifique.*

Introduction

En 2012, Gilles-Éric Séralini, professeur de biologie moléculaire à l'Université de Caen, publie avec son équipe de chercheurs un article intitulé « *Long term toxicity of a Roundup herbicide and a Roundup-tolerant genetically modified maize* ». Parue dans la revue *Food and Chemical Toxicology*, l'étude toxicologique, menée sur dix groupes de rats de laboratoire, portait sur les effets toxicologiques du Roundup et des résidus de pesticide présents dans le maïs génétiquement modifié NK 603 – tous deux commercialisés par l'entreprise Monsanto. Les principaux résultats faisaient état de décès plus élevés (deux à trois fois) et / ou plus rapides chez les rats mâles et femelles, d'importantes tumeurs pour l'ensemble des rats et soulignaient un nombre élevé de modifications hormonales, de nécroses du foie et de néphropathies. Les conclusions mentionnaient notamment que « les résultats [pouvaient] être dus [aux effets] du Roundup, mais aussi à la surexpression du transgène dans l'OGM et à ses conséquences métaboliques[1] » (Séralini *et al.* 2012 : 4221, notre traduction) et que « d'autres effets mutagènes et métaboliques de l'OGM [l'organisme génétiquement modifié] destiné à l'alimentation ne [pouvaient] être exclus[2] » (Séralini *et al.* 2012 : 4230, notre traduction). En conséquence, l'équipe de G.-E. Séralini insistait sur le besoin de conduire des analyses toxicologiques sur une période de 2 ans (au lieu des 90 jours traditionnellement prévus dans l'industrie), afin d'identifier de possibles dérèglements liés à la consommation à long terme de Roundup dans l'eau bue et dans les semences OGM.

Au-delà de ces conclusions polémiques, la publication de l'article intervint dans des conditions particulières : les journalistes qui purent le lire en avant-première durent signer une clause de confidentialité leur interdisant de contacter un expert tiers. Le 20 septembre 2012, l'article fît la une du *Nouvel Observateur* sous le titre : « Oui, les OGM sont des poisons ! » et les réactions furent immédiates : dans un communiqué de presse, le gouvernement français réaffirma immédiatement l'application du principe de précaution concernant les cultures OGM et ordonna une saisine immédiate de l'Agence nationale de sécurité sanitaire (ANSES) et des analyses complémentaires par le Haut conseil des biotechnologies (HCB). Dans le même temps, des scientifiques du monde entier adressèrent des lettres à l'éditeur de la revue *Food and Chemical Toxicology* pour réclamer le retrait de l'article : les critiques des chercheurs, relayées par les médias et l'industrie agrochimique, portaient notamment sur des erreurs méthodologiques graves concernant la race et le nombre de rats, le protocole retenu, la pertinence des analyses statistiques et le manque de lisibilité de l'étude. L'article fut finalement retiré en novembre 2013, fait très rare dans le monde scientifique. En juin

---

1 « *These results can be explained by the nonlinear endocrine-disrupting effects of Roundup, but also by the overexpression of the transgene in the GMO and its metabolic consequences* » (Séralini *et al.* 2012 : 4221).

2 « *Other mutagenic and metabolic effects of the edible GMO cannot be excluded* » (Séralini *et al.* 2012 : 4230).

2014, une version amendée fut republiée dans la revue *Environmental Sciences Europe*. Plus récemment, entre septembre 2018 et janvier 2019, l'affaire Séralini a refait surface avec la publication des *Monsanto Papers* et de nouvelles études visant à évaluer la toxicité des semences OGM et/ou du Roundup (GRACE, G-TwYST, GMO 90+).

Fortement médiatisée, l'affaire Séralini a donné lieu à de nombreux « discours seconds » (Beacco & Moirand 1995) plus ou moins spécialisés dans la presse, la communauté scientifique et au sein des instances de régulation ou de l'industrie de l'agrochimie. Il ne s'agit pas ici de prendre parti pour l'une ou l'autre des communautés mentionnées, mais de nous interroger sur les liens entre stratégies rhétoriques et degrés de spécialisation en nous posant les questions suivantes : (i) quelles stratégies rhétoriques sont privilégiées pour la diffusion du discours scientifique en contexte de controverse ? (ii) L'argumentation est-elle liée au degré de spécialisation des différents discours seconds ?

Afin de répondre à ces questions, nous examinons trois types de discours spécialisés portant sur l'affaire Séralini : le discours scientifique, a priori le plus spécialisé, est représenté par les lettres à l'éditeur parues dans *Food and Chemical Toxicology* et rédigées par des chercheurs et experts scientifiques. Le second corpus, consacré au discours de l'entreprise, comprend les billets de blog publiés sur le site *GMO Answers* au sujet de l'affaire Séralini[3]. Enfin, les articles de presse parus dans le *New York Times*, le *St Louis Post Dispatch*, le *Washington Post* et le *Guardian* sont représentatifs du discours médiatique, destiné au grand public. Ces trois types de discours peuvent être envisagés sur un continuum entre un discours « fermé », qui correspond à « la situation d'énonciation scientifique, du moins dans ses formes les plus spécialisées » (Maingueneau 1992 : 120) et un discours « ouvert » à des non-spécialistes, à l'image d'un « quotidien à grand tirage » (*ibid.*).

3 *GMO Answers* est un site financé par les membres du *Council for Biotechnology Information*, dont Bayer qui a racheté Monsanto à l'été 2018. Le site a pour but de « rendre l'information au sujet de l'utilisation des OGM dans l'alimentation et dans l'agriculture plus facile d'accès et plus compréhensible » (<https://gmoanswers.com/who-we-are>, accès le 13/12/19, notre traduction). Une section du site intitulée *Questions and Answers* permet aux internautes de poser des questions et de recevoir des réponses de la part des membres de l'organisation ou d'experts scientifiques.

Nous revenons d'abord sur les cadres théoriques et méthodologiques adoptés pour cette étude, avant de présenter les résultats quantitatifs des analyses. Nous proposons ensuite une approche qualitative, afin d'affiner la caractérisation des stratégies argumentatives mises en place dans les discours seconds sur l'affaire Séralini.

1 Cadre théorique

Il nous semble que l'affaire Séralini est riche d'enseignements à plus d'un titre pour les linguistes de spécialité, car elle soulève des questions liées à la linguistique, à la terminologie et à la rhétorique, ainsi qu'à la transmission du savoir entre spécialistes et non-spécialistes. La communication sur des sujets à forts enjeux sociétaux et idéologiques – ici, le risque technologique et le principe de précaution – pose la question de la reformulation du vocabulaire spécialisé (Mortureux 1995) et de la circulation des termes au sein de la société (Gaudin 2005 ; Raus 2014). Les discours spécialisés, « qui sont le produit des acteurs d'un domaine particulier, ne naissent pas *ex nihilo* » (Resche 2016 : 6). Nous nous concentrons donc sur l'aspect interdiscursif, dans la lignée de la réflexion entamée par Vijay K. Bhatia en 2008 sur la contextualisation en milieu spécialisé. Les procédés d'intertextualité sont également au cœur de la reformulation des paradigmes désignationnels (Mortureux 1995) ou des variations terminologiques (Condamines 2010) entre différents discours spécialisés. L'intertextualité est définie comme les relations qui existent entre un texte et d'autres textes externes (Fairclough 1992) et peut se manifester à divers niveaux : citations directes ou indirectes, structure du texte, style adopté, vocabulaire et formes grammaticales (Sergot & Claret 2011). Les notions d'intertextualité et d'interdiscursivité prennent une importance toute particulière dans un contexte de controverse, conditionné par des discours extérieurs au discours premier. En fonction des locuteurs, certains discours seconds peuvent viser à influencer le lecteur et exprimer un point de vue sur le discours premier.

Afin d'étudier les procédés d'intertextualité et d'interdiscursivité, cet article propose une analyse comparative des trois principaux genres utilisés pour communiquer sur l'affaire Séralini : les lettres à l'éditeur ; les articles de presse[4] ; les billets de blog (voir tableau 1). L'article de recherche original, ainsi que les lettres aux éditeurs peuvent être consultés sur le site de la revue *Food and Chemical Toxicology*. Les articles de presse ont été sélectionnés en effectuant une recherche sur le site de chaque journal, avec le mot-clé « Séralini ». Le moteur de recherche des sites de Monsanto et de *GMO Answers* a également été utilisé pour sélectionner le corpus Entreprise[5].

Tab. 1 : Principales caractéristiques du corpus d'étude.

Genre	**Description**	**Code**	**Nombre de mots**
Article de recherche	Article de recherche publié par GE Séralini *et al.* en 2012	Seral_2012	9001 mots
Lettres à l'éditeur	Lettres à l'éditeur de *Food and Chemical Toxicology* (2012–2012)	Lettres_ED	17543 mots
Articles de presse	Articles publiés dans St Louis Post Dispatch ; New York Times ; Washington Post ; The Guardian	Média	9358 mots
Blogs et sites web	Billets de blog publiés sur le site *GMO Answers*	Entreprise	9773 mots
Total			45675 mots

Dans la lignée de Carolyn Miller (1984 : 151–153), nous partons de la définition du genre comme « action sociale » :

> A rhetorically sound definition of genre must be centered not on the substance or the form of discourse but on the action it is used to accomplish [...], genre in this way becomes more than a formal entity; it becomes fully pragmatic, fully rhetorical, a point of connection between intention and effect, an aspect of social action.

4 Pour cette étude, nous n'établissons pas de distinction entre article de presse et éditorial. Bien que cette distinction puisse faire l'objet d'analyses ultérieures, elle nous semble peu pertinente ici, dans la mesure où il s'agit de distinguer discours scientifique, discours médiatique et discours de l'entreprise.

5 Pour des raisons de cohérence, nous nous sommes limitée aux billets de blog publiés entre 2012 et 2014. Les publications ultérieures, dont la plus récente date de janvier 2019, font l'objet d'une étude distincte.

Les différents genres étudiés nous semblent particulièrement intéressants pour l'étude des aspects rhétoriques, car ils sont tous caractérisés par un aspect à la fois informatif et promotionnel ou argumentatif. Dans leur étude de 2006 portant sur les lettres aux éditeurs dans les revues scientifiques, Anne Magnet et Didier Carnet soulignent qu'il ne s'agit pas de lettres au sens propre, mais d'une façon « d'exprimer son opinion ou de rétablir la vérité[6] ». De même, les blogs d'entreprise ne servent pas uniquement à informer les utilisateurs, mais à promouvoir l'image de l'entreprise, en particulier en contexte de controverse :

> Blogs are one of the few ways that large brands have of seeming at all human… [it's] fine to have great content, but [you] need to have a level of engagement with your audience. (Charman, 2006, in Creese, 2007: en ligne)

Enfin, « l'information sur les controverses » (Moirand 2014 : 140) représente un domaine particulier au sein du discours médiatique :

> [P]arce que la presse écrite ne peut rivaliser avec l'instantanéité des affrontements présents dans d'autres médias, ce sont les catégorisations métalangagières et les évaluations qui l'accompagnent qui contribuent, me semble-t-il, à donner « *un sens social* » à la controverse telle qu'on la « rapporte », parce que, au-delà de l'information, elle participe à la construction du référent de l'événement. (Moirand 2014 : 162)

Dans la mesure où les genres étudiés servent « l'art de communiquer, de plaire et de convaincre, donc d'agir sur le destinataire cible du message » (Resche 2010 : 5), nous examinons l'utilisation des différents modes de persuasion caractéristiques de la rhétorique aristotélicienne (éthos, pathos, logos) dans les discours seconds sur l'affaire Séralini :

> Trois types d'effets perlocutoires sont recherchés par l'orateur : plaire (par l'image de soi projetée dans son discours, ou éthos) ; informer et convaincre (par la logique de son récit et de son argumentation, ou logos) ; émouvoir (pathos). (Charaudeau et Maingueneau 2002 : 506)

---

6 « *[Letters to the editor] are not real letters, but a way to express one's opinion or to set something straight* » (Magnet et Carnet 2006 : 181).

2 Méthodologie

L'ensemble du corpus a d'abord été lu et annoté manuellement, afin d'identifier les procédés de reformulation, de synonymie discursive ou d'hyponymie et d'hypéronymie dans les discours seconds. Pour des raisons de pertinence, nous nous sommes concentrée sur les dénominations relatives aux termes-clés de la controverse : les effets sur la santé (tumeur(s), toxicité et phénomènes associés), les références au Roundup, au glyphosate, aux pesticides ou aux insecticides, les références à la modification génétique en général et aux organismes génétiquement modifiés (OGM) en particulier, notamment le maïs NK 603 qui faisait l'objet de l'étude. Les acronymes étant particulièrement courants au sein des langues de spécialité (Percebois 2001 : 627), ils ont systématiquement été pris en compte. Une analyse conduite à l'aide du concordancier AntConc[7] a permis de quantifier précisément le nombre d'occurrences dans chaque corpus et d'identifier de possibles variations sémantiques selon les différents discours spécialisés. Il convient de noter ici que pour le corpus Entreprise, les occurrences identifiées dans les questions ou dans les sources n'ont pas été prises en compte, afin de limiter les résultats au discours produit par et associé à l'entreprise.

Dans le cadre de notre questionnement sur le lien entre stratégies rhétoriques et degrés de spécialisation, une analyse exclusivement quantitative nous a semblé insuffisante. C'est pourquoi une analyse qualitative a également été effectuée, afin de déterminer comment les termes et leurs reformulations, ainsi que les procédés d'interdiscursivité et d'intertextualité servent des stratégies rhétoriques propres à chaque communauté de discours. Nous avons notamment examiné les procédés de recadrage et de sélection de l'information. En effet, « le travail d'argumentation […] produit un certain cadre au sein duquel la controverse – et ses incertitudes – est débattue » (Chailleux 2016 : 521). Le procédé de cadrage permet de « simplifie[r] des sujets complexes en donnant plus de poids à certaines considérations et arguments qu'à

7 Le logiciel AntConc est un concordancier qui permet d'effectuer des analyses de corpus. (<https://www.laurenceanthony.net/software.html>, accès le 13/12/19)

d'autres[8] » (Nisbet 2009 : 61, notre traduction). Différents procédés, à l'image des métaphores ou de l'utilisation de symboles ou de scénarios permettent de

> [...] sélectionner certains aspects de la réalité et de les rendre plus saillants [...] afin de promouvoir une définition particulière d'un problème, une interprétation causale, une évaluation morale et/ou de recommander une solution pour l'objet décrit[9]. (Entman 1993 : 52, notre traduction).

Dans le contexte a priori très normé du discours scientifique, nous nous sommes également intéressée à la gestion des faces. Suite aux travaux de Penelope Brown et Steven Levinson (1978), Catherine Kerbrat-Orecchioni indique que

> [...] d'une part, tous les sujets parlants sont dotés d'un *face want* (désir de protéger son « territoire » et sa « face », respectivement rebaptisés par Brown et Levinson « face négative » et « face positive ») et que d'autre part, la plupart des actes de langage que l'on est amené à accomplir tout au long de notre vie quotidienne sont potentiellement « menaçants » pour telle ou telle des faces en présence (ce sont des *Face Threatening Acts* ou FTA), ce qui crée un risque sérieux pour le bon déroulement de l'interaction (Kerbrat-Orecchioni 2010 : 37).

À l'inverse, les « *Face Flattering Acts* » ou FFA permettent de ménager ou de valoriser la face d'autrui. Nous nous interrogeons notamment sur la limite entre politesse et impolitesse et sur les phénomènes de « polirudesse » (Kerbrat-Orecchioni 2010 : 46), caractérisés par des énoncés « qui en apparence sont des FFA (donc des énoncés « polis ») mais sous lesquels se dissimule un FTA » (*ibid.*).

---

8 « *[...] frames simplify complex issues by lending greater weight to certain considerations and arguments over others* ». (Nisbet 2009 : 61).

9 « *To frame is to select some aspects of a perceived reality and make them more salient in a communicating text, in such a way as to promote a particular problem definition, causal interpretation, moral evaluation, and/or treatment recommendation for the item described* ». (Entman 1993 : 52).

3 Résultats de l'analyse quantitative : Re-problématiser l'information

Pour des raisons de lisibilité, nous n'incluons ici que les résultats les plus représentatifs tirés des différents corpus d'étude. L'ensemble du corpus peut être consulté sur les sites mentionnés dans la section 2. Les principaux procédés de reformulation utilisés dans les discours seconds pour faire référence au Roundup, aux effets sur la santé des rats et à la modification génétique, sont présentés dans les figures 1, 2 et 3 respectivement. Les résultats ont été rapportés au nombre d'occurrences pour 5000 mots.

En ce qui concerne les références à la modification génétique, on note des variations importantes entre la terminologie scientifique utilisée dans l'article de Séralini *et al.* et les discours seconds (voir fig. 1).

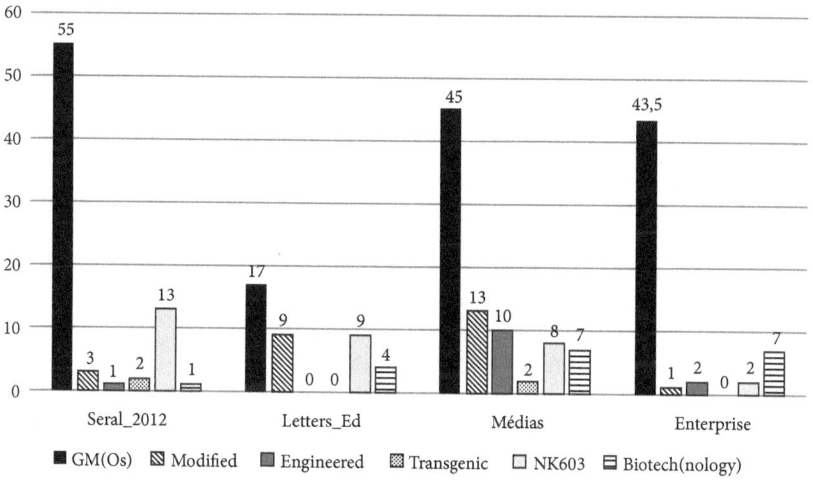

Fig. 1 : Références à la modification génétique dans les corpus Séral_2012 ; Lettres_Ed ; Média ; Entreprise (/5000 mots)

Ces derniers tendent à privilégier des procédés d'hypéronymie ou de reformulation, correspondant plus ou moins exactement aux concepts mentionnés dans l'article original. Dans la lignée des recommandations de l'*International Food Information Council Foundation* (IFIC)[10], les références à l'acronyme « *GM(O)(s)* », considéré comme connoté négativement, sont relativement moins présentes dans le corpus Entreprise (43,5 occurrences pour 5000 mots contre 55 occurrences pour 5000 mots dans Séral_2012).

De même, l'expression « *genetically modified* » apparaît très majoritairement (neuf occurrences sur dix) dans les références bibliographiques ou dans les questions posées par les internautes, mais elle est absente du discours de l'entreprise, qui prend soin de l'éviter.

Les documents publiés sur le site *GMO Answers*, dans les lettres aux éditeurs et dans le corpus Médias incluent toutefois des références plus générales à la biotechnologie (7, 4 et 7 occurrences pour 5000 mots, respectivement). La reformulation donne lieu à des périphrases qui élargissent le champ de l'étude ([1] et [3]) et/ou incluent des termes mélioratifs ([2]) :

> [1] The paper claims to be the first long-term peer reviewed toxicity study of **biotech crops** (Lettres_ED_5_2013)
>
> [2] [...] the recent paper by Séralini *et al.* Alleging tumorigenesis in rats resulting from consumption of **corn derived from crops improved through biotechnology**. (Lettres_ED_8_2013)
>
> [3] [...] a new study that was immediately swept up into the furor surrounding **crop biotechnology** when it was released Wednesday. (NYT_1_2012)

Bien que l'IFIC indique qu'il faut privilégier le terme généraliste « *biotechnology* », il est pourtant très peu mentionné dans l'article original (1 occurrence pour 5000 mots), qui multiplie les références directes aux produits de Monsanto : le Roundup, le NK 603 ou, plus généralement, le maïs génétiquement modifié.

---

10 Voir la page *Food Biotechnology Language* : <https://foodinsight.org/food-biotechnology-language/>, consultée le 05/02/2020.

Le participe passé *engineered* est généralement absent (aucune occurrence dans le corpus Lettres_ED) ou quasi-absent (1 référence pour 5000 mots dans les corpus Séral_2012 et Entreprise). En revanche, il est plus représenté dans le corpus Médias (10 occurrences pour 5000 mots). Cependant, les auteurs des articles de presse semblent utiliser les deux participes passé « *modified* » et « *engineered* » indifféremment. De même, les rares occurrences de l'adjectif « *transgenic* » sont concentrées dans l'article original et dans le corpus Médias. Les expressions « *genetically engineered* » et « *transgenic* », qui mentionnent explicitement une modification artificielle, sont généralement perçues négativement par le grand public (Domenec 2013 : 245). Dans le cadre du discours médiatique, l'utilisation de termes qui peuvent susciter des émotions fortes au sein du lectorat, caractéristique du pathos, semble participer d'une volonté de spectaculariser l'information à travers « l'encouragement de la dimension polémique plus spectaculaire » (Lits 2005 : 13). De fait, les articles de presse sont également les seuls à utiliser le terme « *weedkiller* » (3 occurrences pour 5000 mots) pour faire référence au Roundup (voir fig. 2).

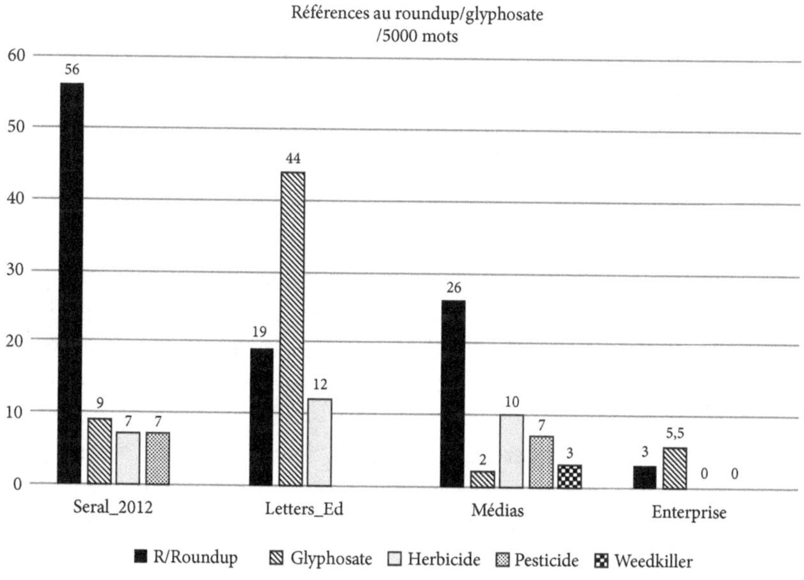

Fig. 2 : Références à la formulation Roundup et au glyphosate dans les corpus Séral_2012 ; Lettres_Ed ; Média ; Entreprise (/5000 mots).

Si le nombre d'occurrences du terme « *herbicide* » – qui constitue un hyponyme de la catégorie plus générale des pesticides et un synonyme de « *weedkiller* » – est relativement équilibré dans les quatre corpus étudiés (entre 7 et 12 occurrences pour 5000 mots), « *pesticide* » est absent des corpus Lettres_ED et Entreprise. En revanche, Séral_2012 et le Corpus Médias incluent les termes « *herbicide* » ou « *pesticide* » dans des proportions quasi-similaires. Bien que les deux termes soient connotés négativement par l'IFIC, on pourrait interpréter l'omission du terme « *pesticide* » dans les corpus Lettres_ED et Monsanto comme une volonté de recadrer le débat en le limitant à l'utilisation des seuls herbicides, tandis que les pesticides incluent une diversité de produits (herbicides, fongicides, insecticides, raticides, etc.).

Enfin, les références au glyphosate sont quatre fois plus fréquentes dans le corpus Lettres_ED que dans l'article original. Or, l'un des objectifs clairement exprimés dans Séral_2012 est d'étudier les effets de l'ensemble des composants du Roundup, et pas seulement du glyphosate :

> It is important to note that glyphosate is only able to efficiently penetrate target plant organisms with the help of adjuvants present in the various commercially used R [Roundup] formulations (Cox, 2004). [...]. Even adjuvants and not only glyphosate or other active ingredients are found in ground water (Krogh et al., 2002), and thus an exposure to the diluted whole [Roundup] formulation is more representative of an environmental pollution than the exposure to glyphosate alone in order to study health effects. (Séralini *et al.* 2012 : 4222)

La substitution des termes Roundup et glyphosate dans le corpus Lettres_Ed a pour effet de recentrer le débat sur un objet d'étude qui n'est pas celui de l'article initial et de discréditer ce dernier en lui opposant des études contradictoires portant uniquement sur le glyphosate, et non sur la formule complète du Roundup. Un procédé similaire est employé dans la reformulation des effets observés sur la santé des rats (voir fig. 3).

L'article de Séralini *et al.* fait exclusivement référence à des cas de tumeurs, tandis que les termes « *cancer(s)* » ou « *cancerous* » ne sont jamais mentionnés. On relève seulement deux occurrences du terme « *carcinogenesis* », l'une dans une phrase qui multiplie les précautions oratoires, l'autre dans une construction négative :

By contrast, the levels of caffeic and ferulic acids in the GM diets, which are also secondary metabolites from this pathway, but not always measured in regulatory tests, are significantly reduced. This may lower their protective effects against carcinogenesis and even mammalian tumors (Kuenzig et al., 1984; Baskaran et al., 2010). (Séralini *et al.* 2012 : 4229)

Because of recent reviews on GMOs (Domingo and Giné Bordonaba, 2011; Snell et al., 2011) we had no reason to settle at first for a carcinogenesis protocol using 50 rats per group. (Séralini *et al.* 2012 : 4222)

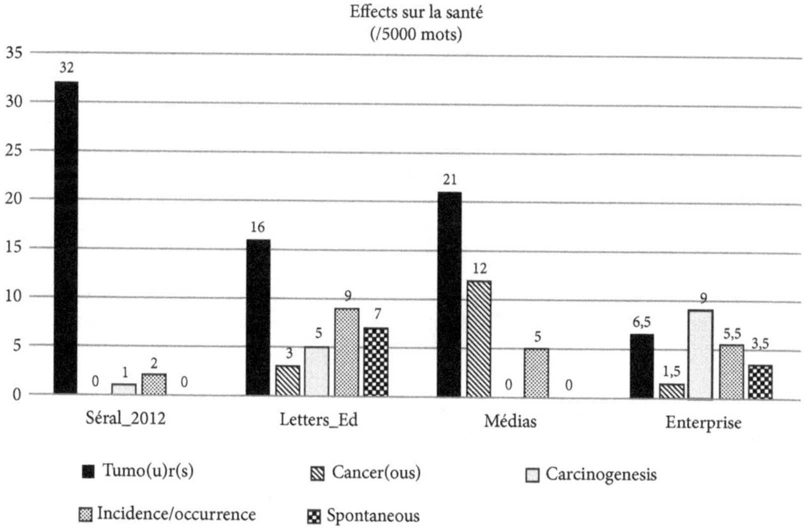

Fig. 3 : Références aux effets sur la santé dans les corpus Séral_2012 ; Lettres_Ed ; Média ; Entreprise (/5000 mots)

Il s'agit, pour les auteurs, de préciser que l'étude n'est pas une étude de carcinogénicité (laquelle nécessiterait des conditions différentes), mais une étude toxicologique. Cette précision justifie le protocole méthodologique retenu. Toutefois, les auteurs des articles de presse n'effectuent pas de distinction entre les deux concepts :

[4] Study linking GM maize to **cancer** must be taken seriously by regulators (Guardian_1_2012)

[5] Paper Tying **Rat Cancer** to Herbicide Is Retracted (NYT_4_2013)

[6] Journal retracts controversial GMO **cancer study** (SLPD_4_2013)

[7] A French study by molecular biologist Gilles-Eric Séralini of the University of Caen linking genetically modified corn and weedkiller produced by Monsanto with **cancer** was sharply criticized by six leading French academies. (WP_3_2013)

Il en va de même dans les postes de blog de Monsanto : sur le site *GMO Answers*, un internaute pose la question suivante, laissant entendre un lien direct de causalité entre les OGM et le cancer développé par les rats en laboratoire : « *Have you reviewed the study showing that GMOs caused cancer in lab rats ?* ». La réponse formulée par l'expert (développée dans la section 4) ne revient pas sur la terminologie inexacte utilisée dans la question. On trouve le même type de généralisation dans le corpus Lettres_Ed. [8]. Certains experts ne font pas de distinction entre études de carcinogénicité et de toxicité ([9], [10], [11]) et critiquent précisément le protocole méthodologique adopté par Séralini et son équipe :

[8] In all cases **in cancer** the accumulation of mutations is a time dependent phenomenon random in its characteristics which again require no known inducing agent. (Lettres_Ed_6_2013)

[9] Additionally, there was erroneous interpretation of […] images from **this carcinogenesis study**. (Lettres_Ed_11_2013)

[10] The study does not comply with internationally recognized standards for long-term **carcinogenicity studies**. (Lettres_Ed_12_2013)

[11] Also, for toxicology and **carcinogenicity studies like this one**, there are best practices available for primary reading […] and for peer review. (Lettres_ED_13__2013)

Enfin, on note la fréquence élevée de l'adjectif *spontaneous* ([12] et [13]) et des mots « *incidence* » ou « *occurrence* » ([14]) dans les discours seconds, afin d'insister sur le caractère naturel de l'apparition des tumeurs pour la race de rats utilisés pour l'étude :

[12] Actually, due to the high incidence of **spontaneous cancer** under the conditions of the study, any conclusion based on such a small group is basically impossible. According to OECD guidelines, at least 50 per sex and group would be needed. (Lettres_ED_1_2013)

> [13] Considering that all of the information above is publicly available, one can only wonder why Séralini *et al.* chose not to discuss their findings in the context of existing knowledge of **spontaneous disease rates** in SD rats. (Corpus_Entreprise)

> [14] Given this high rate of **background incidence**, it would be difficult to pick up an increase in mitral valve damage in the animals fed the test diet. However, the researchers could address this issue through two remedies: 1) use another breed, one that does not have a high **background incidence** of heart damage or 2) use the Cavalier King Charles spaniel, but use more dogs. More dogs lead to greater statistical power to detect differences, even with the **background incidence**. (Corpus_Entreprise)

Ces premiers résultats quantitatifs montrent que les reformulations parfois similaires des termes-clés de la controverse dans les corpus Lettres_Ed, Entreprise et Médias servent des stratégies rhétoriques différentes, en fonction de la visée communicationnelle des acteurs (discréditer l'étude de Séralini *et al.* pour les chercheurs qui écrivent à *Food and Chemical Toxicology* ; défendre l'image de l'entreprise pour Monsanto ; faire vendre pour les auteurs d'articles de presse). Dans le cas du discours médiatique, l'utilisation du mot cancer, qui « choque, [...] dérange [et] suscite la peur » (Clément-Hryniewicz & Paillaud 2008) sert à nouveau un procédé de pathos, dans la lignée de la spectacularisation du discours déjà identifiée avec les termes « *weedkiller* » et « *transgenic* ». En ce qui concerne les corpus Lettres_Ed et Entreprise, le procédé de recadrage induit par les reformulations serait plutôt lié à une stratégie de problématisation :

> *Problématiser* est une activité cognitive qui correspond à "faire savoir", non seulement ce dont il est question, mais aussi ce qu'il faut en penser. [...] Problématiser consiste donc à proposer-imposer un cadre de questionnement qui met en opposition deux assertions à propos de la validité desquelles le sujet cible est amené à s'interroger. (Charaudeau 2007 : en ligne)

Il convient à présent de nous interroger sur la gestion des faces dans les différents corpus, afin d'identifier de possibles stratégies argumentatives dans la présentation de la controverse et de ses acteurs.

4 La gestion des faces dans la médiatisation de la controverse et de ses acteurs

4.1 La polirudesse dans le corpus Lettres_ED

Une stratégie fréquemment identifiée dans les lettres aux éditeurs vise à remettre en question l'éthos social (Torck 2006 : 132) des relecteurs de la revue en mettant en doute le travail éditorial qui a conduit à la publication de l'article de Séralini et de son équipe :

> [15] The problems lie at several levels and **bring into serious question the quality and standard of the editorial processes in your journal**. I became concerned about **the quality of the editorial process** when I reached the second sentence. (Lettres-Ed_2_2013) [...] There are other confusing sentences that also **reflect poor editorial work [...] I was left wondering** if anyone had really read the paper carefully, (Lettres-Ed_2_2013). [...] **I was again left to wonder** how this manuscript could have survived a reputable peer review process. (Lettres-Ed_2_2013)

> [16] I am seriously considering requesting my university to no longer take Elsevier journals or this journal **if this is the standard they operate on**. (Lettres_Ed_6_2013)

Les auteurs de ces deux lettres ménagent leur propre face en se présentant en experts et en opposant leur éthos de chercheur spécialiste à des relecteurs ou à des éditeurs peu compétents. D'autres lettres aux éditeurs présentent des passages caractéristiques de la « polirudesse ». Définie comme une « pugnacité enrobée » (Kerbrat-Orecchioni 2010 : 42), la polirudesse peut prendre deux formes,

> [...] la première consistant à accompagner le FTA de quelque adoucisseur censé le rendre plus « poli », et la seconde consistant à dissimuler le FTA sous un FFA (c'est ce que nous appelons la « polirudesse). (Kerbrat-Orecchioni 2010 : 42)

En effet, un certain nombre de lettres aux éditeurs alternent FTA (soulignés) et FFA (en gras) : plusieurs auteurs laissent entendre que la publication de l'article de Séralini *et al.* n'est pas digne des standards attendus d'une telle revue et exhortent l'éditeur à retirer l'article pour maintenir la réputation de *Food and Chemical Toxicology* :

[17] There are many serious flaws in this paper and it is surprising that it has even been considered for publication in **a reputable journal.** (Lettres_Ed_1_2013)

[18] I urge you to take adequate measures to keep **the high standard quality** of publications that come to your journal. (Lettres_Ed_1_2013)

[19] [...] if further supporting ground could not be established, an editorial retraction must be made. We believe such a move is an indication of the journal's **highest standard**. (Lettres_Ed_4_2013)

Au-delà de la qualité de la revue, le travail (logos) et l'éthique professionnelle (éthos) de Séralini et de son équipe sont directement critiqués à travers des adjectifs ou des termes connotés négativement, voire familiers :

[20] This paper as it is now, presents **poor quality science** and **dubious ethics**. (Lettres_Ed_1_2013)

[21] We find it appalling that a journal with the substantial reputation of FCT published such « **junk** » **science** clearly **intended to alarm and mislead**. (Lettres_ED_8_2013)

[22] It does not become [sic] the quality of a journal such as *Food and Chemical Toxicology* to publish such **poor work**. (Lettres_ED_9_2013)

La remise en question ironique des compétences des auteurs constitue un autre exemple de ces attaques *ad hominem* :

[23] **We hope** that differentiating inflammatory from neoplastic lesions was **not a challenge** for the authors. (Lettres_Ed_11_2013)

Si l'absence de précautions oratoires (Magnet & Carnet 2010) constitue une caractéristique prototypique du genre des lettres aux éditeurs, ces différents exemples de polirudesse correspondent aux énoncés « inappropriés » mentionnés par Kerbrat-Orecchioni :

[...] certains chercheurs (Fraser et Nolen [1981], Fraser [1990]) ont proposé une définition alternative de la politesse, en termes de conformité d'un comportement aux attentes normatives des participants dans une situation donnée : sera jugé poli tout énoncé « approprié » et impoli tout énoncé « inapproprié ». (Kerbrat-Orecchioni 2010 : 38)

De fait, les procédés de pathos et de déconstruction de l'éthos de chercheur de Séralini dans les lettres aux éditeurs rappellent les procédés de spectacularisation du discours identifiés dans les corpus Médias et Entreprise (voir 3.). En 2006, A. Magnet et D. Carnet soulignent les limites floues entre discours scientifique et discours médiatique dans les lettres aux éditeurs :

> Actually, this correspondence should be considered as deriving from 'the open Lettres' genre, thus borrowing some of the journalistic polemic features, and not viewed as life writing, characteristic of the epistolary genre. (Magnet et Carnet 2006 : en ligne)

Plusieurs scientifiques se sont également exprimés dans les médias et sur le site *GMO Answers*, brouillant les frontières entre les différents genres et degrés de spécialisation. Certains passages attribués à des scientifiques dans les articles de presse ou dans le corpus Entreprise rappellent les procédés utilisés dans les lettres aux éditeurs (adjectifs et adverbes évaluatifs, remise en question de l'éthos de Séralini, redéfinition du but de l'étude) :

> [24] Professor Eisen, who's at the University of California, Berkeley, sent this reaction to my post: It's a really messed up field. The vast majority of research on GMO safety – on both sides – is done by **people out to prove something rather than investigate something**. This affects every aspect of the work, from study design, to execution, interpretation and publicity.
>
> This particular study was so **poorly designed** – **the highly sensitized line, the inexcusably small number of animals** – that you didn't even have to look at the **ridiculous statements from the lead author (like "GMOs are a pesticide sponge")** to see that it was **biased.**
>
> The result of all of this **severely tainted work** (and there's plenty from the pro-GMO side too) is that the really good science in the field gets drowned out, and isn't taken seriously because people just assume that it, too, must be biased. Total mess. (NYT_2_2012)

> [25] The pictures from that study conducted by Gilles-Eric Séralini are **frightening** – and made for **sensationalistic media coverage**. However, when teams of scientists from around the world looked at the study carefully, they found that the conclusions drawn by Séralini were **not credible** and that the study itself was **seriously flawed** and provided **no new grounds for concern** about GM food. (Entreprise_11/09/2013)

Ces passages, fondés sur un procédé d'intertextualité, mêlent discours scientifique et discours médiatique ou institutionnel. L'analyse montre que le corpus Médias inclut également de nombreux FTAs qui visent à discréditer Séralini et son étude.

4.2 La multiplication des FTAs dans les corpus Lettres_ED, Entreprise et Médias

Dans les médias, la stratégie de spectacularisation ne se limite pas au choix de l'information, mais se manifeste également dans la présentation des acteurs de l'événement médiatisé :

> Le premier niveau de la spectacularisation se trouve d'abord dans des choix de mise en forme, voire de mise en scène de l'information politique et de ses acteurs. (Lits 2005 : 13)

Certains articles mettent en scène la controverse en insistant sur son caractère exceptionnel :

> [26] An intensively promoted and controversial French study [...] has been dismissed in a **rare** joint statement from France's six scientific academies. [...] The joint statement – an **extremely rare** event in French (NYT_3_2012)

Le recours à des métaphores catastrophistes permet également de souligner l'importance de la controverse et de ses effets, tant pour la communauté scientifique que pour les consommateurs et les régulateurs :

> [27] This was scientific **dynamite**. (Guardian_1_2012)

> [28] The study sent **shock waves** through California, where voters will decide in November whether to pass Proposition 37, which will require labeling on all genetically modified foods. (WP_1_2012)

> [29] The French researcher who caused **a scientific storm** has accused the UK Food Standards Agency (FSA) of "recklessly endangering public health" by not demanding long-term testing of the foods. (Guardian_2_2013)

L'exemple [29] montre le lien étroit entre la mise en scène de l'information et celle des acteurs de l'événement. De fait, les références à Séralini dans les médias multiplient les attaques *ad hominem* et remettent en cause l'éthos du scientifique en soulignant ses prises de position partisanes :

[31] The study, conducted **by a prominent opponent of genetically engineered crops**, was immediately criticized by some other scientists, who said the methods were flawed and that other research had not found similar problems. (NYT_1_2012)

[32] Professor Gilles-Eric Séralini [...] **knows how to inflame the GM industry and its friends** [...] (Guardian_1_2012)

En écho, certains passages des corpus Lettres_ED ou Entreprise suggèrent une redéfinition du champ disciplinaire de l'étude, présentée comme politique plutôt que scientifique :

[33] [Gilles-Éric Séralini] is **a darling of the anti-GMO movement** in the USA and Europe**, a prolific anti-biotech bookseller and speaker**. [...] His institute is called CRIIGEN (Committee for Research and Independent Information on Genetic Engineering) which has a scientific board dotted with **luminaries** from various **industries not favorable to biotech.** (Entreprise_11/04/2013)

[34] I also question the absence of control photographs and whether it is ethical to keep rodents in those conditions just to provide pictures that can be used as frankly nothing more than **propaganda** (Lettres-Ed_6_2013)

[35] We are concerned that the normally robust scientific process has been used to publicise **an agenda** rather than evidence – as part [of] **a campaign** against GM technology (Lettres-Ed_7_2013)

Conclusion

Les principales stratégies rhétoriques et effets perlocutoires identifiés suite aux analyses quantitative et qualitative sont résumés dans la fig. 4.

Si les objectifs communicationnels ne sont pas les mêmes en fonction des genres de discours, le recadrage ou l'utilisation de FTAs qui discréditent la revue, l'article et/ou ses auteurs apparaissent dans l'ensemble des corpus seconds. Par ailleurs, les procédés de reformulation ne semblent pas liés au degré de spécialisation, puisque le corpus Lettres_Ed présente de nombreux exemples de variations sémantiques ou terminologiques.

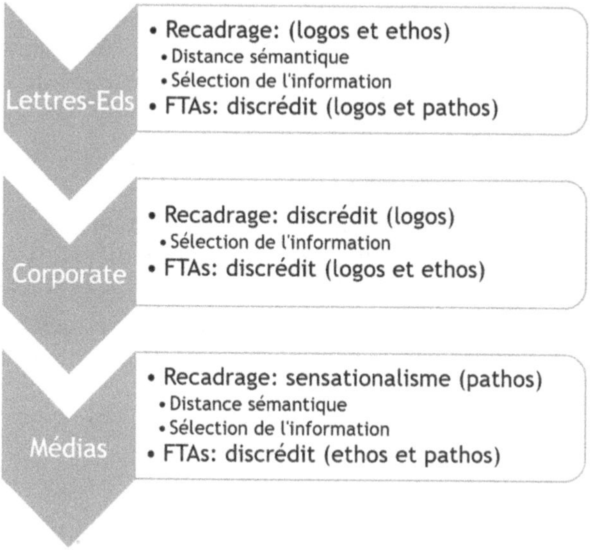

Fig. 4 : Résumé des principales stratégies rhétoriques et effets perlocutoires identifiés dans les corpus seconds.

En 2013, Jeanne Dancette notait que dans les terminologies des sciences sociales, « le vocabulaire n'est jamais neutre » (Dancette 2013 : 449). Il semble que cette affirmation s'applique également en sciences dites « dures », y compris pour les discours publiés dans des revues internationales (articles de recherche ou lettres aux éditeurs). Ainsi, la structure de Seral_2012 et plusieurs passages ont été entièrement modifiés, reformulés ou ajoutés pour la version republiée en 2014 dans *Environmental Sciences Europe*. Au-delà de son caractère informatif, l'article de Séralini est présenté dans le chapeau introductif comme un élément essentiel dans le contexte de la controverse scientifique :

> [...] ESEU aims to enable rational discussions dealing with the article from G.-E. Séralini *et al.* (Food Chem. Toxicol. 2012, 50:4221–4231) by re-publishing it. By doing so, any kind of appraisal of the paper's content should not be connoted. The only aim is to enable scientific transparency and, based on this, a discussion which does not hide but aims to focus methodological controversies. – Winfried Schröder, Editor of the Thematic Series "Implications for GMO cultivation and monitoring" in Environmental Sciences Europe. (Séralini *et al.* 2014)

En conséquence, l'analyse des variations sémantiques et structurelles entre l'article publié en 2012 et l'article republié en 2014 pourrait contribuer à la caractérisation de la dimension argumentative de l'article de recherche en contexte de controverse. En ce qui concerne les discours seconds, cette étude se limite aux discours produits immédiatement après le retrait de l'étude de Séralini *et al.* Cependant, la republication de l'article en 2014 a également donné lieu à quantité de nouvelles publications scientifiques, institutionnelles et médiatiques. Une étude comparative en diachronie courte entre les discours seconds analysés dans le présent article et ceux publiés depuis 2014 permettrait de poursuivre notre réflexion sur les stratégies argumentatives dans le cadre de la médiatisation de la controverse scientifique.

Références bibliographiques

Beacco, Jean-Claude / Moirand, Sophie, Autour des discours de transmission de connaissances, *Langages* 117, 1995, 32–53.

Bhatia, Vijay K, Genre analysis, ESP and professional practice, *English for specific purposes* 27 (2), 2008, 161–174.

Brown, Penelope / Levinson, Stephen, Universals in language usage: politeness phenomena, *Questions and Politeness. Strategies in Social Interaction*, Cambridge, Cambridge University Press, 1978.

Chailleux, Sébastien, Incertitude et action publique. Définition des risques, production des savoirs et cadrage des controverses, *Revue internationale de politique comparée* 23 (4), 2016, 519–548.

Charaudeau, Patrick / Maingueneau, Dominique, *Dictionnaire d'analyse du discours,* Seuil, 2002.

Charaudeau, Patrick, De l'argumentation entre les visées d'influence de la situation de communication, *Argumentation, manipulation, persuasion*, 2007, 13–36, disponible en ligne : <http://www.patrick-charaudeau.com/De-l-argumentation-entre-les.html>.

Condamines, Anne, Variations in terminology Application to the management of risks related to language use in the workplace. *Terminology* 16 (1), 2010, 30–50.

Creese, Jennifer, Web 2.0 / Business 2.0: New Web Technologies, Organisations and WCM, *Proceedings of the 2nd Annual Web Content Management Symposium, Organising Infinity: Web Content Management into the Future*, 2007, disponible en ligne : <<http://eprints.qut.edu.au>>, consulté le 01/09/2013.

Dancette, Jeanne, Le vocabulaire économique et social : Entre termes, formules discursives et noms propres, Meta : Journal des traducteurs/Meta : Translators' Journal 58 (2), 2013, 4494–66.

Domenec, Fanny, *Contribution à l'analyse du milieu spécialisé des entreprises du risque technologique à travers leur discours : le cas du pétrole et des biotechnologies agricoles aux États-Unis*, thèse de doctorat (Université Paris 4), 2013, disponible en ligne : <<http://www.theses.fr/2013PA040241>>, consulté le 01/09/2013.

Entman, Robert M. Framing: Toward clarification of a fractured paradigm, *Journal of communication* 43 (4), 1993, 51–58.

Fairclough, Norman, Discourse and text: Linguistic and intertextual analysis within discourse analysis, *Discourse & society* 3 (2), 1992, 193–217.

Gaudin, François, La socioterminologie, *Langages*, 157, 2005, 80–92.

Kerbrat-Orecchioni, Catherine, *et al.*, L'impolitesse en interaction : aperçus théoriques et étude de cas, *Studii şi cercetari filologice. Seria limbi romanice* 9, 2010, 142–178.

Lits, Marc, La spectacularisation des émissions politiques dans les télévisions européennes, *Recherches en communication* 24, 2005, 7–18.

Magnet, Anne / Carnet, Didier, Letters to the editor: Still vigorous after all these years? : A presentation of the discursive and linguistic features of the genre, *English for Specific Purposes* 25 (2), 173–199.

Maingueneau, Dominique, Le tour ethnolinguistique de l'analyse du discours, *Langages* 105, 1992, 114–125.

Miller, Carolyn R., Genre as social action, *Quarterly journal of speech* 70 (2), 1984, 151–167.

Moirand, Sophie, L'hétérogénéité énonciative au fil du texte : la représentation des controverses dans les genres de l'information de la presse quotidienne, *Arena Romanistica* 14, 2014, 140–164.

Mortureux, Marie-Françoise, Les vocabulaires scientifiques et techniques, *Les Carnets du Cediscor. Publication du Centre de recherches sur la didacticité des discours ordinaires* 3, 1995, 13–25.

Nisbet, Matthew C, Framing science : A new paradigm in public engagement, *Communicating science*, Routledge, 2009, 54–81.

Percebois, Jacqueline, Fonctions et vie des sigles et acronymes en contextes de langues anglaise et française de spécialité, *Meta : Journal des traducteurs / Meta : Translators' Journal* 46 (4), 2001, 627–645.

Raus, Rachele, *La terminologie multilingue : la traduction des termes de l'égalité H/F dans le discours international,* De Boeck Supérieur, 2014.

Resche, Catherine, De l'attention à accorder aux aspects narratifs et littéraires en anglais de spécialité : l'exemple du domaine économique, *ASp la revue du GERAS* 70, 2016, 5–25.

Resche, Catherine, Analyse d'un genre de discours spécialisé : les lettres annuelles de Warren Buffett aux actionnaires de Berkshire Hathaway et leur spécificité, *E-rea. Revue électronique d'études sur le monde anglophone* 8 (1), 2010, disponible en ligne : <http://journals.openedition.org/erea/1365>.

Séralini, Gilles-Éric / Clair, Émilie / Mesnage, Robin *et al.* RETRACTED: Long term toxicity of a Roundup herbicide and a Roundup-tolerant genetically modified maize, *Food and Chemical Toxicology* 50 (11), 2012, 4221–4231.

Sergot, Bertrand / Claret, Nathalie, La légitimation discursive des stratégies de localisation à l'international : une étude de cas comparée de deux groupes agroalimentaires français, *Management international/International Management/Gestiòn Internacional* 16 (1), 2011, 45–57.

Torck, Danièle, Médiatisation de controverses entre universitaires. Dérives argumentatives et éthos conflictuels, *Questions de communication* 9, 2006, 123–134.

Laurence Harris

Rhétorique interpersonnelle et politesse linguistique dans le discours de la Banque d'Angleterre à Mansion House

Abstract : Cette étude propose une lecture de discours spécialisés, ceux que pratique le milieu de la finance britannique dans un contexte ritualisé, sous l'angle de la politesse comme l'une des formes de l'engagement en rhétorique interpersonnelle. Le travail de figuration auquel se livrent les allocutaires se traduit dans le discours par des stratégies de valorisation de la face et de défense du territoire. L'intérêt de cette contribution est double : il s'agit de repérer les mécanismes de politesse à l'œuvre dans un genre de discours spécialisé et institutionnel, et de mesurer les changements qui s'opèrent sur une période de 70 ans, de 1946 à 2016. La mise en garde, l'indétermination de l'origine agentive, le questionnement rhétorique, l'humour, l'emphase, l'hyperbole et la flatterie sont abordés parmi les actes menaçants et valorisants pour la face.

Mots-clés : *politesse, travail de figuration, rhétorique, Banque d'Angleterre, communication des banques centrales*

Introduction

À l'approche du Big Bang[1] de 1986, le gouverneur de la Banque d'Angleterre (BoE) s'inquiète des conséquences qu'aura la déréglementation sur les marchés financiers britanniques. Il exprime ses réserves

1 Le terme de « Big Bang » désigne un ensemble de mesures, dont l'ouverture de la bourse de Londres à des investisseurs étrangers et l'abolition des commissions de courtage fixes, visant à la modernisation et la déréglementation des marchés financiers britanniques au cours des années 1980. L'« explosion » qui marque le début d'une nouvelle ère se produit le 27 octobre 1986 avec l'informatisation de la cotation.

à Mansion House, devant les banquiers que le lord-maire de la City réunit lors d'un banquet annuel : « *It will be vital for all participants to exercise a degree of restraint* » (Leigh Pemberton GOV 1986). La prescience du gouverneur touche un point sensible que le quotidien *The Times* relève dans un article intitulé « *Governor wants players to be gentlemen* » (Fleet 1986). La professionnalisation du milieu financier de la City ainsi que son ouverture à la concurrence s'accompagnent en effet de premières entorses à l'étiquette tandis que s'ouvre une nouvelle ère diplomatique et linguistique en matière de politesse.

Cette étude propose une approche d'une variété spécialisée de l'anglais, celle que pratique le milieu de la finance britannique dans un contexte ritualisé, sous l'angle de la politesse comme l'une des formes de l'engagement discursif. On peut se demander s'il existe des normes pour un « genre poli » comme, par exemple, celui qui rassemble les discours annuels de chefs d'État et de gouvernement à l'ONU (De Mattei Tchemako 2018) : notre analyse des discours annuels du gouverneur à Mansion House de 1946 à 2016 propose une typologie des formes de politesse que revêt l'anglais de spécialité à des fins rhétoriques.

Nous abordons ce sujet en deux temps. Dans un premier temps, nous exposons brièvement la théorie de la politesse et nous expliquons les critères de sélection des discours retenus. Dans un deuxième temps, nous étudions les actes valorisants ou menaçants pour les « faces » à partir d'extraits choisis avant de dégager les lignes de force de notre étude.

1 Cadres théorique et méthodologique

1.1 Théorie des faces

Dans notre étude, la politesse est abordée au-delà de ce que constituent les « bonnes manières » pour une culture et un milieu donnés : elle est envisagée comme une forme de rhétorique interpersonnelle reposant sur plusieurs configurations de la relation interlocutive (Douay 2000) et intégrant, parmi les variables du discours, les deux pôles allocutifs incarnés par le gouverneur et le chancelier de l'Échiquier, autre invité de prestige de la soirée, et qui prononce lui aussi un discours très attendu à cette occasion. Pour convaincre, le gouverneur doit s'impliquer dans son discours et, sans se compromettre, impliquer ses allocutaires autour d'un enjeu. Nuancé par la prise de risque, son engagement se manifeste, entre autres stratégies discursives, par un travail de figuration (« *face work* », Goffman 1990). C'est ainsi que la politesse linguistique, domaine d'étude porteur qui s'est développé à partir de la microsociologie, appréhende l'ensemble des techniques faisant appel à la protection des faces et à la défense d'un territoire : pour la BoE, ce territoire est à la fois virtuel (celui des mandats de la BoE, à savoir la stabilité monétaire et financière du Royaume-Uni) et réel (le périmètre de la City). Dans ce système, la « face » est l'image de soi valorisante que le sujet élabore et met en jeu dans une interaction ; le « territoire » du moi est l'ensemble des prolongements spatiaux mais également temporels, corporels, matériels etc. que le sujet revendique et protège, par exemple, ses biens et ses réserves (qui peuvent être des informations confidentielles) ou son domaine de compétences. Penelope Brown et Stephen Levinson (1987) prolongent la réflexion en renommant ces éléments de base « face positive » et « face négative » (à comprendre comme l'avers et le revers d'une même réalité), et introduisent la notion d'« actes menaçants pour la face » (« *face theatening acts* » ou FTA), qui sont tous les pièges de la communication que les rituels et mécanismes verbaux ou non verbaux de la politesse aident à éviter.

Reprenant les facteurs de l'interaction interpersonnelle qui sous-tendent les FTA chez P. Brown et S. Levinson, Catherine Kerbrat-Orecchioni (1998) organise la relation interpersonnelle de la politesse autour de trois dimensions : la relation horizontale, qui se mesure sur l'axe de la « distance » (de l'éloignement à l'intimité), la relation verticale, sur l'axe de la « domination » (où la hiérarchie fixe des places aux interactants, en position haute ou basse) et le mode de l'interaction qui s'échelonne de l'« irénique » (mode pacifique et consensuel, visant à ménager les faces), à l'« agonal » (mode conflictuel voire belliqueux, dont l'objectif est au contraire de faire « perdre la face »). C. Kerbrat-Orecchioni ajoute que l'« enrobage » (« *mitigation* ») que forme l'ensemble d'adoucisseurs et de durcisseurs « polis » comprend aussi des « actes valorisants pour la face » (« *face flattering acts* » ou FFA), l'espace de l'échange n'étant pas systématiquement hostile.

Ainsi, le rôle de la politesse linguistique est de réguler l'interaction à coups de FTA adoucis ou durcis, et de FFA atténués ou renforcés, à des dosages variables. La politesse peut être considérée comme la norme dans le genre de discours institutionnel que nous étudions, mais il ne faut pas négliger pour autant son versant complémentaire qui est l'impolitesse, intentionnelle ou non (Jobert 2010). Lorsqu'ils prononcent leurs discours, les gouverneurs peuvent éprouver la nécessité de diriger des FTA et des FFA non atténués envers leur propre face et leur territoire, ainsi que de cibler la face et le territoire de l'allocutaire.

Une des fonctions du rituel de Mansion House est ainsi de permettre un rapprochement des faces avec un minimum de risques, mais le dosage des actes valorisants et/ou menaçants n'est pas réglé à l'avance.

1.2 Méthodologie

Pour mener cette étude, nous avons sélectionné, parmi les 71 allocutions prononcées de 1946 à 2016, six discours susceptibles de présenter un intérêt lié à ces théories puisqu'ils sont rattachés à des contextes ayant pu justifier le recours à des formes de politesse appuyées. Les discours en question sont prononcés à l'occasion de situations potentiellement conflictuelles entre gouverneur et chancelier : le critère de sélection est donc le pôle agonal du mode d'interlocution[2]. Les discours de 1965, 1976, 1985, 1997, 2009 et 2014 forment notre corpus (ou sous-corpus) d'étude[3]. Nous y avons ajouté deux extraits des discours de 1961 et de 2015 pour élargir le matériau lorsque cette nécessité s'est fait sentir.

Une analyse textométrique préliminaire du corpus complet constitué des 71 discours a fait apparaître une arythmie dans le temps lexical aux alentours des années 1990 (Harris 2019). Ce « tournant lexical » est corrélé à divers changements de nature paradigmatique, parmi lesquels figurent l'indépendance de la BoE, la professionnalisation de la

---

2 Le Trésor nomme le gouverneur : la cohabitation s'avère donc délicate lorsque chancelier et gouverneur ne parviennent pas (ou plus) à s'accorder, le conflit étant davantage susceptible de sourdre entre le gouverneur et un chancelier travailliste.

3 Ces allocutions sont archivées sur le site de la BoE : <www.bankofengland.co.uk>.

finance, la déréglementation des marchés et la révolution technologique des médias. L'analyse a, par ailleurs, permis l'élaboration d'une cartographie d'un monde lexical, celui du rituel, où se détachent nettement les univers ou territoires des deux principaux locuteurs de Mansion House. Cette première étape nous oriente vers l'étude de leurs échanges de politesse comme travail de figuration et enjeu de pouvoir.

Les six discours retenus dans cet article sont relativement espacés (ils ont été prononcés à environ une décennie d'intervalle les uns des autres), trois avant le tournant discursif repéré par les mesures textométriques, et trois après. Nous émettons l'hypothèse que les normes de la politesse ont évolué entre ces deux périodes. Nous revenons brièvement sur les contextes des six banquets pour expliquer la mise en place par le gouverneur d'un dispositif de politesse plus élaboré que de coutume.

Lorsque le gouverneur Lord Cromer prononce son discours de 1965, il vient de réussir un sauvetage salué dans la City qui a préservé la livre sterling d'une dévaluation brutale, en sollicitant une dizaine de banques centrales étrangères. Le deuxième contexte tendu, en 1976, est lié à l'emprunt historique que contracte le RU auprès du Fonds monétaire international. Dans son discours, le chancelier Denis Healey anticipe un accueil défavorable à Mansion House, mais le gouverneur Gordon Richardson semble avoir trouvé un terrain d'entente avec lui[4]. Le troisième contexte, celui de 1985, est encore différent sur le plan des jeux de pouvoir mais mène à une situation tout aussi conflictuelle. Le gouverneur et le chancelier se retrouvent chacun au centre de deux controverses différentes : le sauvetage de la banque Johnson Matthey Bankers (JMB), un embarras pour le gouverneur Robin Leigh-Pemberton, et la suspension inattendue par le chancelier Nigel Lawson du ciblage de £M3 dans le cadre de l'adhésion au paradigme monétariste.

Quant aux trois autres discours retenus à des fins de comparaison, ils ont été prononcés après le tournant discursif, en 1997, 2009 et 2015.

En 1997, le premier mandat du gouverneur Eddie George approche de son terme, à la suite d'une double annonce surprise que réserve à la

4 Le *Financial Times* est peu convaincu par cette entente « de façade » et décrit la double performance de Mansion House comme un spectacle soigneusement agencé pour amadouer les marchés (« *a carefully orchestrated display, for the benefit of the markets* ») manquant, selon le journal, de conviction (Kynaston 2017 : 520).

BoE le gouvernement néotravailliste fraîchement élu. Une autonomie opérationnelle est accordée à la Banque. E. George accueille favorablement cette première nouvelle mais estime avoir été induit en erreur lorsque la deuxième annonce tombe : la supervision du système bancaire est immédiatement retirée à la BoE. Celle-ci perd alors un rôle influent dans la City[5] et George, furieux (« *his mood was sulphurous* », Kynaston *op. cit.* 2017 : 725), songe à démissionner, ce que le New Labour semble avoir anticipé.

Un nouveau bras de fer s'engage en 2009 entre le gouverneur Mervyn King et le chancelier Alistair Darling. L'année précédente, Downing Street avait déjà rechigné à renouveler le mandat de M. King, jugeant ce dernier insuffisamment réactif au début de la crise financière : le gouverneur est finalement reconduit dans ses fonctions, mais par défaut. Comme le souligne alors un journaliste de l'*Independent* : « *He is impossible to sack. The scope for friction is obvious* » (O'Grady 2009), ce qui résume le rapport complexe entre gouverneur et chancelier et pourrait s'appliquer à toutes les périodes.

Enfin, une donne un peu différente se présente en 2014 : l'entente est apparemment au beau fixe entre le chancelier conservateur George Osborne et le gouverneur qu'il a nommé un an plus tôt et dont c'est le premier discours à Mansion House, Mark Carney. Appliquant le mélange d'austérité budgétaire et d'activisme monétaire que préconise le premier ministre (Cameron 2012), les deux hommes sont sur la même longueur d'onde[6]. Une rivalité potentielle entre ces locuteurs serait plutôt liée au déficit de popularité du chancelier, associé aux mesures d'austérité très controversées du gouvernement de coalition, par contraste avec

---

5 Les scandales de JMB, BCCI et Barings, trois banques en principe supervisées par la BoE, en sont en partie responsables. Le *Times* est sans pitié pour le perdant : « *The Bank of England deserves to be shorn of responsibility for the prudential supervision and, in due course, for conduct of business rules. The roll call of UK bank failures, although spectacular, is short. But the public lost faith in the Central Bank's supervisory skills, because they were clearly the poor relation in the Old Lady's family of priorities* » (cité par Kynaston *op. cit.* 2017 : 724).

6 Leur entente devient problématique la même année à l'approche du référendum écossais lorsque Carney et Osborne sont accusés de collusion dans la campagne menée par le gouvernement pour dissuader l'électorat écossais de quitter le RU (et deux ans plus tard l'électorat britannique de voter pour le Brexit), à base d'arguments alarmistes et pessimistes (« *project fear* », McSmith 2016).

la cote du gouverneur dans les médias qui l'encensent avant même sa prise de fonctions.

La deuxième partie de cette étude est consacrée au repérage et au décodage d'actes valorisants et menaçants comme manifestations de l'indirection polie dans ces discours. Comme l'écrit Alice Krieg-Planque dans son analyse des discours institutionnels (2015 : 65), « dans bien des cas, la politesse est l'un des éléments qui expliquent le recours à des actes de langage indirects ».

2 Actes valorisants et menaçants : l'indirection polie

Ces contextes posés, nous examinons le système de politesse qui se déploie dans les six discours, gardant à l'esprit les dimensions « distance », « hiérarchie » et « conflit », susceptibles de peser sur l'interaction. Pour ces six discours, le curseur se rapproche du pôle « agonal » du troisième axe. En revanche, les positions diffèrent sur les axes de la distance et de la hiérarchie selon les époques (avant et après l'indépendance de la BoE) et les colorations politiques des chanceliers. Cinq manifestations discursives de la politesse ont été relevées : nous les commentons à partir de quelques exemples[7] et observons leur évolution diachronique.

2.1 Mise en garde : annoncer l'acte menaçant pour en amortir l'effet

Une première forme d'atténuation d'un FTA est la mise en garde : le gouverneur prévient son allocutaire de l'imminence d'un acte menaçant.

> [1] But there are other good reasons for **departing from precedent this year** [...] But I have an additional reason for **departing from precedent**, in that it is not yet possible finally to close off our books on the sterling exchange crisis which erupted in November of last year, leaving until very recently an aftermath of disturbing debility in confidence [...] (Cromer GOV 1965).

7 Les termes en gras sont surlignés par nos soins dans les exemples en question.

[2] **Put bluntly**, market data on credit spreads imply that some banks are viewed as a worse credit risk than some of their customers (King GOV 2009).

Dans les deux cas relevés, l'acte menaçant fonctionne par implicature. En 1965, Cromer [1] accuse indirectement le chancelier de négliger les conséquences qu'a eues, sur la balance des paiements, une intervention sur les marchés pour résorber une crise de la livre. Ce premier FTA ouvre la voie à d'autres accusations : le rappel d'un emprunt au FMI qu'il va falloir rembourser, le « péril » qu'a frôlé le pays l'année précédente, les engagements pris par le premier ministre (« *the undertakings that the prime minister has given of the government's determination to see sterling riding high* »). Ayant évoqué le format traditionnel du discours de Mansion House (« *it [is] traditional for the governor to give a resume of financial events during the past year* »), Cromer annonce un changement susceptible de déstabiliser le chancelier, d'où la répétition de l'atténuation (« *departing from precedent* »), visant à ménager la face de ce dernier.

King adopte la même stratégie en 2009 [2], lorsqu'il reproche au chancelier de protéger les banques alors qu'elles sont moins solvables que leurs propres clients. L'antéposition « *put bluntly* » annonce également un FTA et sert la même visée que l'atténuation de 1965. Cependant, quatre décennies plus tard, le langage est plus direct : les transpositions possibles en français (« en clair » ou « pour parler franchement ») ne traduisent qu'en partie le sème de la brutalité que véhicule *bluntly*. Cette évolution s'inscrit dans une tendance vers une plus grande informalité dans les échanges sociaux (Baker 2017).

2.2 Indétermination de l'origine agentive

L'indirection d'un FTA se module également par le biais de structures syntaxiques complexes permettant d'éluder la question de l'origine agentive, voire l'évacuation ou scotomisation[8] de l'agent :

8 Dans le sens où Grégory Furmaniak emploie ce terme : « Il s'agit de faire passer un participant ou un concept à l'arrière-plan de la conceptualisation et de la représentation » (2017 : 151)

[3] [...] **it is not yet possible** finally to close off our books on the sterling exchange crisis [...] (Cromer GOV 1965).

[4] [...] the Bank have been criticised for their orthodoxy in relation to the marketing of gilt-edged stocks and for being slow to experiment with new methods. [...] **It has always to be remembered,** however, that we have in this country the most efficient market for government debt that exists in the world

[5] **What is needed** is again to live within our means (Richardson GOV 1976).

[6] It has been an especially difficult year for the conduct of monetary policy. Two factors in particular have complicated **what is never an easy task.** [...] **real life is far too complex for absolute rules** (Leigh-Pemberton GOV 1985).

L'extraposition introduite par la proforme cataphorique « *it* » dans les énoncés [3] et [4] est plus fréquente dans les trois premiers discours du sous-corpus (dix occurrences avant 1997 contre deux seulement dans les trois derniers discours). D'autres versions de l'extraposition sont introduites par « *what is* » dans les énoncés [5] et [6]. Les adverbes de fréquence « *always* » [4] et « *never* » [6] ajoutent une portée intemporelle à des formules qui s'apparentent à des maximes. L'ajout de l'aphorisme « *real life is far too complex for absolute rules* » [6] trouve logiquement sa place à la suite d'un FFA visant à protéger la face du chancelier d'attaques éventuelles sur son changement de mesure de la masse monétaire, l'objectif final étant, pour le locuteur, la protection de sa propre face.

[7] **There is a broad consensus** that our traditional policy instruments need to be augmented by a "macro-prudential" toolkit [...] **Blaming individuals** is no substitute for acknowledging the failure of a system, of a certain type of banking. [...] So **it is not entirely clear** how the Bank will be able to discharge its new statutory responsibility (King GOV 2009).

Dans ces énoncés de 2009, la topicalisation d'éléments politiquement sensibles (l'ajout de nouveaux instruments macroprudentiels à la boîte à outils de la BoE, la condamnation d'individus, le nouveau mandat de la BoE) par le biais de l'indirection, de la forme en *-ing* et de la voix passive laissent dans l'ombre l'origine agentive et contribuent à atténuer ces FTA émanant du gouverneur. De tels emplois restent moins fréquents après 1997 que dans la première partie du sous-corpus.

2.3 *Questionnement rhétorique*

Polie car détournée, la question rhétorique sert, entre autres fonctions, à soulever des points qui sont sujets à polémique sans attendre une réponse. Nous n'avons pas relevé de question en lien avec une FTA dans la première partie du sous-corpus mais cela ne signifie pas que les premiers gouverneurs négligent complètement cette forme de politesse linguistique. Pour preuve, l'extrait ci-dessous a été emprunté exceptionnellement à un discours hors du sous-corpus afin de comprendre pourquoi cette stratégie a été peu utilisée en phase initiale. Il s'agit du premier discours de Cromer à Mansion House :

> [8] **Are there** not still many out-dated customs and practices in industry which owe their origin to mitigating the dire hardships of the years of depression between the wars, but which today only result in limiting the advance in the standard of living? **Is it perhaps** not possible that the overall level of government expenditure today has grown to levels that the population as a whole is not willing to support by forgoing personal consumption to the extent necessary? **Is** our system of taxation matched to the present needs of the nation? **Are** the money rates we have seen in this country in recent years the most appropriate to achieving the rate of progress we would like to see? **Are we** saving enough? **Is** the high level of government expenditure overseas not **perhaps** based more on our imperial past than tailored to our changing position in the world or the need to confine financially unremunerative expenditure overseas to what, as a nation, we are prepared to earn overseas? **Do** the remnants of the "siege" economy which remain with us from the last war make any positive contribution to our good or merely restrict our earning capacity? (Cromer GOV 1961)

Parmi les sept questions que pose (ou se pose) Cromer dans cet extrait, deux sont interro-négatives, deux introduisent l'adverbe « *perhaps* »[9], toutes sont des questions fermées et orientées (voir les emplois de « *out-dated* », « *only* », « *enough* », « *siege* », qui ne sont pas neutres). Une première visite à Mansion House étant souvent l'occasion pour

9 Dans une étude portant sur l'anglais de spécialité, Elsa Pic et Grégory Furmaniak (2015 : 81) notent une prédilection de l'adverbe *perhaps* pour les passages explicatifs dans les textes de vulgarisation scientifique, en particulier lorsque les questions posées restent sans réponse et que la tentative d'explication est hautement spéculative : « *'Perhaps' seems therefore to be used as a highly tentative, extemporary 'last-resort' attempt to explain the problem to which no solution has been brought* » (*ibidem* 38).

un gouverneur de mener une entreprise de séduction, cette salve soutenue de FTA est pour le moins inhabituelle. Il est intéressant à cet égard de relever la métaphore militaire qu'emploie le caissier général (*chief cashier*) en fonction à l'époque de Cromer lorsqu'il se remémore l'incapacité du gouverneur à établir un dialogue avec le Trésor : « Il déchargeait sur [Whitehall] des quantités considérables de munitions, souvent d'ailleurs sans prendre le temps de nettoyer le canon avant de remplir à nouveau le chargeur »[10] (Kynaston *op. cit.* 2017 : 463). On pourrait établir une analogie entre cette salve de questions (et autant d'actes menaçants) et les déflagrations d'une arme à feu rechargée à la hâte. Cromer est le seul gouverneur de la période d'après-guerre écarté après un unique mandat, et l'échec de cette stratégie pourrait expliquer la parcimonie dont ses successeurs ont fait preuve en matière de questionnement rhétorique « groupé ». King reprend la technique en 2004, mais limite son questionnement à trois interrogations :

> [9] **What** other powers are required? **There is a broad consensus** that our traditional policy instruments need to be augmented by a "macro-prudential" toolkit. But **what** are such "macro-prudential" instruments for? **Are they** to increase the **resilience** of individual banks, or **are they** to protect the economy from the banks? The **former** implies a **sensible** extension of the current regime of capital requirements for individual institutions. The **latter** goes to the **heart** of the problems caused by the financial sector as a **whole** for the rest of the economy (King GOV 2009).

La technique est cette fois employée avec davantage de subtilité puisque King répond lui-même à sa première question par une formulation qui n'appelle pas la contradiction (« *There is a broad consensus* »), puis rebondit par une deuxième question ouverte, avant de conclure la série de trois par une question orientée (*leading question*) dont la réponse, d'après l'explication équilibrée qui est fournie, serait logiquement « *both* ». Cette argumentation indirecte portant sur l'introduction de nouveaux instruments destinés à juguler la crise en cours et à en prévenir une nouvelle est plus efficace que ne le serait un développement classique et direct car elle guide l'auditoire vers une résolution en l'impliquant dans la réflexion par le questionnement et par une progression

---

10 « *He fired off immense amounts of ammunition at [Whitehall], often actually without cleaning the barrel before he put another round in* ».

du général (« *broad* », « *macro* ») vers le particulier (« *individual* », « *heart* »), invoquant des valeurs sûres (« *resilience* », « *sensible* »). King parvient ainsi à modifier l'ordre du jour en soulevant la possibilité d'un élargissement des pouvoirs de la BoE sans jamais formuler sa proposition de manière aussi directe : cette offensive « polie » présente l'avantage stratégique de faire oublier les manquements de la BoE deux ans plus tôt lors du sauvetage de Northern Rock et sa part de responsabilité dans l'échec du système de régulation tripartite. La stratégie est d'autant plus fructueuse que l'opposition s'empare de cette proposition pour en faire un thème de sa campagne, remporte les élections de 2010 et renforce considérablement les pouvoirs de la BoE quatre ans plus tard.

2.4 FTA et humour : une combinaison employée avec parcimonie

Les premiers gouverneurs se risquent peu à l'humour. Le sujet de la politique monétaire est sérieux et la dérision n'y a pas sa place. Nous avons relevé un seul énoncé de la première période (avant le tournant discursif) qui en fait usage en y associant un FTA : le gouverneur qui se risque à cet exercice périlleux est Cromer[11].

> [10] [A friend] found that part of my speech **quite outstandingly tedious**. Being an old friend he suggested that I might give thought at least to cutting down this part of my speech in future. **He was, of course, quite right**. But [...] I scarcely think that anyone would find it dull. I have had **no complaints of boredom from the higher echelons of the Bank** over this period (Cromer GOV 1965).

Ce type d'humour trouve ses fondements dans une éducation réservée à une élite qui confère une grande confiance en soi aux anciens *alumni*

11 Cromer sort du lot : le plus jeune des neuf gouverneurs, il est par ailleurs issu de l'aristocratie – il porte le titre de Comte (Earl of Cromer). Son éducation au *college* d'Eton, fleuron des *public schools* britanniques, la réputation de sa famille (son ancêtre est le fondateur de la célèbre banque d'affaires Barings), et son réseau de relations lui confèrent une assurance qui distingue ses discours de ceux des autres gouverneurs. Ses désaccords spectaculaires avec le premier ministre travailliste Harold Wilson le conduisent à quitter ses fonctions après un seul mandat.

et « autorise » les flèches (sont visés ici le gouvernement mais aussi les cadres – « *the higher echelons* » – de la BoE) : la locution « *quite outstandingly* » est un marqueur de classe qui pourrait figurer dans une liste de figements discursifs.

À une période plus récente, l'humour fait davantage partie des outils que l'orateur exploite, mais essentiellement dans l'exorde, pour ses fonctions phatiques. Nous avons relevé trois exemples où l'humour est associé à un FTA, tous extraits de discours prononcés à partir de 1997 :

> [11] So I **welcome** the Chancellor's detailed reformulation of our **marching orders**, which acknowledges the volatility of the real world (George GOV 1997).

> [12] "My word is my bond" are old words, but they were important. "**My word is my CDO-squared" will never catch on** (King GOV 2009).

> [13] Everyone has an interest in the future of financial markets, so I would strongly encourage you to engage with our open forum process online and at the conference itself. An open and accountable bank welcomes your input. **This time we really did mean to hit 'reply all'** (Carney GOV 2015).

Ces énoncés déclinent trois formes d'humour : l'ironie, la parodie et l'auto-dépréciation. Nous émettons l'hypothèse que les deux premiers gouverneurs de la BoE nouvellement indépendante, George [11] et King [12], se permettent de repousser les limites de la politesse avec des formes d'humour plus corrosives car ils sont issus du sérail (leur proximité – sur l'axe de la distance propre aux FTA – avec les membres de la communauté financière locale les y autorise) tandis que le horsain[12], Carney [13], choisit de diriger le FTA d'abord vers sa propre face.

L'ironie impose un décodage complexe qui dépasse le simple détour de sens et « atteint ce point-limite où un énoncé doit être interprété au rebours de sa signification littérale » (Chabanne 1997 : 4) ; l'énoncé (13) déroge ainsi à la maxime de qualité chez Paul Grice (1991 : 27) en associant « *welcome* » à « *marching orders* » – on note au passage la métaphore militaire qui sous-tend l'acte perlocutoire. Les précisions factuelles (« *detailed* », « *acknowledges* ») sont destinées à atténuer la brutalité du FTA.

---

12 Carney est le premier gouverneur non britannique de la BoE.

Tout aussi polémique, King (12) manie la parodie pour démystifier l'esprit novateur du secteur financier tant célébré par le chancelier Brown dans son discours de 2007 à Mansion House. En adaptant la devise de la City à l'un des produits financiers en partie responsable de la crise de 2007, King célèbre les valeurs du passé (avant le Big Bang) et l'intégrité du *City Gent* (Van der Yeught 2012 : 39). L'acte menaçant s'adresse aux financiers qui ont redoublé d'inventivité pour concevoir des produits financiers complexes désignés par des acronymes opaques et ici ridiculisés[13]. La confiance est au cœur de cette attaque, la devise faisant référence à l'exigence d'intégrité à laquelle sont censés répondre les opérateurs de la place londonienne.

Le dernier énoncé (13) se démarque de ces FTA par un usage de la politesse détourné d'abord sur la propre face du locuteur pour atteindre celle de l'allocutaire, ici la presse qui a largement diffusé le contenu d'un document envoyé par erreur au *Guardian*, où la BoE faisait état d'un plan de contingence en cas de sortie de l'UE (Inman 2015). On y apprenait l'élaboration d'un projet secret sur les dispositions à prendre par la BoE en cas de sortie de l'UE, avec notamment des conseils pour éluder les éventuelles questions de la part de la presse mais aussi celles de ses propres employés sur ce sujet, une révélation gênante pour Carney qui inaugure dès son arrivée une nouvelle ère pour la BoE qu'il place sous le signe de la transparence. Le FTA dirigé vers la face du locuteur est une sorte de *mea culpa* sur le ton de l'humour qui permet d'infléchir la critique et de clore un incident exploité par les détracteurs de la BoE.

Selon Bernard Gendrel et Patrick Moran (2005), l'humour sert non seulement à l'envoi d'un FTA atténué mais également à flatter sa propre face, car :

---

13 Les CDO, pour *Collateralized Debt Obligations*, sont des titres financiers issus d'une opération de titrisation, qui vise à mêler, par exemple, crédits immobiliers à risque (*subprime*), et à disperser le risque lié à un défaut de créance sous la forme de tranches de dette plus ou moins risquées. Un CDO au carré est adossé non pas à des créances existantes mais à un autre CDO. Il devient alors difficile pour un investisseur de savoir si le crédit sous-jacent au CDO est susceptible d'être en défaut : il doit se fier à la banque qui lui revend ces titres, et à une agence de notation. L'asymétrie d'information résultant de l'opacité de tels produits a précipité la crise financière de 2008 (Gatinois 2010). King tourne en dérision les excès de l'ingénierie financière.

l'humour reste généralement associé à une certaine amabilité : après tout, la plaisanterie est une forme de politesse, une manière de faire du *face management* constructif plutôt que disruptif. C'est ce qui explique que l'humour soit souvent associé à l'autodérision, puisqu'il permet de se moquer de soi-même sans trop se nuire pour autant.

Ainsi, la stratégie permet à la fois de faire taire les critiques et de présenter une image avantageuse de sa propre face (le FFA masque un FTA) qui peut faciliter l'intégration du gouverneur dans l'endogroupe.

2.5 Emphase, hyperbole et flatterie

Un FFA peut masquer un FTA, la flatterie étant rarement gratuite. À différentes doses, c'est une technique que l'on retrouve au cours des deux périodes, mais les manifestations discursives diffèrent selon le locuteur et les circonstances.

[14] The **Chancellor of the Exchequer**, in his speech to us this evening, has concentrated on some of the fundamental issues involved in the management of the domestic economy and **I find myself in full support** of his quest to achieve effective management. **I have even, on occasions, ventured to recommend it** (Cromer GOV 1965).

[15] When I consider where we are now and what has been achieved since we last met, I confess to contradictory feelings. **It would be right** to pay tribute to the great efforts and courage shown by you, **Mr Chancellor**, in setting the general course of the economy. **It is assuredly right** to seek, as a first aim, to control inflation [...]. Nor has the strategy been without an important measure of success. But progress has not been fast enough to meet our needs [...]. That being so, I think **it must be right** to aim publicly for a growth in money supply [...] So I believe **it is right** to have a publicly-announced monetary target (Richardson GOV 1976).

Avant 1997, on retrouve Cromer [14] félicitant le chancelier de ses nouvelles résolutions (« *full support* »), mais c'est pour mieux souligner ses propres initiatives, visiblement ignorées jusqu'alors. Le détour euphémisant (« *even* », « *on occasions* », « *ventured* ») ne fait qu'amplifier le FTA, proche ici de l'affront par sa condescendance. Issu de la lignée Baring, Cromer s'estime manifestement autorisé (*entitled*) à franchir une ligne rouge de la politesse là où d'autres, sans doute, hésiteraient.

En 1976, Richardson [15] martèle un message de soutien à l'attention du chancelier : la quadruple répétition de « *right* » en locution extraposée est un encouragement à persévérer sur le « droit » chemin (la cataphore *it* ne désigne pas de source particulière, donc ce point de vue est imposé comme incontestable). Enchâssé dans cette progression vers la certitude qui consolide l'argumentation[14], le FTA est néanmoins bien présent : « Mais les progrès n'ont pas été accomplis assez rapidement pour combler nos besoins »[15].

À une époque de transition paradigmatique, les prises de position se résument à un choix binaire (pour ou contre, *right vs wrong*).

À partir de 1997, deux autres gouverneurs ont recours à l'emphase de la flatterie pour masquer un FTA. Parmi les traces formelles de l'acte flatteur, on relève tout d'abord l'usage hyperbolique des adjectifs et adverbes d'intensité :

> [16] Let me begin by **congratulating you, Chancellor**, on your **overwhelming** election victory, on **your** appointment, and, if I may, on **your** maiden speech at this traditional dinner for the bankers and merchants of the City of London. But I **congratulate you above all** on your **spectacular beginning** in office! [...] The **Chancellor** has demonstrated, through his decisions, that he does not share **that** view. Nor, **emphatically**, do I. [...] On the contrary, **I welcome unreservedly**, too, the **Chancellor**'s recent nominees to the Monetary Policy Committee who will participate in making the necessary judgments (George GOV 1997).

Sous couvert des félicitations d'usage, les décisions aussi brutales qu'inattendues du chancelier en 1997 [16] sont disséquées une à une. Le gouverneur s'offre le droit de réponse qui ne lui a pas été accordé. Sa marge de manœuvre est limitée puisque les mesures prises par le chancelier ne sont pas renégociables, mais le gouverneur réaffirme sa place malgré l'amputation de la moitié de ses missions. Ainsi, « *overwhelming* », « *above all* », et « *spectacular* » peuvent être décryptés sur un mode agonal autant qu'irénique. Quant à l'approbation (un peu trop)

14 « *It would be right* », « *it is assuredly right* », « *it must be right* », « *it is right* » : de l'incertitude à la quasi-certitude (le dernier énoncé est précédé de « *I believe* »), la modalité épistémique conforte le degré de probabilité de vérification de la proposition.

15 « *But progress has not been fast enough to meet our needs* ».

appuyée du gouverneur (« *emphatically* », « *unreservedly* »), elle a pour fonction de rappeler au chancelier que son soutien lui est indispensable.

Carney lui aussi multiplie les FFA [17], par des allusions fréquentes au chancelier à qui il doit sa nomination, un salaire revalorisé et une mission de plus accordée à la BoE, à la surprise générale, en 2015 (la BoE bénéficiant déjà de pouvoirs élargis depuis 2013). On relève un seul adverbe d'intensité (« *wholeheartedly* ») dans l'extrait ci-dessous mais la primeur des annonces revient au chancelier : le gouverneur ne s'en fait que l'« écho », se « joint » à lui, « applaudit », « accueille » de nouvelles mesures… l'enjeu est la répartition des rôles, ou du moins le spectacle qui en est donné à Mansion House :

> [17] **I would like to join the Chancellor** in paying tribute to two individuals […]. **I would like to echo the Chancellor** by thanking Charlie […] **I welcome the Chancellor's** announcement tonight of measures to increase housing supply […]. In this regard, **I applaud the Chancellor's** intention to grant the FPC additional directive powers. […] **I also welcome the Chancellor's** commitment to adjust the help to buy mortgage guarantee scheme to comply in full with any FPC actions. […] But **as the Chancellor stressed tonight**, we must do more. […] That is why **I welcome wholeheartedly** the Fair and Effective Markets Review announced tonight by the **Chancellor.** […] Some can be delivered, **as the Chancellor announced**, by bringing more activities within the scope of regulation (Carney GOV 2014).

L'éthos professionnel et mesuré de cet ancien de la banque d'investissement Goldman Sachs, dont la réserve est légendaire (Ruddick 2016), se traduit discursivement par une absence de débordement (valorisant ou hostile) dans le choix des mots mais les références multiples au chancelier sont l'expression d'une certaine prudence, peut-être même d'une méfiance réciproque.

À première vue, ces variétés de FFA dépendent fortement des locuteurs, mais la clé de leur répartition avant et après 1997 est peut-être plutôt à chercher dans le fonctionnement même du système de politesse, à savoir la gestion des faces. Le bilan diachronique de ce fonctionnement pointe en effet vers une transition de l'implicite vers ce que Kerbrat-Orecchioni (2010) nomme la « polirudesse ».

Conclusion

À une époque où la communauté de la City est peu ouverte sur l'extérieur, les règles de la politesse requièrent un décodage pour un public non averti, le non-dit occupant une part importante des conventions. Parmi ses manifestations formelles, l'extraposition et l'indétermination de l'origine agentive caractérisent la première période de notre sous-corpus, dont le dernier discours cité est prononcé en 1985. Une mise en garde plus directe, le questionnement ouvert et l'humour sont davantage sollicités à partir de 1997. Le Big Bang met un terme à l'amateurisme du gentleman et conduit à l'avènement de la polirudesse, qui coïncide également avec l'indépendance de la BoE, une plus grande médiatisation du banquet, l'essor des réseaux sociaux et la mondialisation des flux financiers. Les médias sont alors prompts à décrypter les échanges de Mansion House en termes d'injonction[16].

La politesse partage de nombreux traits avec l'implicite, l'euphémisme ou le *hedging* : on peut dire qu'elle les regroupe en un système cohérent d'actes valorisants ou menaçants plus ou moins atténués, et ajustés pour atteindre un équilibre que sous-tend le désir mutuel de préservation des faces. En politique monétaire en particulier, la crédibilité des locuteurs (Resche 2010 : 159) repose sur cet équilibre précaire. Dépendante de variables contextuelles et situationnelles, la politesse dépasse ici son rôle de « polissoir » (qui partage la même étymologie) ou de « lubrifiant » des relations sociales pour participer à la normalisation du fait institutionnel.

16 Parmi les impératifs relevés dans les manchettes au lendemain du discours de 2009, on retient par exemple « *Reveal your plans for putting banks back in private hands Governor tells Darling* » dans le *Times* (Webster & Jagger 2009), ou « *Put your books in order, and soon, King warns Darling* » dans le *Daily Telegraph* (Kynaston *op. cit.* 2017: 791).

Références bibliographiques

Baker, Paul, *American and British English: Divided by a Common Language?* Cambridge, Cambridge University Press, 2017.

Brown, Penelope / Levinson, Stephen, *Politeness: Some Universals in Language Usage*, Cambridge Cambridgeshire, New York, Cambridge University Press, 1987.

Cameron, David, "Prime Minister : A speech on the economy", *GOV. UK*, 17 mai 2012, disponible en ligne : <https://www.gov.uk/government/speeches/prime-minister-a-speech-on-the-economy>.

Chabanne, Jean-Charles, « Le réseau lexical de l'humour et du comique », in Nelly Feuerhahn / Françoise Sylvos (dir.), *La comédie sociale,* Paris, Presses universitaires de Vincennes, 1997, 11–30.

De Mattei Tchemako, Olivia, « Discours aux Nations Unies : Des normes pour un genre "poli" ? » Corela – *Cognition, représentation, langage*, Volume 16 (2), 2018, disponible en ligne : <https://doi.org/10.4000/corela.6956>.

Douay, Catherine, *Eléments pour une théorie de l'interlocution, Un autre regard sur la grammaire anglaise,* Rennes, PU Rennes, 2000.

Fleet, Kenneth, "Governor wants players to be gentlemen", *The Times*, 17 October1986, 23.

Furmaniak, Grégory, *La modalité dans les textes. Essai de caractérisation des propriétés textuelles des expressions du nécessaire en anglais contemporain,* Monographie en vue de l'habilitation à diriger des recherches, Université Paris-Sorbonne, 2017.

Gatinois, Claire, « Les CDO, ces titres obscurs au cœur de la crise financière », *Le Monde*, 28 avril 2010, disponible en ligne : <https://www.lemonde.fr/economie/article/2010/04/28/les-cdo-ces-titres-obscurs-au-c-ur-de-la-crise financiere_1343973_3234.html>.

Goffman, Erving, *The Presentation of Self in Everyday Life*, London, Penguin, 1990.

Grice, Paul, *Studies in the Way of Words.* Cambridge, Harvard University Press, 1991.

Harris, Laurence, *Contribution à l'étude des discours spécialisés : Décryptage de l'allocution annuel du gouverneur de la Banque d'Angleterre à Mansion House (1946–2016)*, Thèse de doctorat, Université Paris Nanterre, soutenue le 16 novembre 2016.

Inman, Phillip, "Black Wednesday 20 years on: How the day unfolded", *The Guardian*, 13 September 2012 : <http://www.theguardian.com/business/2012/sep/13/black-wednesday-20-years-pound-erm>.

Jobert, Manuel, « L'impolitesse linguistique : vers un nouveau paradigme de recherche ? » *Lexis, Journal in English Lexicology*, HS 2, 2010, disponible en ligne : <https://lexis.revues.org/777>.

Kerbrat-Orecchioni, Catherine, *Les interactions verbales*, Paris, Armand Colin, 1998.

Kerbrat-Orecchioni, Catherine, « L'impolitesse en interaction », *Lexis. Journal in English Lexicology*, HS 2, 2010, disponible en ligne : <https://lexis.revues.org/796>.

Krieg-Planque, Alice, « Construire et déconstruire l'autorité en discours. Le figement discursif et sa subversion ». *Mots. Les langages du politique* 107, 2015, 115–132, disponible en ligne : <https://doi.org/10.4000/mots.21926>.

Kynaston, David, *Till Time's Last Sand: A History of the Bank of England 1694–2013*, London, New York, Bloomsbury Publishing, 2017.

McSmith, Andy, Project Fear had reason on its side, but anti-experts caught public mood, *The Independent*, 24 Juin 2016, disponible en ligne :
<http://www.independent.co.uk/news/uk/politics/brexit-project-fear-had-reason-on-its-side-but-anti-experts-caught-public-mood-a7101841.html>.

O'Grady, Sean, Mervyn King: At the top of his game, *The Independent*, 28 Mars 2009, disponible en ligne : <http://www.independent.co.uk/news/people/profiles/mervyn-king-at-the-top-of-his-game-1656065.html>

Pic, Elsa / Furmaniak, Gregory, A study of epistemic modality in academic and popularised discourse: The case of possibility adverbs perhaps, maybe and possibly. *Revista de lenguas para fines específicos*, *18*, 2015. <https://ojsspdc.ulpgc.es/ojs/index.php/LFE/article/view/35>

Ruddick, Graham, "Goldman Sachs: In the headlines despite its renowned discretion". *The Guardian*, 26 Octobre 2016, disponible en ligne : <https://www.theguardian.com/business/2016/oct/26/goldman-sachs-theresa-may-leaked-speech-brexit-warning>

Van der Yeught, Michel, *L'anglais de la bourse et de la finance : description et recherche*, Paris, Ophrys, 2012.

Webster, Philip / Jagger, Suzy, Reveal your plans for putting banks back in private hands, Governor tells Darling, *The Times Digital Archive*, 69665 (8) 18 juin 2009.

Chiara Preite

Le travail de figuration dans les arrêts de la Cour de Cassation française

Abstract : Cette étude adapte le cadre théorique du *facework*, comprenant la politesse linguistique négative et positive ainsi que les notions de déférence et de respect, à un corpus d'arrêts rendus par la Chambre Criminelle de la Cour de Cassation. Malgré leur structure monologique et la dépersonnalisation obtenue par le biais de la non-personne, les arrêts montrent une organisation énonciative hétérogène et interdiscursive qui justifie la recherche des manifestations du « *face work* ». Il ressort de cette étude que les juges ont recours à des stratégies linguistiques particulières. D'une part, il leur faut préserver leur autorité et leur crédibilité ; d'autre part, ils doivent ménager les faces positives et négatives des juridictions ayant statué au premier et au deuxième degré, ainsi que celles des parties en cause, tout en accomplissant des actes menaçants pour leurs faces.

Mots-clés : *Arrêts, Cour de Cassation, politesse linguistique, travail de figuration, déférence, respect.*

Introduction

Dans cette étude nous adoptons une approche interdisciplinaire qui fait appel à la fois à l'analyse des interactions verbales et à l'étude du genre discursif de la décision de justice[1], notamment de l'arrêt rendu par la Cour de Cassation française. Nous adaptons à l'étude de ce genre judiciaire écrit[2]

1 Pour une description des caractéristiques du discours judiciaire voir, entre autres, Cabasino (1986), Cornu (2005) et Schroeder (2007).

2 Le discours juridique est traditionnellement subdivisé en trois catégories qui recoupent les typologies textuelles du droit. Les lois et les règlements de tout niveau appartiennent à la catégorie du discours *législatif*, la jurisprudence représente le discours *judiciaire* et les discours interprétatifs et de commentaire

les cadres théoriques dans lesquels se déploient les différents aspects du travail de figuration (« *facework* », cf. Goffmann, 1974) – terme que nous interprétons comme la désignation d'une macro-stratégie rhétorique comprenant à la fois les concepts de respect et de déférence, considérés comme des marques de distance sociale (Haugh 2010), et la politesse linguistique, entendue comme un moyen de régulation de la relation interpersonnelle, qu'elle soit de type négatif, à savoir apte à compenser les menaces formulées envers les faces des interlocuteurs (Brown & Levinson 1987) ou positive, à savoir attachée à la production d'actes « anti-menaçants » (Kerbrat-Orecchioni 1992). Rappelons aussi que dans toute interaction, ce sont au moins quatre *faces* qui se trouvent en présence et qui doivent, par conséquent, être ménagées et préservées : les faces négatives du locuteur et de l'allocutaire, qui correspondent « au territoire corporel, intime du moi » ; les faces positives du locuteur et de l'allocutaire qui correspondent « au narcissisme, et à l'ensemble des images valorisantes que les interlocuteurs construisent et tentent d'imposer d'eux-mêmes dans l'interaction » (Kerbrat-Orecchioni 1992 : 167–168).

Ce rapprochement notionnel trouve sa caution chez Nieves Hernández Flores (2013) selon qui, dans la lignée de nombreux auteurs[3], la politesse linguistique fait partie du « *face work* » entendu comme un ensemble de stratégies et de rituels visant le « *face want* », c'est-à-dire le désir de préserver la face des menaces éventuelles non seulement par des manifestations de politesse positive ou négative, mais aussi par d'autres activités liées à la protection de l'image. De plus, selon Catherine Kerbrat-Orecchioni (2002), la face est impliquée dans tous les échanges, qu'il s'agisse ou non d'exprimer la déférence.

---

correspondent à la *doctrine* (cf. Gémar, 1981 ; Cornu 2005 ; Bocquet 2008). Rappelons également que le terme *arrêt* est, avec *jugement*, l'hyponyme de *décision en justice*. Cependant, si le jugement est réservé aux décisions nationales de première instance, l'arrêt est réservé aux décisions des Cours supérieures et internationales.

3 La discussion est ouverte autour des théories et des applications qui dérivent des notions goffmaniennes de « *face* » et de « *facework* » : pour en savoir plus sur les développements actuels et les nouvelles propositions, voir Hernández Flores (2013).

L'étude des réalisations du travail de figuration permettra donc de détecter les différentes stratégies (socio)linguistiques auxquelles les juges de la Cour de Cassation ont recours afin d'atteindre un double objectif. D'une part, ils cherchent à préserver l'autorité, la crédibilité et l'impartialité de la juridiction qui statue en maintenant un cadre de déférence et de respect ; d'autre part, ils ont à cœur de ménager les faces positives et négatives de la Cour de Cassation elle-même, des autres juridictions qui ont statué au premier et au deuxième degré, des parties en cause et de leurs représentants, aussi bien par des stratégies de politesse positive que de politesse négative. Afin de compenser les actes menaçants envers les faces des destinataires, comme par exemple, l'expression du désaccord, de la critique, de l'interdiction, etc., les juges peuvent éventuellement s'appuyer sur des procédés substitutifs ou d'accompagnement.

Le corpus sur lequel cette étude s'appuie se compose de 40 arrêts rendus notamment par la Chambre Criminelle de la Cour de Cassation, de janvier à décembre 2015[4]. Nous avons choisi de ne pas sélectionner les décisions en fonction de critères thématiques, à cause de leur grande variété, ni en fonction de la procédure[5], car une lecture générale ne montrait pas de différences significatives. Précisons enfin que le choix de la Chambre Criminelle parmi les autres Chambres[6] découle de son unicité et de l'hypothèse que ses compétences (procédure pénale et infractions pénales comme les crimes, les délits et les contraventions) étaient susceptibles de présenter davantage d'éléments de *face work*.

---

4 Cette étude s'inscrit dans le cadre d'une recherche touchant plusieurs aspects des arrêts en question, commencée en 2016 et donc fondée sur l'année 2015. Puisque aucun changement majeur n'est intervenu depuis, le corpus reste pertinent. Les arrêts peuvent être consultés en ligne à l'adresse suivante : <https://www.courdecassation.fr/jurisprudence_2/chambre_criminelle_578/>.

5 La Cour de Cassation peut statuer de 4 manières, elle peut : confirmer la décision de première instance et d'appel, et rejeter le pourvoi de la partie en cause qui succombe ; confirmer la décision de première instance, et réfuter la décision d'appel; réfuter la décision de première instance, et accepter, et confirmer la décision d'appel ; réfuter à la fois la décision de première instance et d'appel, donnant lieu à un revirement en justice.

6 La Cour de Cassation se compose de six Chambres : trois chambres civiles, auxquelles s'ajoutent une chambre commerciale, économique et financière, une chambre sociale et une chambre criminelle.

L'étude qualitative est fondée sur une lecture intégrale des arrêts retenus, à la recherche d'éléments qui pourraient exprimer le travail de figuration de la Cour : la variété et l'imprévisibilité des formes employées ne permettent pas d'effectuer une recherche outillée. Notre objectif est de montrer que la théorie du *face work* se révèle opératoire non seulement dans le cadre des échanges en vis-à-vis, mais aussi dans un discours qui ne prend pas la forme d'une interaction, comme celui qui est représenté par notre corpus. Cette affirmation nécessite une explication, car il peut sembler délicat de passer le corpus d'arrêts au crible des théories interactionnistes et énonciatives.

1 Arrêts, énonciation et interaction

D'autres recherches croisant politesse et domaine juridique ont été menées, essentiellement en milieu anglophone[7] mais ne concernent que l'interaction verbale qui se déroule au Tribunal entre juges, avocats et justiciables (cf. entre autres, Lakoff 1989 ; Penman 1990 ; Harris 2011 ; Archer 2011), alors que nous étudions l'arrêt pour montrer que le *face work* trouve aussi légitimement sa place dans un genre non interactionnel et non dialogal. Une approche partiellement semblable a été déjà appliquée aux arrêts (en français) de la Cour de Justice de l'Union Européenne (Preite 2007) et aux arrêts de la *House of Lords* et de la *U.S. Supreme Court* (Kurzon 2001), dans ce dernier cas uniquement pour ce qui est du cadre théorique de la politesse linguistique de Penelope Brown et Stephen C. Levinson (1987).

Comme le précise C. Kerbrat-Orecchioni (1990 : 17), l'exercice de la parole implique une interaction : en effet, dans tout échange, « les différents participants [...] exercent les uns sur les autres un réseau d'influences mutuelles ».

---

7 Exception faite, à notre connaissance, pour Gallez (2015) et Bernal (2009), qui ont étudié respectivement le rôle de l'interprétation judiciaire en France et l'interaction dans le contexte du procès en Espagne.

Nous proposons de considérer le discours écrit des arrêts de la Cour de Cassation comme une forme d'échange, une interaction indirecte et à distance entre un *nous* (la Cour de Cassation, à savoir le locuteur) et un *vous* (les parties en cause et les autres juridictions, à savoir les allocutaires), qui ne s'exprime que par la non-personne (Benveniste 1966) omniprésente. Il s'agit d'un plan d'énonciation que Jean-Michel Adam (2017 : 23) considère comme typique du discours logique, théorique-scientifique, et dans lequel « la référence cesse d'être situationnelle pour porter sur le texte lui-même et l'interdiscours ».

La transposition de la rédaction des décisions de justice à la non-personne, qui par ailleurs n'efface pas la responsabilité énonciative des juges, est typique des institutions judiciaires françaises, et s'oppose, par exemple, à la construction ouvertement subjective et personnelle que l'on retrouve dans les arrêts anglais et américains (MacCormick 1978 ; Kurzon 2001). Ce choix ne rend pas les arrêts moins dialogiques[8] : en effet, ils sont ponctués par le recours à l'hétérogénéité énonciative montrée et constitutive (Authier 1984, 1985). Par le discours rapporté au style direct et indirect, l'argumentation des juges se greffe sur les voix d'autres instances énonciatives et des textes de Loi : de ce fait, l'arrêt s'avère être intrinsèquement dialogique et interdiscursif (Cabasino 1986 ; Preite 2005).

De plus, l'influence mutuelle des « interactants » est évidente, non seulement à cause de l'entrelacement des voix des instances énonciatives, mais aussi en raison de la finalité argumentative (qui caractérise les motifs) et performative (qui caractérise le dispositif) de l'arrêt, les deux étant orientées vers les allocutaires de la Cour de Cassation.

Dès lors, l'application aux arrêts du cadre du travail de figuration (au sens large, comme nous l'avons annoncé) nous paraît envisageable.

8 À l'instar de Kerbrat-Orecchioni (1994 : 13–17), il est possible d'affirmer que le discours argumentatif est toujours dialogique, à savoir pris dans une dialogisation externe, en ce qu'il s'adresse à autrui, sans assumer nécessairement une forme dialogale.

2 Non-personne, déférence et respect dans les arrêts

L'exclusivité de la non-personne dans les arrêts participe, selon nous, au *face work*, par le maintien d'une stabilité dans les relations sociales et interpersonnelles et crée une distanciation entre le locuteur, le texte et les allocutaires, notamment parce que la Cour de Cassation réfère également à elle-même par ce procédé. Elle n'utilise jamais la première personne, en s'excluant apparemment de l'échange linguistique, tout en demeurant le seul locuteur de l'arrêt. Elle choisit ses mots et s'approprie également le droit, ainsi que la responsabilité, de choisir les mots d'autrui à rapporter dans cet échange communicatif transposé. Dès lors, la non-personne est investie d'une valeur de subjectivité prédicative et les allocutaires sont à leur tour impliqués, d'un côté, par la visée argumentative exprimée dans la motivation de l'arrêt et, de l'autre côté, par la fonction performative du dispositif qui les soumet à la décision rendue. La formulation indirecte de ce double investissement contribue à la création d'une atmosphère de déférence à l'égard de l'autorité.

Il s'agit, dans ce cas, d'une autorité établie au préalable[9] et attribuée à l'institution en tant que détentrice du pouvoir d'appliquer le droit en dernier ressort. Précisons que nous considérons la déférence dans le sens proposé par Ron Scollon & Suzanne Wong Scollon (2001)[10], à savoir une expression de politesse qui marque la distance sociale dans

9 Il nous semble possible de parler d'un éthos « préalable » ou « prédiscursif » (Amossy 2000 : 70–72), qui ne dépend pas de la construction d'une image valorisante d'eux-mêmes que les juges pourraient mettre en place dans les arrêts, mais du statut institutionnel que la Cour de Cassation revêt dans la société française.

10 Et non dans la perspective de Brown & Levinson (1987) selon qui la déférence est une stratégie de politesse négative, apte à ne pas léser la face négative du destinataire. Cette perspective repose sur une conceptualisation hiérarchique de la déférence comprise comme « *the expression of respect for and social distance from people of higher status, where status is assumed to be fixed prior to the relationship [towards] some persons that are more highly ranked in some kind of hierarchical scale* » (Haugh, 2010 : 271–272). Cf. aussi Kerbrat-Orecchioni (2002).

un rapport entre personnes ayant (presque) le même statut social[11], c'est-à-dire les trois instances judiciaires en jeu.

La déférence s'accompagne également du respect envers les parties en cause. En effet, dans le contexte de cet échange, les juges sont investis d'une fonction sociale et institutionnelle. La Cour de Cassation détient le pouvoir (et le devoir) octroyé par l'État de statuer sur le droit appliqué pour la résolution d'un litige (non pas sur les faits), et les parties convenues ne peuvent pas se soustraire à sa décision. L'obligation faite aux justiciables, en tant que « dominés institutionnels » (Kerbrat-Orecchioni 1992 : 73), de se soumettre à la décision de la Cour et de respecter sa fonction judiciaire crée une relation inégalitaire et hiérarchique, qui ne diminue pourtant pas le respect qui leur est porté par la Cour elle-même (en termes de respect pour les normes sociales de politesse). Inversement, les parties en cause expriment leur confiance et leur respect envers la juridiction sur la décision prise par ses représentants : cela contribue en retour au régime de déférence, maintenu également par la Cour de Cassation à l'égard des autres juridictions impliquées.

S'il est vrai, comme l'affirme Michael Haugh (2010), que l'expression de la déférence, entendue comme respect social, n'implique pas nécessairement la politesse, entendue comme promotion de la coopération, et que les deux phénomènes sont le plus souvent distincts, néanmoins ces concepts se superposent dans la mise en jeu des faces et, selon nous, dans l'emploi exclusif de la non-personne. Cela nous permet, malgré les différences entre ces deux concepts (Haugh 2010), de rapprocher opératoirement les manifestations de la déférence et de la politesse linguistique, dans un jeu qui intègre le désir de protéger sa face et de ménager celle d'autrui.

---

11 « *[P]articipants are considered to be equals or near equals but treat each other at a distance* » (Scollon & Scollon, 2001 : 54).

3 La politesse linguistique dans les arrêts

Le travail de figuration se réalise également par la gestion des faces positives et négatives de la Cour de Cassation elle-même, des juridictions en premier et en deuxième degré, des parties en cause et de leurs représentants. À cet effet, les stratégies de la politesse linguistique positive et négative peuvent entrer en jeu, bien qu'à des degrés divers.

3.1 La politesse positive

Convaincue que le modèle de la politesse de P. Brown & S. Levinson (1987) était trop centré sur la notion d'acte de langage menaçant et sur une politesse de type négatif, Kerbrat-Orecchioni (1992) a greffé sur leur noyau théorique, à partir du concept de « *Face Threatening Act* » (cf. *infra*), le concept d'*anti-FTA* ou « *Face Flattering Act* » (FFA), en élargissant le champ à une politesse positive et valorisante. Le traitement réservé aux parties en cause[12], qui reste identique tout au long de l'arrêt par l'emploi d'un registre neutre et impartial, nous semble conférer au texte un ton déférent, empreint de politesse et capable de compenser les menaces intrinsèques de ce genre textuel, qui soumet ses interlocuteurs et statue sur la justesse d'une décision précédente.

Bien que la Cour de Cassation ne fasse pas de compliments ou de louanges aux juridictions précédentes (et surtout pas aux parties en cause), certaines expressions peuvent être considérées comme la verbalisation explicite – donc comme un cas de production de FFAs attribuables à la politesse positive – de son accord avec une décision précédente, soit-elle prise au premier degré [1] ou, plus fréquemment, au deuxième degré ([2] à [5]) :

> [1] Attendu que, pour confirmer le jugement entrepris, l'arrêt énonce que le travail accompli le dimanche 4 juillet 2010 ayant été récupéré par l'octroi, le 14 juillet, d'un repos compensateur équivalent en temps, **c'est à juste titre que le**

12 Selon le principe de la présomption d'innocence, bien qu'il s'agisse généralement d'une présumée « victime » et d'un présumé « coupable », les juges doivent préserver leur impartialité jusqu'à la fin du procès.

tribunal a jugé que les heures ainsi travaillées avaient été rémunérées une première fois à 100% au titre du salaire de base mensualisé, puis une seconde fois à 150% au titre de la majoration [...]. (4291 – 13-82.284)[13]

[2] Attendu qu'en l'état de cette appréciation souveraine, qui ne préjuge pas au fond, **la cour a justifié sa décision sans encourir les griefs allégués** au moyen ; [...]. (5699 – 14-87.234)

[3] Attendu que les énonciations de la feuille de questions et celles de la feuille de motivation mettent la Cour de cassation en mesure de s'assurer que **la cour d'assises, statuant en appel, a caractérisé les principaux éléments à charge**, résultant des débats, qui l'ont convaincue de la culpabilité de l'accusé, **et justifié sa décision, conformément aux dispositions conventionnelles** invoquées et à l'article 365-1 du code de procédure pénale ; [...]. (5699 – 14-87.234)

[4] Attendu qu'en l'état de ces énonciations, desquelles il résulte que le prévenu a, en connaissance de cause, même s'il a mésestimé la portée de ses agissements, imposé aux parties civiles, de façon répétée, des propos ou comportement à connotation sexuelle les ayant placées dans une situation intimidante, hostile ou offensante objectivement constatée, **la cour d'appel a fait l'exacte application de l'article** 222-33 du code pénal ; [...]. (5020 – 14-85.591)

[5] Attendu que les énonciations de l'arrêt attaqué mettent la Cour de cassation en mesure de s'assurer que **la cour d'appel a, sans insuffisance ni contradiction, caractérisé**, en tous ses éléments, tant matériel qu'intentionnel, **le délit de violences aggravées** dont elle a déclaré le prévenu coupable ; [...]. (4142 – 14-86.135)

Il s'ensuit, cependant, que si la Cour confirme la décision d'appel et accomplit un FFA, alors la requête de l'appelant sera rejetée, ce qui revient à la réalisation d'un acte menaçant :

[6] D'où il suit que **le moyen**, qui revient à remettre en question l'appréciation souveraine, par la cour et le jury, des faits et circonstances de la cause, ainsi que des éléments de preuve contradictoirement débattus, **ne saurait être admis** ;

Et attendu que la procédure est régulière et que la peine a été légalement appliquée aux faits déclarés constants par la cour et le jury ;

Par ces motifs :

REJETTE le pourvoi ; [...]. (5699 – 14-87. 234)

---

13 Dans les exemples, c'est nous qui soulignons les éléments qui nous intéressent ici.

Cette remarque nous invite à analyser les cas de politesse négative et de menaces pour les faces en jeu.

3.2 La politesse négative

Comme nous l'avons déjà rappelé, selon le modèle de Brown et Levinson (1987), dans une interaction, chaque interlocuteur met en jeu deux faces : une face positive, qui correspond à une façade sociale, à une image valorisante qu'il se construit et tente d'imposer aux allocutaires, et une face négative, qui correspond aux territoires du moi, à la sphère intime. Par conséquent, dans chaque interaction il y a au moins quatre faces en présence, qui doivent être ménagées et préservées d'éventuelles menaces constituées par certains actes de langage. Or, considérant que, dans toute interaction, la plupart des actes de langage que l'on accomplit risquent de représenter une menace pour l'une des faces en présence, les interlocuteurs devraient avoir constamment recours au travail de figuration, y compris à des stratégies de politesse, afin de ménager l'harmonie sociale, en évitant de faire perdre la face à l'interlocuteur ou de perdre sa propre face.

La meilleure manière d'être poli serait d'éviter tout acte menaçant ; toutefois, le travail de la Cour de Cassation est de trancher un litige en établissant la vérité juridique en faveur de l'une des parties en cause et en décidant de la justesse d'une décision précédente, comme nous l'avons déjà précisé. Il s'ensuit que toutes les variantes de décision[14] impliquent inévitablement des menaces au détriment de quelqu'un (juridictions et/ou parties en cause) et la question est de savoir si leur portée est, en quelque sorte, amoindrie.

Avant de rechercher les menaces exprimées par la Cour de Cassation et d'en étudier la formulation ainsi que les destinataires visés, il faut noter que le fait même de rédiger systématiquement les arrêts à la non-personne (voir section 2), à savoir de produire des menaces de manière indirecte et dépersonnalisée, peut être considéré comme une stratégie compensatoire et une marque de déférence, donc comme une stratégie de politesse.

---

14 Cf. note 6.

3.2.1 L'unanimité

Une comparaison avec certaines caractéristiques des arrêts de la *Common Law* (cf. Kurzon, 2011) nous permet de mettre en exergue quelques traits rédactionnels de la tradition juridique et culturelle du Droit Civil, en général, et de la Cour de Cassation, en particulier. En effet, à la différence de la *Common Law*, le Droit Civil n'admet que des arrêts rendus à l'unanimité (MacCormick, 1978)[15].

La décision française est présentée comme unanime, même lorsque les membres d'une Chambre ont évoqué des points de vue opposés pour arriver à une solution finale. Aucune mention n'est faite de raisonnements rivaux, de débats internes ou de voix discordantes. Il en découle qu'aucun acte menaçant pour la face positive et négative de l'énonciateur (à savoir la Cour de Cassation elle-même où l'un de ses membres[16]) n'est réalisé.

La seule exception envisageable serait l'acceptation de l'engagement à statuer (l'engagement étant une menace pour la face négative de celui qui l'accomplit), qui n'est pas verbalisé explicitement mais qui ne peut pas être refusé, sous peine de déni de justice.

---

15 Comme le souligne MacCormick (1978 : 168) l'arrêt de la Cour de Cassation française « se présente comme une série de phrases concises et impersonnelles, qui semblent mener à une conclusion déduite d'un article de l'un des codes de Loi, auquel s'ajoute l'éclairage des faits établis par le tribunal de première instance. Les motifs sont les motifs de l'ensemble de la Cour : ils ne sont pas attribués individuellement à l'un de ses membres. Le processus est celui d'une interprétation authentique et faisant autorité ; la conclusion spécifique semble découler d'une simple inférence déductive lorsque l'on ajoute les faits établis comme prémisse mineure » (notre traduction). En revanche, l'arrêt de la *Common Law*, par exemple celui de la *Supreme Court* (*House of Lords*) : « n'est pas concis, mais plein de détours ; il n'est pas impersonnel et collectif, mais idiosyncratique et individualiste ; les conclusions de la majorité des juges sont effectivement la décision de la Chambre, mais les motifs, les raisons justifiant la conclusion, peuvent être aussi variés que les personnalités des différents juges » (notre traduction) (MacCormick, 1978 : 168).

16 En revanche, dans les arrêts étudiés par Kurzon (2011) un désaccord avec les membres de la même Cour (« *disagreement with colleagues on bench* ») est souvent explicité.

3.2.2 Menaces pour la face positive et négative des allocutaires

Il reste à détecter l'accomplissement d'actes menaçants pour les faces positives[17] et négatives des allocutaires et à vérifier s'ils sont accompagnés de stratégies d'atténuation.

Relevons d'abord les menaces pour la face positive des multiples allocutaires : les juridictions qui ont statué au premier ([7] et [8]) et au deuxième degré ([9] et [10]), les parties en cause et leurs représentants ([11] à [13]).

> [7] Mais attendu qu'en retenant que n'était pas établi un lien de causalité certain entre les faits reprochés aux intéressés et les dommages subis et en annulant les mises en examen à défaut d'une telle certitude, [...], **la chambre de l'instruction a méconnu** le texte susvisé et le principe ci-dessus rappelé [...]. (6246 – 15-83.153)
>
> [8] Attendu que si **c'est à tort que la chambre de l'instruction a statué sur la demande du mis en examen**, en annulation d'actes de l'information, concernant l'irrecevabilité alléguée de la constitution de partie civile, l'arrêt n'encourt cependant pas la censure, dès lors que cette exception devait être soumise au juge d'instruction afin qu'il statue par ordonnance susceptible d'appel ; [...]. (6246 – 15-83.153)
>
> [9] Attendu que, si **c'est à tort que la cour d'appel relève** que la contrainte pénale ne peut sanctionner que les infractions commises à partir de l'entrée en vigueur de l'article 131-4-1 nouveau du code pénal [...], l'arrêt n'encourt pas pour autant la censure, une peine d'emprisonnement sans sursis n'ayant pas été prononcée ; [...]. (1984 – 15-80.858)
>
> [10] Mais attendu qu'en prononçant ainsi, sans caractériser la nécessité de ladite peine, ni l'inadéquation de toute autre sanction, **la cour d'appel a méconnu le texte susvisé** et le principe ci-dessus énoncé ; [...]. (5705 – 14-85.900)
>
> [11] [...] que Me Y... et Me Z... **ne sont donc pas fondés à prétendre** que le droit de M. X... à bénéficier de l'assistance d'un défenseur de son choix durant son procès n'est pas respecté. (2623 – 14-84.221)
>
> [12] [...] qu'en l'espèce, il apparaît que le procès-verbal du [...] 2013, en faisant référence à une opération de géolocalisation d'une autre procédure, [...], ne

17 Certains procédés menaçants pour la face positive tels que l'insulte, l'injure, l'ironie, le sarcasme, la moquerie, etc. sont absents *a priori* des arrêts, car le langage juridique se veut sérieux et froid (cf. Cornu 2005).

contient pas, **contrairement à ce qui est soutenu par le requérant**, d'éléments irrégulièrement obtenus. (3647 – 15-81.731)

[13] Attendu que **le prévenu**, qui s'est abstenu de déposer, avant la clôture de l'information, une requête en nullité visant la transcription des communications téléphoniques interceptées par les policiers, **est irrecevable**, en application de l'article 175 du code de procédure pénale, **à contester la régularité de ces pièces devant la juridiction de jugement** ;
D'où il suit que le moyen ne saurait être accueilli ; [...]. (5705 – 14-85.900)

Plus rarement, il est possible de relever dans les textes du corpus des menaces prononcées par une partie en cause à l'égard de la juridiction du premier degré [14], de la Cour d'Appel [15] ou des avocats [16]. Il s'agit de critiques que les parties avancent pour tenter d'obtenir une réfutation des décisions antérieures. Il va de soi que ces menaces ne sont rapportées que de manière indirecte par la Cour de Cassation, puisqu'elle est seule à s'exprimer dans l'arrêt.

[14] Attendu que **le moyen**, nouveau en ce qu'il **revient** en réalité **à reprocher à la chambre de l'instruction** de n'avoir pas ordonné la production de l'intégralité des procédures d'où étaient issues les pièces litigieuses, mélangé de fait et de droit, et **comme tel irrecevable**, ne saurait être accueilli. (3647 – 15-81.731)

[15] [...] alors que l'obligation faite à **l'avocat commis d'office** de faire approuver les motifs de son refus d'acceptation par l'autorité qui l'a désigné procède de dispositions civiles impropres à justifier la compétence exclusive et discrétionnaire du président de la cour d'assises, [...] que le refus d'acceptation par Me B. de la commission d'office litigieuse **dont il critiquait le bien fondé**, formait en l'espèce la matière d'un incident contentieux relevant de la compétence de la cour [...] (2623 – 14-84.221)

[16] Attendu qu'en l'état de cette appréciation souveraine, qui ne préjuge pas au fond, la cour a justifié sa décision sans encourir **les griefs allégués au moyen** ; [...] (5699 – 14-87.234)

Les exemples cités montrent que les menaces formulées se limitent toujours à des critiques concernant l'application considérée erronée d'une loi et à la réfutation de l'interprétation proposée.

Il convient aussi de remarquer l'absence d'expressions de mitigation[18], exception faite pour la rédaction indirecte et impersonnelle déjà mentionnée. La situation énonciative institutionnelle ne les exige pas : les menaces sont directes et sans atténuation, parce que la Cour de Cassation n'a pas à présenter des excuses pour sa quête de la vérité juridique même si elle se fait au détriment des parties et/ou des juridictions qui ont statué antérieurement.

Passons maintenant à la recherche de menaces émanant de la Cour envers la face négative des allocutaires : ordres et interdictions représentent le noyau dur et ritualisé du travail judiciaire. La réalisation la plus évidente et constante de ce type de menace réside dans le dispositif final de l'arrêt et consiste en l'obligation de se soumettre au verdict et aux peines établies.

En cas de rejet de l'appel, la Cour de Cassation ne décide pas de peines, mais elle confirme celles qui ont été appliquées par la Cour d'Appel. L'ordre implicite est celui d'obliger le condamné à s'y soumettre :

> [17] Et attendu que la procédure est régulière et que **la peine a été légalement appliquée** aux faits déclarés constants par la cour et le jury ;
> Par ces motifs :
> REJETTE le pourvoi. (5699 – 14-87.234)

En cas d'annulation de l'arrêt précédent, la Cour de Cassation ordonne qu'une autre Cour délibère :

> [18] Par ces motifs :
> **CASSE et ANNULE l'arrêt susvisé de la cour d'appel de Nancy**, en date du 22 juillet 2014, mais en ses seules dispositions ayant relaxé M. X… des fins de la poursuite du chef de traite des êtres humains à l'égard de V. Z…, ainsi que sur les peines prononcées à l'encontre de M. X… et M. Y…, toutes autres dispositions étant expressément maintenues ;
> Et pour qu'il soit à nouveau statué, conformément à la loi, dans les limites de la cassation ainsi prononcée,
> RENVOIE la cause et les parties devant la cour d'appel de Colmar, à ce désignée par délibération spéciale prise en chambre du conseil ; […]. (5705 – 14-85.900)

---

18 Il s'agit d'une autre différence par rapport aux arrêts de la *Common Law*, où il est possible de trouver des mitigations comme : « in *respectful* disagreement » (*House of Lords*, arrêt uksc-2014-0047) ; « *I regret that I cannot* agree » (*House of Lords*, arrêt uksc-2013-0057), etc.

Les ordres et les interdictions se réalisent aussi en accord avec la normativité intrinsèque au discours juridique et judiciaire (Preite 2012), laquelle s'exprime, entre autres, par la modalité déontique (Ray, 1994 [1926]) – notamment par l'expression de l'obligation ([19] à [22]) et, moins fréquemment, de l'interdiction ([23] et [24]). Cette normativité n'est pas atténuée non plus, pour les mêmes raisons.

> [19] Attendu que tout jugement ou arrêt **doit comporter** les motifs propres à justifier la décision ; que l'insuffisance ou la contradiction des motifs équivaut à leur absence ; [...]. (5705 – 14-85.900)
>
> [20] Attendu que, pour annuler la mise en examen de MM. Z..., J..., Mme L..., MM. C..., K..., Y..., B..., D..., E..., [...], **il faut constater** un lien de causalité certain entre les fautes reprochées au mis en examen et le dommage ; [...]. (1988 – 14-85.335)
>
> [21] [...] qu'**il incombe** à l'accusation d'établir la réalité du risque ; [...]. (7479 – 12-86.653)
>
> [22] [...] que l'article 223-1 du code pénal **dispose** que le fait d'exposer directement autrui à un risque immédiat de mort ou de blessures [...] est puni d'un an d'emprisonnement et 15 000 euros d'amende ; [...]. (7479 – 12-86.653)
>
> [23] Mais attendu que ces mentions **ne permettent pas** à la Cour de cassation de s'assurer que le principe ci-dessus rappelé a été respecté ; [...]. (4295 – 15-81.032)
>
> [24] [...] que le grief invoqué **ne doit pas tenir** seulement dans le fait que le texte de loi n'aurait pas été respecté, tout manquement à la loi ferait alors nécessairement grief, [...]. (3647 – 15-81.731)

Conclusion

Au terme de cette étude limitée au fonctionnement du travail de figuration, pris au sens large, dans un genre discursif spécialisé déterminé, c'est-à-dire l'arrêt de la Cour de Cassation française qui se charge de mettre fin à un conflit par une résolution définitive, nous souhaiterions rappeler certains points. Comme nous l'avons montré, dans la rédaction de son arrêt, la Cour de Cassation ménage ses propres faces positives et négatives afin de préserver son autorité et sa crédibilité par le maintien d'un cadre empreint de déférence. La déférence se manifeste également à l'égard des juges des juridictions antérieures qui ont délibéré, et va de pair avec le respect envers les parties en cause et leurs représentants.

Ce premier objectif positif de gestion des faces est atteint en passant sous silence tout débat interne, ce qui conduit à l'expression d'une décision unanime, dans le cadre d'un arrêt formulé entièrement de manière indirecte et impersonnelle. Déférence et respect renforcent la distanciation et l'autorité de l'institution présentée comme un tout uni, et mettent en relief la réalisation de quelques FFAs (relevant de la politesse positive) à l'égard des juges des juridictions impliquées antérieurement, qui expriment l'accord avec la décision prise ou l'interprétation proposée. Toutefois, il convient de noter que, contrairement à d'autres pays, il n'est jamais fait usage de titres honorifiques ni d'autres éléments lexicaux destinés à marquer le respect[19].

Ensuite, la Cour de Cassation se doit également de ménager les faces positives et négatives des juridictions qui ont statué au premier et au deuxième degré, des parties en cause et de leurs représentants. Pour ce faire, elle a alors recours à des stratégies de politesse. Comme nous avons pu le mettre en évidence, les juges accomplissent des actes menaçants pour les faces des allocutaires, par exemple, lorsqu'ils expriment leur désaccord, se montrent critiques, ordonnent, interdisent, etc. Puisque le rôle de la Cour est de résoudre définitivement un conflit, on pourrait s'attendre à des tentatives de mitigation des menaces. Cependant, cela n'est jamais le cas : la Cour exprime ouvertement le désaccord et la critique envers les juges des instances antérieures, aussi bien qu'envers les parties en cause. Elle ne nuance pas non plus les ordres et les interdictions exprimés dans ses verdicts.

Néanmoins, si les faces des destinataires sont menacées, il nous semble que le traitement réservé à chacune des parties en cause reste identique tout au long de l'arrêt. De plus, l'emploi systématique de la non-personne, à laquelle s'ajoute le recours aux énoncés impersonnels et passifs, atténue les actes de langage menaçants par une formulation indirecte.

---

19 À la différence des décisions de la Common Law, où il est possible de trouver des louanges telles que « the *learned* judge » (cf. Haugh 2010 ; Kurzon 2011).

Références bibliographiques

Adam, Jean-Michel, *Les textes, types et prototypes*, Paris, Nathan, 2017 (4e éd.).

Archer, Dawn, Facework and im/politeness across legal contexts: an introduction, *Journal of Politeness Research* 7, 2011, 1–19.

Authier, Jacqueline, Hétérogénéité(s) énonciative(s), *Langages* 73, 1984, 98–111.

Authier, Jacqueline, *Ces mots qui ne vont pas de soi. Boucles réflexives et non-coïncidences du dire*, Paris, Larousse, 1995.

Benveniste, Émile, *Problèmes de linguistique générale*, Paris, Gallimard, 1966.

Bernal, María, *Tipologia de la cortesia en el contexto judicial. El caso del juicio del 11-M*, in Diana Bravo / Flores Hernandez Nieves / Ariel Cordisco (dir.). Aportes pragmaticos, sociopragmaticos y socioculturales a los estudios de cortesia en espanol, Estocolmo / Buenos Aires, Dunken, 2009, 161–198.

Bocquet, Claude, 2008, *La traduction juridique. Fondement et méthodes*, Bruxelles, de Boeck, 2008.

Brown, Penelope / Levinson, Stephen C., *Politeness: Some Universals in Language Usage*, Cambridge, Cambridge University Press, 1987.

Cabasino, Francesca, Stratégies discursives dans la jurisprudence, *SILTA* 15 (1-2-3), 1986, 171–188.

Cornu, Gérard, *La linguistique juridique*, Paris, Montchrestien, 2005 (3e éd.).

Gallez, Emmanuelle, Vous voulez m'embrasser ? Impolitesse et *facework* en interprétation judiciaire, *The Interpreter's Newsletter* 20, 2015, 34–57.

Gémar, Jean-Claude, Réflexions sur le langage du droit, *Meta* 26(4), 1981, 338–349.

Goffman, Irving, *Les rites d'interaction*, Paris, Minuit, 1974.

Harris, Sandra, The limits of politeness re-visited: Courtroom discourse as a case in point, in Linguistic Politeness Research Group (dir.), *Discursive Approaches to Politeness*, Berlin, De Gruyter, 2011, 85–108.

Haugh, Michael, Respect and deference, in Miriam A. Locher / Graham L. Sage (dir.), *Interpersonal Pragmatics*, Berlin, De Gruyter, 2010, 271–288.

Hernández-Flores, Nieves, Actividad de imagen: caracterización y tipología en la interacción comunicativa, *Pragmática Sociocultural*, 1(2), 2013, 175–198.

Kerbrat-Orecchioni, Catherine, *Les interactions verbales*, vol. 1/2/3, Paris, Armand Colin, 1990/1992/1994.

Kerbrat-Orecchioni, Catherine, Politesse en deçà des Pyrénées, impolitesse au-delà : retour sur la question de l'universalité de la (théorie de la) politesse, *Marges Linguistiques* 2, 2002, 1–18.

Kurzon, Dennis, The politeness of judges: American and English judicial behavior, *Journal of Pragmatics* 33(1), 2001, 61–85.

Lakoff, Robin, The limits of politeness: therapeutic and courtroom discourse, *Multilingua* 8 (2–3), 1989, 101–129.

MacCormick, D. Neal, The Motivation of Judgments in the Common Law, in Chaïm Perelman / Paul Foriers (dir.), *La Motivation des Décisions de Justice*, Bruxelles, Bruylant, 1978, 167–194.

Penman, Robyn, Facework and politeness: Multiple goals in courtroom discourse, *Journal of language and Social Psychology* 9 (1–2), 1990, 15–39.

Preite, Chiara, *Langage du droit et linguistique. Étude de l'organisation textuelle, énonciative et argumentative des arrêts de la Cour (et du Tribunal) de Justice des Communautés européennes*, Roma, Aracne, 2005.

Preite, Chiara, La politesse linguistique dans les arrêts de la Cour de Justice des Communautés Européennes, *Synergies Italie*, numéro spécial, 2007, 94–101.

Preite, Chiara, *L'expression de la normativité dans les arrêts de la Cour de Justice des Communautés européennes : une analyse contrastive français-italien*, in Mariette Meunier / Marion Charret-Del Bove / Eliane Damette (dir.), *La traduction Juridique : points de vue didactiques et linguistiques*, Centre d'Études Linguistiques, Université de Lyon, 2012, 107–139.

Ray, Jean, *La struttura logica del codice civile francese [1926]*, in Ugo Scarpelli / Paolo Di Lucia, *Il linguaggio del diritto*, Milan, LED, 1994, 281–290.

Schroeder, François-Michel, *Le nouveau style judiciaire*, Paris, Dalloz, 2007.
Scollon, Ronald / Scollon Wong, Suzanne, *Intercultural Communication*, Oxford, Blackwell, 2001 (2e éd.).

Lucile Bordet & Denis Jamet

Les stratégies argumentatives et techniques rhétoriques dans le discours publicitaire des produits cosmétiques (français-anglais)

Abstract : Cet article aborde les techniques argumentatives de persuasion dans le discours publicitaire des cosmétiques pour hommes et pour femmes, en français et en anglais. Un corpus de 342 publicités est analysé par le prisme des stratégies linguistiques, et non linguistiques, de persuasion, afin de déterminer si des stratégies spécifiques sont mises en œuvre selon la langue ou le genre – dans le sens de sexe – du public visé. Les conclusions de l'étude montrent que ce ne sont pas tant les stratégies persuasives qui diffèrent, aussi bien au niveau de la langue qu'au niveau du genre du public visé, que les thématiques abordées (jeunesse, vieillesse, masculinité, virilité, etc.), et que ce sont ces dernières qui jouent un rôle argumentatif.

Mots-clés : discours publicitaire, cosmétiques, argumentation, persuasion, anglais et français, genre

Introduction

Le discours publicitaire est considéré par d'aucuns comme le discours persuasif par excellence (Sonesson 2013 : 7–8). Cet article, qui s'inscrit dans une perspective contrastive anglais – français, se propose d'étudier un discours publicitaire particulier, à savoir celui des produits cosmétiques pour hommes et femmes, et de dégager les stratégies de persuasion spécifiques au domaine de la beauté, selon la langue utilisée et le genre du public visé. En effet, pour Kuldip Kaur *et al.* (2013), étudier la façon dont le langage est mobilisé, mais aussi d'autres modalités sémiotiques, se révèle primordial pour analyser les publicités pour cosmétiques[1]. Ce type de discours a été choisi parce que les stratégies argumentatives semblent, de prime abord, varier selon le genre (à entendre ici dans le sens de « sexe ») du public visé ; en effet, les publicités destinées aux femmes et celles destinées aux hommes apparaissent fort différentes, et une première hypothèse est qu'elles ne recourent pas aux mêmes procédés argumentatifs.

Ainsi, nous verrons en quoi le discours publicitaire des cosmétiques est, à l'instar de tout discours publicitaire, persuasif, en appliquant tout d'abord les principes aristotéliciens définitoires de la persuasion – éthos, pathos et logos – puis nous dégagerons les ressources et stratégies linguistiques et non linguistiques convoquées par les publicitaires pour promouvoir leurs produits. Cette étude confirmera que le discours publicitaire des cosmétiques demeure essentiellement un type de publicité classique argumentative, car il valorise le produit et le/la consommateur/trice, mais également que le genre de la publicité pour cosmétiques et la rhétorique utilisée sont intimement liés, au point de créer une communauté discursive. Nous nous demanderons si les ressources essentiellement linguistiques, mais également non linguistiques, demeurent identiques selon les langues, ou s'il existe certaines différences entre l'anglais et le français quand il s'agit de persuader le public visé, selon que la publicité s'adresse à un client ou une cliente.

1 Le discours publicitaire en tant que discours persuasif

1.1 La rhétorique classique et ses principes constitutifs : éthos, pathos et logos

Revenons brièvement sur les caractéristiques de la rhétorique grecque, à savoir les trois principes classiques aristotéliciens du logos, du pathos et de l'éthos : le terme logos (signifiant « discours » ou « raison ») renvoie à l'utilisation d'arguments logiques (sous la forme de faits, de données

1 « *There is indeed a need for studies to investigate the use of language and other semiotic modalities in beauty product advertisements* » (2013 : 62).

chiffrées, etc.) pour persuader ; le terme pathos (signifiant « souffrance et expérience ») renvoie à la capacité du locuteur à susciter des émotions et des sentiments chez son public. Le pathos est ainsi associé à l'émotion pour créer une certaine empathie avec l'auditoire ; finalement, le terme éthos (signifiant « caractère ») consiste à susciter l'intérêt de l'auditoire en profitant de la crédibilité et de l'autorité du locuteur, ou d'une tierce personne. Ces trois ressorts persuasifs qu'Aristote avait déjà mis au jour il y a plus de vingt siècles sont toujours d'actualité dans le discours publicitaire, et sont quasi systématiquement présents dans les publicités pour cosmétiques destinées aux femmes et aux hommes, en anglais et en français. Comme l'analyse du corpus le confirmera ultérieurement, les différents ressorts persuasifs sont très souvent combinés. Mais leur proportion varie-t-elle selon la langue utilisée, et surtout selon le genre du public visé ?

1.2 Critères de persuasion du discours publicitaire

Selon Sut Jhally (1995), la publicité joue « un rôle social de plus en plus influent dans nos sociétés contemporaines[2] » (notre transposition), et le discours publicitaire est souvent considéré comme le discours persuasif par excellence, ainsi que le soulignent Kaur *et al.* (2013 : 70) : « Il n'est pas aisé d'ignorer la nature persuasive des publicités[3] ».

Guy Cook (2001) considère que la publicité informe, persuade, influence et tente de faire changer les opinions, les sentiments, et les attitudes. Ainsi définissons-nous le discours publicitaire comme un acte de langage indirect, dans le sens où, par le biais d'un acte assertif-évaluatif, il accomplit un acte directif, comme le notent Jean-Michel Adam et Marc Bonhomme (1997 : 25) : « L'acte illocutoire dominant de la plupart des publicités est explicitement constatif et implicitement directif ».

Le discours publicitaire, à l'instar de tout discours argumentatif, est « un discours dialogique […] où les partenaires du contrat sont l'énonciateur (l'argumentateur) et le destinataire (le sujet argumenté, le

---

2 « *[T]he most influential institution of socialisation in modern society* ».

3 « *[I]t is not easy to ignore the persuasive nature of advertisements* ».

co-argumentateur) » (Andrei 2007 : 128) ; c'est un discours qui recourt à la composante explicative (le raisonnement) et à la composante séductrice, ce que les stratégies de persuasion utilisées pour les cosmétiques confirmeront.

Pour certains produits, comme les cosmétiques, les marques doivent trouver des stratégies pour atteindre un public donné, compte tenu de la concurrence souvent féroce. Ainsi, « la promotion d'un cosmétique ne se borne pas à vendre un produit du quotidien, mais un style de vie auquel l'acheteur accèdera en adoptant le produit » (Kaur *et al.* 2013 : 69, notre transposition)[4].

L'appellation « cosmétiques » recoupe plusieurs types de produits, et représente un secteur d'activité en pleine croissance :

> Ces produits se répartissent en sept grands domaines de fabrication : la beauté et le soin, qui représente 26 % des ventes, la parfumerie (21% des ventes) à égalité avec l'hygiène (21%), la coiffure (14%), le maquillage (9%), l'hygiène dentaire (7%) et l'hygiène bébé (3%)[5].

Selon l'INSEE, la part du budget consacrée aux soins et biens personnels (coiffure, rasoirs, parfums et produits de beauté…) n'a cessé d'augmenter depuis 1960. Les dépenses en cosmétiques représentent désormais 32% du budget des Français contre 9% en 1960, soit 965 euros en moyenne par an.[6] Les cosmétiques occupent une place de plus en plus importante dans nos sociétés occidentales contemporaines, et les hommes, de plus en plus nombreux, sont tout aussi concernés que les femmes. Kaur *et al.* (2013 : 61, notre traduction) indiquent :

> Les publicités promeuvent un style de vie idéalisée et manipulent les lecteurs jusqu'à leur faire croire que ce que montre la publicité est vrai […] en recourant à des stéréotypes selon lesquels les produits de beauté rendent la vie meilleure[7].

---

4 « *[B]eauty product advertisements do not just sell products but also the lifestyle that inherently comes with using the product* ».

5 <https://www.regionsjob.com/actualites/cosmetiques-un-secteur-qui-sent-bon-la-croissance-et-les-creations-demplois.html>

6 <https://www.regionsjob.com/actualites/cosmetiques-un-secteur-qui-sent-bon-la-croissance-et-les-creations-demplois.html>

7 « *The advertisements promote an idealised lifestyle and manipulate readers to a certain extent into believing whatever that is advertised is indeed true […] by stereotyping how beauty products are synonymous with a better life* ».

Comme tout discours persuasif digne de ce nom, le discours publicitaire des cosmétiques a naturellement recours à diverses stratégies linguistiques et non linguistiques afin de convaincre les clients potentiels d'acquérir le produit, et plusieurs chercheurs ont déjà mis au jour les stratégies récurrentes dans ce type de discours spécialisé. Ainsi, Kaur *et al.* (2013 : 68) dégagent huit stratégies : fabrication du consentement par implication, évocation de faiblesses, représentation irréelle, auto-représentation positive, exagération, promotion du produit par une célébrité, preuve scientifique / preuve par test clinique, termes traduisant une émotion[8]. Le défaut de cette classification est qu'elle met sur le même plan ce qui relève du linguistique et ce qui relève du non-linguistique. Ainsi proposons-nous notre propre classification ci-dessous, en tentant d'établir divers degrés dans l'analyse des stratégies de persuasion mises en œuvre dans le marketing des cosmétiques.

2 Corpus et méthodologie

2.1 Constitution et méthodologie d'analyse du corpus

Le secteur des cosmétiques est un secteur en perpétuelle croissance, et c'est la raison pour laquelle nous avons décidé de constituer notre corpus autour de certains produits phares, à savoir ceux qui ont trait à la beauté et au soin, à l'hygiène, à la coiffure et au maquillage. Nous avons volontairement écarté l'hygiène dentaire qui n'est pas spécifique au genre masculin ou féminin, ainsi que l'hygiène bébé qui n'entre pas dans le cadre de cette étude portant sur des publicités pour adultes. Même si notre corpus comporte quelques exemples de publicités pour des parfums, nous n'avons pas privilégié la parfumerie. D'une part, les publicités de cette dernière catégorie n'ont que très rarement recours au linguistique ; d'autre part, l'achat d'un parfum ne dépend pas tant d'une

---

8 « *Manufacturing consent through implication, Invoking inadequacies, Irrealistic representation, Positive self-representation, Puffery, Celebrity endorsement, Scientific evidence / Clinical Test Proof, Emotive words* ».

publicité « verbale » que de l'odeur, de la marque, ou du nom même du parfum. En ce sens, l'achat d'un parfum semble n'être le résultat d'un réseau de stratégies de persuasion que dans une moindre mesure, contrairement aux autres types de produits cosmétiques.

Le corpus a ainsi été constitué en collectant 342 publicités contemporaines (essentiellement depuis les années 2000) pour les cosmétiques pour femmes et pour hommes en français de France et en anglais britannique et américain, dans des magazines et sur internet, que nous considérons, pour les besoins de cette analyse, comme un genre spécialisé unique. Nous avons classé ces publicités en quatre grandes catégories, avec des subdivisions selon le sexe et les types de produits :

- Publicités cosmétiques – Femme – anglais (118 publicités) : Fonds de teint ; Gammes ; Maquillages ; Rouges à lèvres ; Soins capillaires ; Soins du corps ; Soins des yeux ; Soins du visage.
- Publicités cosmétiques – Femme – français (76 publicités) : Fonds de teint ; Gammes ; Maquillages ; Rouges à lèvres ; Soins capillaires ; Soins du corps ; Soins des mains ; Soins des yeux ; Soins du visage.
- Publicités cosmétiques – Homme – anglais (66 publicités) : Gammes ; Parfums ; Soins capillaires ; Soins du corps ; Soins des mains ; Soins du visage.
- Publicités cosmétiques – Homme – français (82 publicités) : Gammes ; Parfums ; Soins capillaires ; Soins du corps ; Soins des mains ; Soins du visage.

L'intégralité du texte accompagnant les visuels des publicités a été recopié dans plusieurs fichiers, et les publicités ont ensuite été analysées selon quatre grands axes, déclinés eux-mêmes en sous-axes, et qui représentent les stratégies de persuasion du discours publicitaire que nous avons repérées dans notre corpus, à savoir :

- Données factuelles du produit (logos)
  - Prix ; Disponibilité ; Origine / Composition
- Présentation du produit (logos, ethos)
  - Présentation linguistique : Présence d'un slogan ; Recours à la langue étrangère
  - Caution sociale : Présence d'une célébrité ; Écologie / Bio / Bien-être

- Caution scientifique : Statistiques, pourcentages, données chiffrées ; Certifications, labels, logos ; Jargon scientifique
- Adresse à l'acheteur/euse (ethos, pathos)
  - Pronoms ; Questions rhétoriques ; Impératifs
- Procédés d'intensification (pathos, logos)
  - Typographiques : Gras ; Italiques ; Majuscules ; Tailles et couleurs de polices
  - Phonologiques : parallélismes prosodiques (allitérations et assonances)
  - Lexicaux : Répétitions par quasi-synonymes, du même champ lexical, accumulations ; Intensifieurs ; Lexèmes à sémantisme intensif
  - Morpho-syntaxiques : Répétitions de structures ; Superlatifs et comparatifs ; Modification de l'ordre canonique ; Exclamations
  - Stylistiques : Métaphores ; Hyperboles ; Comparaisons

Les différentes stratégies présentes dans chaque publicité ont ensuite été entrées dans un fichier Excel, en utilisant un codage 1 (pour indiquer leur présence) et 0 (pour indiquer leur absence), ce qui a ensuite permis de réaliser des analyses quantitatives sur chacune des quatre grandes catégories de publicités (cosmétiques pour femmes en français ; cosmétiques pour hommes en français ; cosmétiques pour femmes en anglais ; cosmétiques pour hommes en anglais). Notons que ce codage ne tient pas compte de la présence d'occurrences multiples d'une seule et même stratégie. Ainsi, une publicité donnée peut contenir plusieurs intensifieurs ou peut avoir recours plusieurs fois aux majuscules, mais le codage employé sera toujours 1. Une étude quantitative ultérieure plus détaillée sur tels ou tels procédés spécifiques sera menée afin d'affiner les premiers résultats obtenus lors de cette analyse initiale.

2.2 *Ressources et stratégies linguistiques et non linguistiques*

Revenons plus précisément sur les diverses stratégies persuasives mises en œuvre dans le langage publicitaire pour les cosmétiques en nous appuyant sur les différentes catégories définies précédemment.

2.2.1 Les données factuelles

Ces données apparaissent relativement fréquemment, avec une nette prévalence de la disponibilité et de la composition du produit, le prix étant mentionné comparativement moins souvent, comme le montre cette publicité de Biotherm pour femme[9] (Fig. 1) qui indique clairement les ingrédients qui composent le produit, ainsi que l'endroit où se le procurer :

Fig. 1 : Soin_Visage_05_Biotherm.

> *Découvrez* le pouvoir hydratant et illuminant de **l'aura leaf, ingrédient issu d'une plante aux propriétés médicinales**. Le gel **contient l'équivalent de 5000 litres de plancton de vie** connu comme **un ingrédient unique** dans l'univers de la cosmétique.
> Découvrez l'expertise des produits Biotherm **sur le site biotherm.fr**
> **DISPONIBLE CHEZ NOCIBÉ, EN PHARMACIE ET SUR LE SITE BIOTHERM.FR**
> BIOTHERM THE HEALING POWER OF LIFE PLANCTON »

Notons que les prix ne sont jamais mentionnés pour les marques prestigieuses, dont les produits sont considérés comme des produits de luxe, car la clientèle est acquise, et n'a donc pas besoin d'être persuadée.

---

9 Le gras dans les occurrences citées a été ajouté par nos soins afin de mettre en relief les stratégies de persuasion mentionnées.

2.2.2 Présentation du produit

Cette catégorie regroupe la présentation linguistique, la caution sociale et la caution scientifique. Commençons, avec cette publicité pour Biotherm Homme (Fig. 2), par illustrer la **présentation linguistique**, qui consiste en un slogan en langue étrangère « *LIVE LIKE A MAN* » :

Fig. 2 : Soins_visage_23_Biotherm.

On remarque également la présence de majuscules, de la couleur et de caractères gras, ce qui confirme que les diverses stratégies de persuasion sont généralement cumulatives.

Une autre dimension de la présentation du produit, la **caution sociale**, se manifeste par la présence d'une célébrité ou la mention d'un produit naturel, bio, bénéfique pour la santé et/ou pour la planète. La présence de célébrités[10], qui participe de l'éthos, se retrouve dans la publicité suivante (Fig. 3) où apparaît Hugh Laurie, célèbre acteur américain :

Fig. 3 : Soins_visage_39_LOreal.

10 L'anglais parle de « *celebrity endorsement* », c'est-à-dire de promotion d'un produit faite par une vedette.

Fig. 4 : Soin_corps_07_Weleda.

Weleda (Fig. 4), au contraire, met l'accent sur les propriétés naturelles et bénéfiques de son huile pour le corps :

> « Soin corps régénérant **à la Grenade** bio
> Votre peau a un talent : Elle sait se régénérer et se défendre contre les effets de la pollution. Grâce aux vertus de la **grenade bio**, aidez-là à stimuler ses défenses. Les grains de ce fruit, couleur rubis, révèlent une huile précieuse, source d'un puissant anti-oxydant qui protège la peau des radicaux libres. **Riches en actifs tels que les huiles bio de jojoba, sésame et germe de blé**, l'Huile **à la Grenade bio** Weleda favorise la régénération cellulaire de votre peau. Son éclat et sa beauté sont ainsi préservés. WELEDA **BIO** DEPUIS TOUJOURS 100% d'origine **NATURELLE**. Le Soin **Naturel Authentique** »

On notera les cinq mentions de « bio » et les deux occurrences de l'adjectif « naturel », ainsi que les marques d'intensification : « 100% d'origine NATURELLE », « Le Soin Naturel Authentique ».

La troisième stratégie persuasive liée à la présentation du produit est la « **caution scientifique** » ; elle se manifeste sous la forme de statistiques, pourcentages ou données chiffrées, de certifications diverses (label, logo) ou encore de jargon scientifique. Il importe de souligner qu'elle relève fréquemment du logos, et s'appuie sur l'insertion de logos ou la mention d'autres certifications. Cette stratégie consistant à recourir à un jargon technique et scientifique permet aux publicitaires de renvoyer une image professionnelle et à la pointe de la science (voir Kaur *et al.* 2013 :66).

Fig. 5 : Soin_Visage_41_Garancia.

Fig. 6 : Soins_Capillaires_01_Oenobiol.

Fig. 7 : Soin_Visage_32_Caudalie.

Les publicités de Garancia (Fig. 5), Oenobiol (Fig. 6) et Caudalie (Fig. 7) témoignent de la récurrence de ce procédé :

> « Science. Le venin de serpent : UN **ACTIF** ANTI-RIDES **CLINIQUEMENT PROUVÉ** ? Adopté par des milliards de femmes dès sa sortie, cet étonnant sérum anti-âge à base de **peptide venin de serpent de synthèse** fait beaucoup parler de lui ! Aujourd'hui il fête ses 10 ans de succès et la remarquable efficacité de son actif star vient d'être **confirmée par une toute nouvelle étude**. L'occasion, pour celles qui s'interrogent encore, de revenir sur sa « mystérieuse » formule. Une **expertise scientifique** parfaitement maîtrisée.
> Pour formuler son Mystérieux Repulpant, le **Laboratoire** GARANCIA a collaboré avec une **équipe de chercheurs suisses spécialisés depuis plus de 30 ans** dans la fourniture d'actifs issus de venins de serpents pour **l'industrie pharmaceutique**.
> La nouvelle **toxine botulique**. Une démarche qui a permis de découvrir que le venin de serpent contient une **molécule unique** capable de réduire les contractions musculaires. Convaincus de l'intérêt de cette molécule en cosmétologie, les **chercheurs** ont réussi à la reproduire sous forme d'un **tripeptide de synthèse** et à l'introduire dans la formule du Mystérieux Repulpant. Une **efficacité prouvée par une étude clinique**, qui a démontré l'effet botulique-like du venin ainsi synthétisé.
> Outre son action toxine botulique-like, le tripeptide de venin de serpent de synthèse utilisé par GARANCIA améliore la qualité du **collagène**. Rares sont les actifs qui peuvent en faire autant ! Une **nouvelle étude récemment menée prouve** en effet que cet actif hors norme agit sur la qualité du **collagène**, élément fondamental pour maintenir l'élasticité et la cohésion de la peau. Pour la

première fois en cosmétique, les résultats font état d'une amélioration de **+387%**, soit **3 fois** plus que les **peptides** anti-âge de référence testés ! Ce qui fait de cet actif anti-âge l'un des plus efficaces aujourd'hui sur le marché.
La formule du sérum Mystérieux Repulpant contient aussi de **l'acide hyaluronique**. Ainsi qu'un **peptide** anti-cernes et anti-poches et 6 extraits botaniques régénérants, repulpant, lissants et drainants : pulpe d'Aloe Vera, bourgeons de Hêtre BIO, jus de citron frais BIO, Melilot BIO, Acmella oleacera et Arnica. Une **véritable ordonnance de jeunesse** qui fait de ce soin anti-âge sans doute le plus doué de sa génération. Un soin tellement efficace qu'il en devient magique ! [...]
RÉSULTATS **CLINIQUEMENT PROUVÉS**
Effet botulique-like : réduit les rides **jusqu'à -41%**. Améliore la qualité du collagène : **+387% Nouvelle étude**. Réduit les cernes et les poches **dès 14 jours**
Test clinique sur Peptide de Venin de Serpent : Moyenne du **1er tiers après 28 jours d'applications et -20% en moyenne chez 73% des sujets – 30 sujets de 41 à 60 ans – 2 app./jour**.
Test in vitro sur Peptide de Venin de Serpent – **résultats après 24h**. Expression du **gène PLOD3**, responsable de la qualité du collagène
Test clinique sur actif, réduction des poches chez **63%** des sujets **dès 14 jours** et réduction des cernes – **17 sujets de 34 à 54 ans** ».

Cette publicité Garancia regorge de procédés liés à la caution scientifique. On note la présence de termes techniques (par exemple le « gène PLOD »), renvoyant au champ sémantique de la science[11] (« laboratoire », « chercheurs suisses », « test in vitro », « l'industrie pharmaceutique »), de nombreuses données chiffrées (« +387% », « dès 14 jours »), ainsi que le martèlement de la notion de « test clinique » qui se décline en « étude », « nouvelle étude », ou encore « cliniquement prouvé »[12] afin d'insister sur la qualité du produit.

On soulignera cependant que la caution scientifique n'a parfois de scientifique que le nom et peut alors être perçue davantage comme une simple stratégie de persuasion ou de manipulation que comme une

---

11 Il est d'ailleurs intéressant de souligner que cette publicité porte l'intitulé « Communiqué » suivi de « Science » en haut de la page. On vante alors à la consommatrice davantage les mérites d'une avancée scientifique qu'un produit que l'on chercherait simplement à lui vendre, bien que cela soit pourtant le cas.

12 On relève un certain paradoxe dans cette publicité puisque la caution scientifique est martelée tout au long du « communiqué », mais les données chiffrées qui se veulent fiables, sérieuses et scientifiques sont amenées à cohabiter avec la notion de « magie » (« Un soin tellement efficace qu'il en devient magique ! ») et de « mystère » (« Mystérieux Repulpant », qui est d'ailleurs le nom du produit).

garantie de sérieux, de rigueur et de qualité. En effet, la seule mention « cliniquement prouvé » ne fait qu'inviter le/la consommateur/trice à faire confiance au publicitaire et à la marque / au produit, mais ne saurait être à elle seule un gage de qualité, de fiabilité et de rigueur scientifique.

> « **+5206 CHEVEUX**
> Depuis **plus de 30 ans**, nous sélectionnons dans la nature ce qui se fait de mieux. Oenobiol Solution Antichute est une innovation au **complexe nutritif multi-action**, avec des **enzymes trichogènes HSOR brevetées et testées sous contrôle dermatologique** pour contribuer à densifier les cheveux et stimuler la croissance ».

> « INNOVATION ANTI-ÂGE. CAUDALIE réinvente l'anti-âge
>
> Avec sa Crème Cachemire, Caudalie s'érige en star de l'anti-âge. Un succès planétaire dû à une découverte majeure…
> À 40 ans, notre épiderme a perdu 50% de son **acide hyaluronique**. La peau se relâche et les rides se creusent. Face à ce problème de vieillissement, **Caudalie et le Professeur de génétique Dr. David Sinclair (Harvard Medical School)** ont testé la combinaison inédite de **deux actifs anti-âge** ultra-efficaces : **Resvératrol de Vigne + Acide Hyaluronique**. Intuition géniale et découverte capitale : ce cocktail anti-âge inédit va jusqu'à tripler la production d'acide hyaluronique naturel par la peau ! Cet assemblage exclusif et **breveté** est la clé de la fabuleuse efficacité de la Crème Cachemire Redensifiante Resveratrol [LIFT], composée à 93% d'ingrédients d'origine naturelle. **TESTÉ ET APPROUVÉ.** PEAU RAFFERMIE **100%**. PEAU LIFTÉE **93%**. PEAU REDENSIFIÉE **88%** »

Les publicités d'Oenobiol et Caudalie présentent plusieurs données chiffrées. On remarque de nombreux pourcentages chez Caudalie, un chiffre tellement précis qu'il en devient peu plausible chez Oenobiol : « +5206 CHEVEUX ». On relève chez Caudalie et Oenobiol une formulation identique : « Depuis plus de 30 ans ». Soulignons le fait qu'il s'agit d'une constante dans la quasi-totalité des publicités du corpus qui mentionnent des durées. Cet argument (plus de 30 ans) a pour objet de souligner l'expertise des concepteurs du produit et ainsi de fournir une caution scientifique aux éventuel(le)s client(e)s.

Oenobiol inclut des certifications à ses publicités avec les mentions « testée sous contrôle dermatologique », « prouvée par des tests cliniques ou consommateurs réalisés par des instituts indépendants », « sans tests sur animaux » ou encore des enzymes « brevetées », tous éléments censés constituer des gages de qualité et de fiabilité. Caudalie va plus loin et met en avant un partenariat avec « le Professeur de génétique Dr. David Sinclair (Harvard Medical School) ».

Enfin, c'est dans la publicité d'Oenobiol que nous relevons un exemple représentatif de jargon scientifique : « Oenobiol Solution Antichute est une innovation au complexe nutritif multi-action, avec des enzymes trichogènes HSOR brevetées et testées sous contrôle dermatologique ». Peu accessible aux non-spécialistes, ce jargon est, de nouveau, censé convaincre la consommatrice de l'expertise de la marque et de la qualité du produit. Qui mettrait en avant des termes si complexes et spécialisés, si ce n'est un expert ou un scientifique chevronné ?

2.2.3 Adresse à l'acheteur/euse

Ce procédé inclut le recours aux pronoms, à l'impératif et aux questions rhétoriques. La publicité de L'Oréal (Fig. 8) illustre le recours à ce procédé :

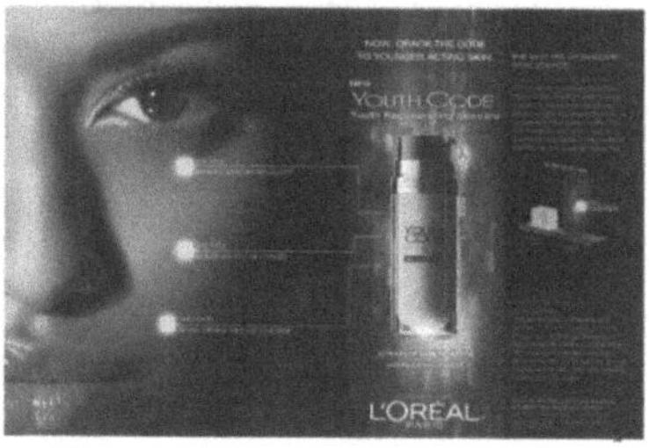

Fig. 8 : Soins_Visage_09_L'Oréal.

> « So even though **you** can't grow young, **we** now have the knowledge to **help you** begin cracking the code to younger acting skin ».

Le recours aux pronoms permet d'établir une (fausse) complicité entre l'acheteur/euse potentiel/le et le produit, et constitue un procédé fréquent (Kaur *et al.* 2013 : 66). Cette stratégie, dépendante du pathos, va passer par l'utilisation de pronoms spécifiques (*vous / you* ; *je / I* ; *nous / we*) et s'appuie généralement sur les notions d'inclusion / exclusion (l'anglais parle de « *ingroupness* », c'est-à-dire le sentiment d'appartenir à un groupe). On note dans la publicité de L'Oréal un jeu sur les pronoms « *you* » et « *we* » qui permet de créer un lien entre l'éventuelle consommatrice et le produit, présenté comme l'allié indispensable, sans l'aide duquel sa quête de jeunesse n'aboutira pas, puisque c'est la marque qui est détentrice du « secret ».

2.2.4 Les procédés d'intensification

Ces procédés, extrêmement fréquents dans le discours publicitaire des cosmétiques, prennent des formes variées, et participent ainsi du pathos. Les publicités de Garancia (Fig. 5), Caudalie (Fig. 7) et Ogx (Fig. 9) foisonnent d'occurrences de procédés d'intensification, qu'ils soient typographiques, phonologiques, lexicaux, morphosyntaxiques ou stylistiques, et que nous indiquons, là encore, en caractères gras ; voici les procédés identifiés dans la publicité de Garancia :

> « Adopté par des **milliards** de femmes dès sa sortie, cet étonnant sérum anti-âge à base de peptide venin de serpent de synthèse fait beaucoup parler de lui ! Aujourd'hui il fête ses 10 ans de succès et la **remarquable** efficacité de son actif star vient d'être confirmée par une **toute** nouvelle étude. L'occasion, pour celles qui s'interrogent encore, de revenir sur sa « mystérieuse » formule. Une expertise scientifique **parfaitement** maîtrisée. [...] **3 fois plus** efficace pour améliorer la qualité du collagène. [...] Une nouvelle étude récemment menée prouve en effet que cet actif **hors norme** agit sur la qualité du collagène, élément **fondamental** pour maintenir l'élasticité et la cohésion de la peau. Pour la **première** fois en cosmétique, les résultats font état d'une amélioration de +387%, soit **3 fois plus** que les peptides anti-âge de référence testés ! Ce qui fait de cet actif anti-âge **l'un des plus efficaces** aujourd'hui sur le marché. [...] Une **véritable** ordonnance de jeunesse qui fait de ce soin anti-âge sans doute le **plus** doué de sa génération. Un soin **tellement** efficace qui en devient magique ! [...] ».

> « Ogx Beauty **pure and simple**. **EXTRA**-STRENGTH. **Hydrate + repair**. Repair **dry, damaged, brittle** tresses with this **extra powerful** blend of argan oil of Morocco to **intensely** hydrate, while silk proteins lock in the moisture to give hair a second chance at silky **perfection**. Argan oil + Silk Protein. **Super** Hydration **&** Repair »

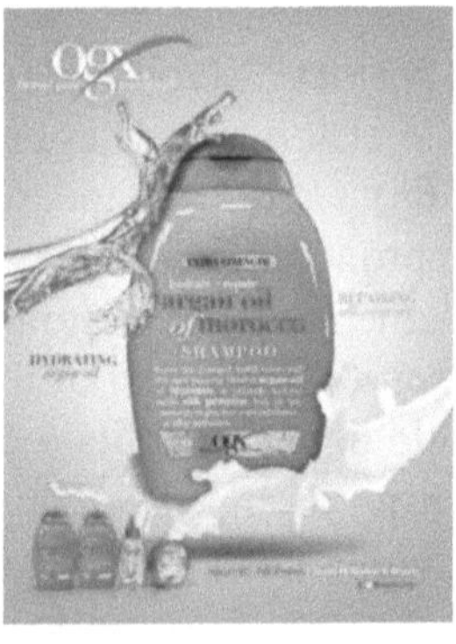

Fig. 9 : Soins_Capillaires_02_Ogx.

On relève des adverbes intensifieurs (« *to* intensely *hydrate* », « Une expertise scientifique parfaitement maîtrisée », « un soin tellement efficace », « deux actifs anti-âge ultra-efficaces »), mais également de nombreux termes au sémantisme intensif (« cet actif hors norme », « Une véritable ordonnance de jeunesse », « *EXTRA-STRENGTH* », « *silky perfection* », « Intuition géniale et découverte capitale », « la fabuleuse efficacité »). Sont également présentes des hyperboles (« Adopté par des milliards de femmes dès sa sortie », « Un succès planétaire »), des métaphores, qui se révèlent assez souvent hyperboliques (« *give hair a second chance at silky perfection* », « Une véritable ordonnance de jeunesse »), des comparatifs et superlatifs (« Pour la première fois en cosmétique », « 3 fois plus efficace »), des exclamations[13] (« soit 3 fois plus que les peptides anti-âge de référence testés ! »), mais aussi des répétitions de quasi-synonymes ou de structures, ainsi que des accumulations (« *Beauty pure and simple* », « *Repair dry, damaged, brittle tresses* », « À la fois légère et nourrissante », « ANTI-RIDES + FERMETÉ + REPULPANT + HYDRATANT »)[14].

On remarque également, sans que ces procédés ne soient purement linguistiques, la présence de procédés d'**intensification typographique** comme le recours au gras, aux majuscules ou à la couleur, ainsi que le montre la publicité de Pantene[15] (Fig. 10) :

Fig. 10 : Soins_Capillaires_10_Pantene.

13 Les exclamations ont été comptabilisées comme telles dès lors qu'il y avait la présence d'un point d'exclamation.

14 Pour une typologie plus détaillée des procédés d'intensification auxquels nous nous référons, voir Bordet (2014) et Bordet et Jamet (2015).

15 Le gras, les majuscules et la couleur ont été indiqués comme présents lorsqu'ils étaient flagrants, par exemple au milieu d'un segment non accentué, en minuscules ou d'une couleur de police différente.

3 Résultats de l'analyse du corpus : rapports entre genre et rhétorique dans le discours publicitaire des cosmétiques

Selon la *Critical Discourse Analysis* (voir Fairclough 2003 et plus particulièrement Ringrow 2016), les publicités sont considérées comme des discours médiatiques, en ce qu'elles nécessitent le recours au langage et à des procédés sociaux spécifiques à un groupe et une culture donnés. Il est ainsi intéressant d'analyser les relations existant entre le langage utilisé, l'idéologie véhiculée, et le pouvoir de la publicité, via le pouvoir et/ou la notoriété de celui qui crée la publicité en comparant les stratégies étudiées pour les femmes et pour les hommes, et de voir si ces dernières varient, selon le sexe et/ou selon la langue utilisée.

Ce premier graphique indique que la répartition des quatre grandes catégories de procédés de persuasion que nous avons définies plus haut est identique pour les hommes et les femmes dans les publicités françaises (Fig. 11). Le genre en tant que sexe ne semble donc pas être un critère significatif lors du choix des stratégies publicitaires à déployer pour persuader le ou la futur/e client/e, contrairement à notre intuition initiale. Comme le montre le graphique suivant (Fig. 12), les données analysées pour l'anglais nous mènent à des conclusions similaires.

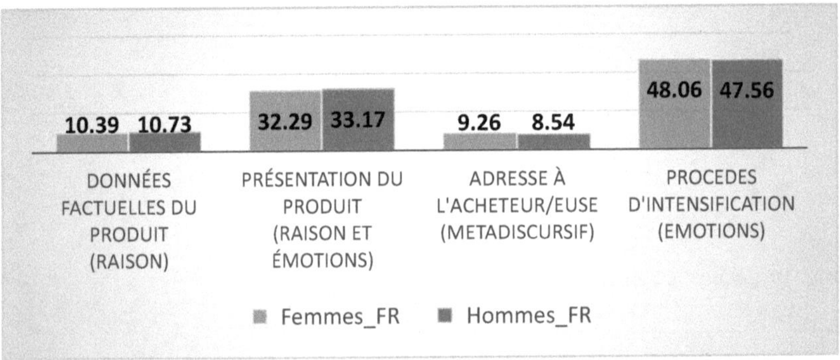

Fig. 11 : Comparaisons_des_procédés_Femmes_FR_et_Hommes_FR.

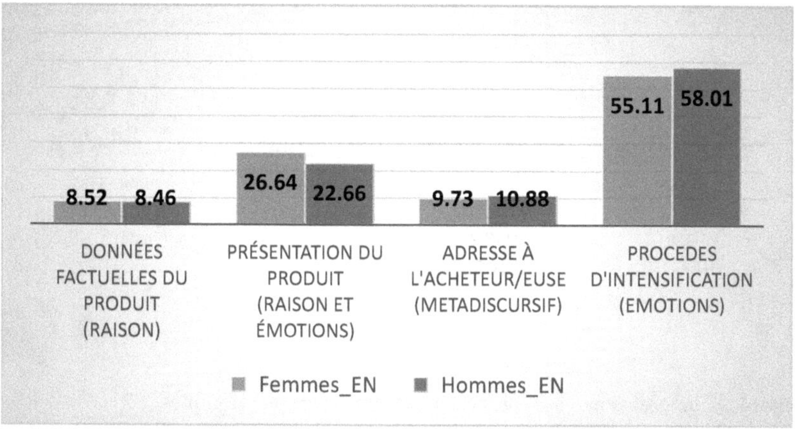

Fig. 12 : Comparaisons_des_procédés_Femmes_EN_et_Hommes_EN.

Passons à une comparaison interlangue pour voir si les stratégies diffèrent. Les graphiques correspondants présentent, d'une part, les résultats obtenus pour les femmes (Fig. 13) en français et en anglais, et d'autre part, ceux obtenus pour les hommes (Fig. 14), là aussi dans les deux langues :

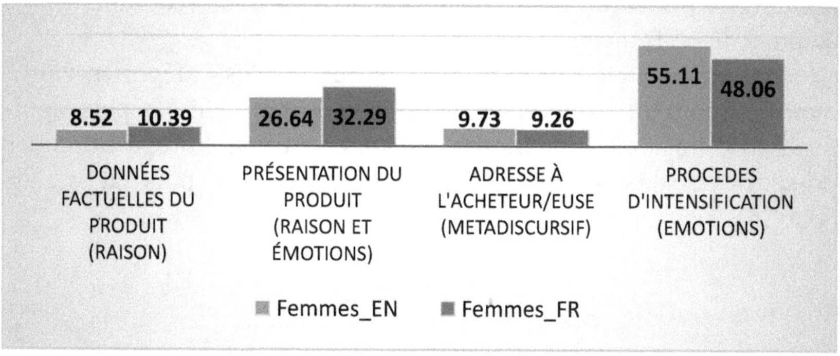

Fig. 13 : Comparaisons_des_procédés_Femmes_EN_et_Femmes_FR.

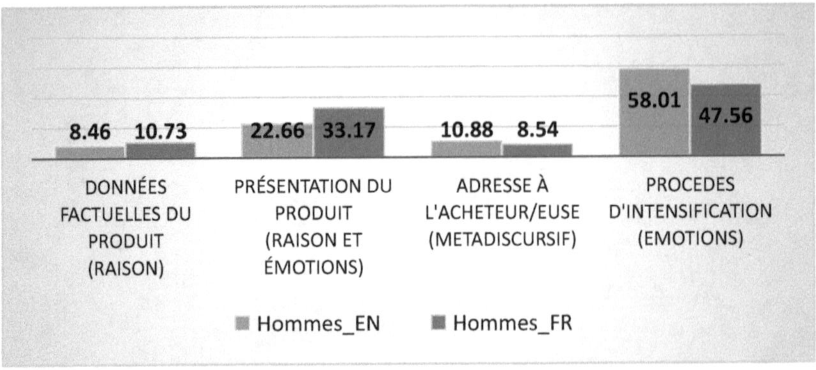

Fig. 14 : Comparaisons_des_procédés_Hommes_EN_et_Hommes_FR.

Les deux grandes catégories qui montrent une différence notable entre les femmes et les hommes, en anglais ou en français, relèvent des émotions (« Présentation du produit » et « Procédés d'intensification »). Si la répartition quantitative dans les deux langues est identique en ce qui concerne le recours aux émotions dans un but persuasif, il semblerait que l'anglais a davantage recours aux procédés linguistiques d'intensification que le français, et ceci indépendamment du sexe. En ce qui concerne la présentation linguistique du produit, on remarque la tendance inverse avec une prédominance de ce procédé en français.

Un examen plus détaillé des quatre grandes catégories va-t-il mettre au jour des différences interlangues et/ou genrées plus significatives ? Les deux graphiques suivants détaillent la répartition des procédés persuasifs d'abord en français (Fig. 15), puis en anglais (Fig. 16).

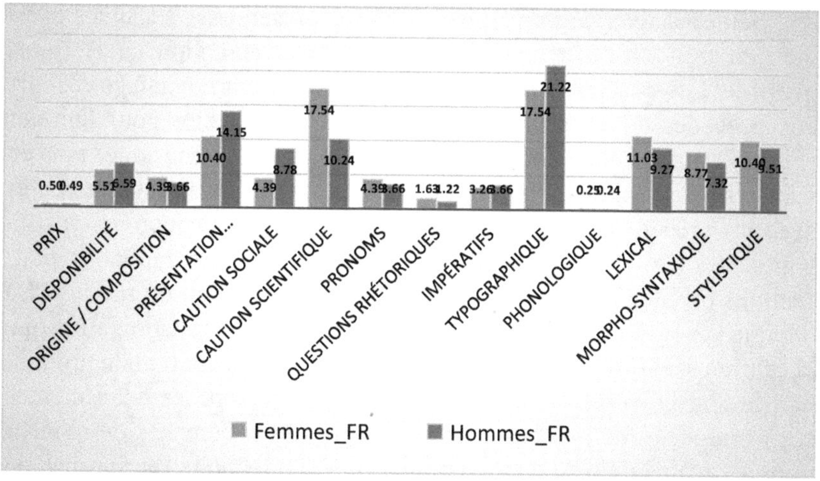

Fig. 15 : Comparaisons_détaillées_des_procédés_Femmes_FR_et_Hommes_FR.

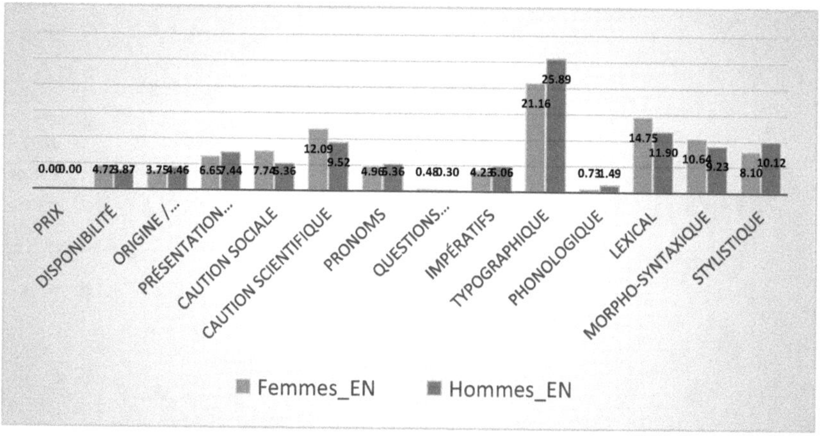

Fig. 16 : Comparaisons_détaillées_des_procédés_Femmes_EN_et_Hommes_EN.

Seules deux catégories présentent des différences sensibles aussi bien en français qu'en anglais : la **caution scientifique** et la **typographie**. Les publicités pour hommes (Fig. 18) ont davantage recours aux procédés de persuasion typographiques que celles pour femmes (Fig. 17) qui privilégient le recours à la caution scientifique, tant en français qu'en anglais. Soulignons que ces conclusions sont cohérentes avec les précédentes, à savoir que les publicités pour hommes privilégient les procédés d'intensification, tandis que les publicités pour femmes privilégient les procédés liés à la présentation du produit. En effet, la typographie fait partie des procédés d'intensification alors que la caution scientifique relève, quant à elle, de la présentation du produit.

Si l'on procède à une étude interlangue, ce sont les deux mêmes sous-catégories de procédés qui traduisent des différences de répartition, à savoir la **caution scientifique** privilégiée pour les femmes en français (différence non significative pour les hommes) et la **typographie** en anglais, indépendamment du sexe.

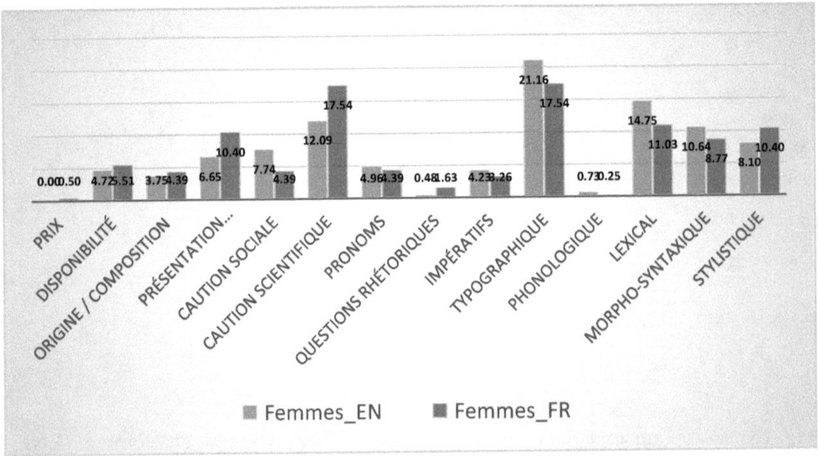

Fig. 17 : Comparaisons_détaillées_des_procédés_Femmes_EN_et_Femmes_FR.

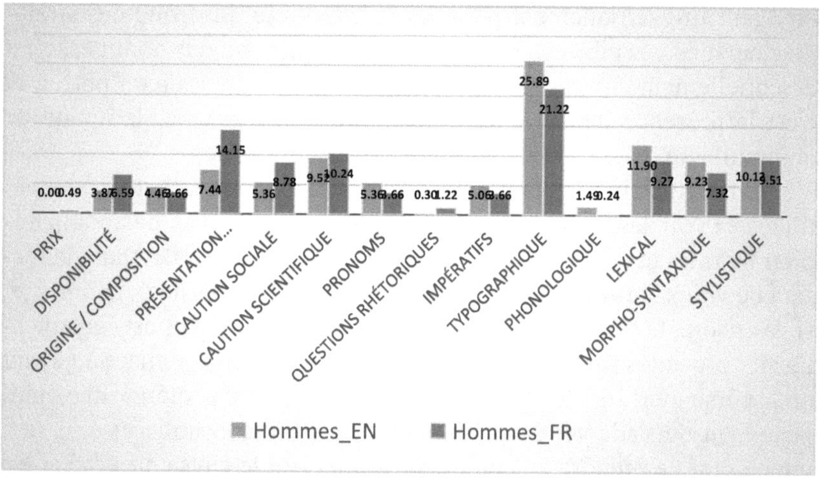

Fig. 18 : Comparaisons_détaillées_des_procédés_Hommes_EN_et_Hommes_FR.

Conclusion

Comme cette étude l'a confirmé, le discours publicitaire des cosmétiques pour femmes et hommes foisonne de stratégies de persuasion ; certaines sont plus fréquentes que d'autres, comme les procédés d'intensification, tant linguistiques que typographiques, l'interpellation du/de la consommateur/trice, le recours à la caution scientifique. Contrairement à notre intuition initiale, les stratégies utilisées diffèrent finalement assez peu selon le sexe du public visé, et même d'une langue à l'autre, à quelques rares exceptions près. Ceci semble confirmer que si le genre que constitue le discours publicitaire des cosmétiques et la rhétorique mise en œuvre sont intimement liés, il n'existe que peu de différences en ce qui concerne les stratégies de persuasion mises en place au niveau du public visé.

On constate pourtant bel et bien une différence d'approche selon que le produit est destiné à un public féminin ou masculin, et cette différence semble alors se situer au niveau thématique. Les thématiques récurrentes que nous avons dégagées sont les suivantes : le jeu entre jeunesse / vieillesse pour les femmes exclusivement, la masculinité / virilité pour les hommes, alors que la féminité n'est que rarement mise en avant linguistiquement pour les femmes, etc. Plus que des stratégies persuasives ciblées en fonction des femmes ou des hommes, c'est essentiellement sur ces thématiques que l'argumentation va porter, et c'est la présence même de ces thématiques qui va créer la notion de communauté discursive mentionnée en introduction.

Une prochaine étude pourra dégager plus précisément ces thématiques et voir lesquelles sont davantage représentatives des publicités pour femmes et des publicités pour hommes. Il serait également intéressant de voir si ces thématiques sont identiques dans les deux langues, et si, là encore, le discours publicitaire pour les cosmétiques est également lié aux procédés rhétoriques, ou plutôt aux thématiques mises en avant pour persuader. Les fondements de la rhétorique aristotélicienne étant justement de s'adapter au public et à la culture du public visé, il sera intéressant de prendre en compte plus finement le pays concerné et les attentes des divers publics.

Bibliographie

Adam, Jean-Michel / Bonhomme, Marc, *L'argumentation publicitaire : Rhétorique de l'éloge et de la persuasion*, Paris, Armand Colin, 2012 [1997].

Andrei, Carmen, Ressorts argumentatifs dans le discours publicitaire, *Communication and Argumentation in the Public Sphere*, 1(1), 2007, 126–139.

Bonhomme, Marc (dir.), *Les nouveaux discours publicitaires, SEMEN* 36 , 2013, disponible en ligne : <https://journals.openedition.org/semen/9599>

Bordet, Lucile, *L'intensification en anglais : entre grammatical et lexical*, Thèse de Doctorat, 14 novembre 2014.

Bordet, Lucile / Jamet, Denis, Degré et intensification : essai de typologie, *Anglophonia*, n°20, novembre 2015, disponible en ligne : < http://anglophonia.revues.org/549>

Cook, Guy, *Discourse of Advertising*, New York, NY, Routledge, 2001.

Fairclough, Norman, *Analysing Discourse. Textual Analysis for Social Research*, Londres, Routledge, 2003.

Jhally, Sut, *Image-based culture. Advertising and popular culture*, in Gail Dines / Jean M. Humez (dir.), *Gender, Race and Class in Media. A Text-Reader*, Thousand Oaks, Sage Publications, 1995, 77–88.

Kaur, Kuldip / Yunus, Norimah Mohamad / Arumugam, Nalini, Beauty Product Advertisements: A Critical Discourse Analysis, *Asian Social Science*, 9(3), 2013, 61–71.

Ringrow, Helen, *The Language of Cosmetics Advertising*, Palgrave, Macmillan, 2016.

Sonesson, Göran, Two strands of rhetoric in advertising discourse, *International Journal of Marketing Semiotics*, 1(1), 2013, 6–24.

Présentation des auteurs (par ordre de parution des articles)

Elizabeth Rowley-Jolivet, agrégée d'anglais, auparavant Maître de Conférences à Polytech'Orléans, est actuellement chercheur associée au Laboratoire Ligérien de Linguistique (UMR 7270, Université d'Orléans-Tours). Ses travaux portent sur les discours académiques oraux et écrits (analyse de genre, analyse textuelle, multimodalité, nouvelles formes de médiatisation, évolution diachronique). Elle a co-dirigé deux ouvrages, *Evolving Genres in Web-mediated Communication* (Peter Lang, 2012) et *Corpus Informed Research and Learning in ESP* (John Benjamins 2012).

Shirley Carter-Thomas est Professeur des Universités en Linguistique anglaise et Communication à l'Institut Mines-Télécom Business School et membre du laboratoire LATTICE (CNRS/ENS/Paris III). Ses centres d'intérêt tournent autour de la linguistique contrastive, de la structure textuelle et informationnelle et de l'analyse du discours académique, écrit et oral. Elle a codirigé le projet EIIDA (Étude interdisciplinaire et interlinguistique du discours académique) dont les travaux ont fait l'objet d'un numéro spécial de la revue *Chimera : Romance Corpora and Linguistic Studies* en 2017.

Genevieve Bordet, maître de Conférences à l'Université de Paris et codirectrice du master « Industrie des Langues et Traduction Spécialisée », enseigne la terminologie et la recherche d'information pour la traduction spécialisée. Ses travaux portent sur les dispositifs rhétoriques et lexicogrammaticaux auxquels les chercheurs recourent dans les abstracts en anglais pour poser leur « voix académique ». Elle s'intéresse au rôle cohésif des chaînes référentielles fondées sur les déictiques, aux variations collocationnelles et aux noms « encapsulants ». Elle s'attache aussi à déterminer l'impact du genre, du domaine de spécialité et du texte sur la prise de décision en traduction spécialisée.

CLAIRE KLOPPMANN-LAMBERT est normalienne (ENS Paris-Saclay), agrégée d'anglais et doctorante en anglais de spécialité à l'Université Paris-Diderot, sous la direction de Mesdames les Professeurs Natalie Kübler (Laboratoire CLILLAC-ARP, Université Paris Diderot) et Shirley Carter-Thomas (Laboratoire LATTICE, CNRS/ENS/Paris III). Son travail de recherche porte sur l'anglais de l'architecture et plus particulièrement sur la caractérisation d'un point de vue synchronique et diachronique des genres en architecture. Elle s'intéresse par ailleurs à la métaphore et à la dimension promotionnelle du discours des architectes.

MATHILDE GAILLARD est normalienne (ENS Cachan), agrégée d'anglais et Attachée Temporaire de Recherche à l'Université Paris-Nanterre au sein du département LEA, où elle enseigne la traduction journalistique, l'anglais oral et la civilisation américaine. Ses travaux de recherche, menés dans le cadre du CeLiSo (EA 7332 – Sorbonne Université), portent sur le milieu des *think tanks* aux États-Unis dans une perspective de caractérisation de leurs genres de discours et de leur culture professionnelle. Elle a soutenu sa thèse en novembre 2019.

CATHERINE RESCHE est Professeur des Universités émérite (Paris 2 – Panthéon-Assas), directrice de recherche au Centre de linguistique en Sorbonne (CeLiSo, EA 7332, Sorbonne Université), directrice de collection (Peter Lang) et agrégée d'anglais. Ses travaux de recherche portent sur l'anglais de l'économie (terminologie, néologie, métaphores, analyse de discours et de genres discursifs). Auteur d'une cinquantaine d'articles et d'une monographie en 2013 (« *Economic Terms and Beyond: Capitalising on the Wealth of Notions,* Coll. *Linguistic Insights*, Peter Lang), elle a dirigé deux ouvrages (2015, Classiques Garnier et 2016, Peter Lang), et co-dirigé un ouvrage avec Fanny Domenec (2018, Peter Lang).

FANNY DOMENEC est normalienne, agrégée et docteur en anglais de spécialité. Elle est maître de conférences en anglais économique et pour l'information-communication à l'Université Paris 2 – Panthéon-Assas et fait partie du Centre de Linguistique en Sorbonne (CeLiSo, EA 7332, Sorbonne Université). Ses travaux de recherche portent sur la communication d'entreprise en contexte de communication sensible et de communication de crise, notamment dans les secteurs de l'agrochimie, du pétrole, de la pharmacie et de la finance. Elle s'intéresse également aux changements induits par les pratiques liées à la responsabilité sociale d'entreprise (RSE) et aux critères environnementaux, sociaux et de gouvernance (ESG), sur le discours, le milieu et la culture des organisations. Elle a récemment co-dirigé l'ouvrage *La fonction argumentative de la métaphore dans le discours spécialisés* (2018, Peter Lang), avec Catherine Resche.

LAURENCE HARRIS, docteur et agrégée d'anglais, enseigne l'anglais de l'économie et de la finance ainsi que la civilisation britannique à l'université Paris Nanterre. Ses recherches au sein du CREA portent sur le discours institutionnel et la communication des banques centrales qu'elle aborde par le biais de l'analyse de discours, de la rhétorique, de la réception médiatique des discours et des changements de paradigme en politique monétaire. Sa thèse soutenue en novembre 2019 propose un décryptage des allocutions annuelles du gouverneur de la Banque d'Angleterre à Mansion House (1946–2016) au confluent de plusieurs disciplines : linguistique, économie, textométrie et histoire.

CHIARA PREITE est maître de conférences en Langue et Traduction Française à l'Université de Modène et Reggio en Émilie (Italie). Elle coordonne les groupes de recherche *Modena Lexi-Term* et *Do.Ri.F Socioterminologie et textualité.* Ses axes de recherche concernent la linguistique juridique, la vulgarisation des connaissances juridiques, la lexicologie et la lexicographie. Elle a publié de nombreux articles sur ces sujets et a récemment coordonné avec Jan Engberg, Karin Lutterman et Silvia Cacchiani, *Popularization and Knowledge Mediation in the Law* (2018), et avec Alida M. Silletti, *La construction et la transmission des connaissances spécialisées dans le web* (ELA, n° 192–2018).

LUCILE BORDET, agrégée d'anglais, est Maître de Conférences en Linguistique anglaise à l'Université de Lyon (Jean Moulin Lyon 3) et membre du Centre d'Études Linguistiques (EA1663) ; elle s'intéresse à l'intensification et aux émotions dans le discours, et est secrétaire de rédaction de la revue *Lexis, Journal in English Lexicology* et de la revue *ELAD-SILDA*. Ses travaux de recherche portent sur l'intensification, l'expression linguistique des émotions, les techniques de persuasion et de manipulation, notamment dans le discours publicitaire et plus récemment l'humour.

Denis Jamet, agrégé d'anglais, est Professeur des Universités en linguistique anglaise à l'Université de Lyon (Jean Moulin Lyon 3), où il dirige le Centre d'Études Linguistiques (EA1663) et Professeur Associé de Linguistique française à l'université de l'Arizona (USA). Il est spécialiste de lexicologie anglaise et française, et directeur de publication de la revue *Lexis, Journal in English Lexicology* et de la revue *ELAD-SILDA*. Ses travaux de recherche portent sur la lexicologie, la métaphore, l'euphémisme, la persuasion et l'argumentation, l'analyse du discours, et plus particulièrement le discours publicitaire et le discours politique.

Index des notions

Index des noms propres

ASPECTS LINGUISTIQUES ET CULTURELS DES DISCOURS SPÉCIALISÉS

Cette collection a pour objet de promouvoir l'étude des domaines spécialisés à travers les aspects linguistiques, discursifs et culturels qui permettent de les caractériser. Elle accueille des travaux de recherche rédigés en français qui aborderont des domaines disciplinaires ou professionnels dans une perspective synchronique ou diachronique par le biais de la terminologie, la linguistique, la stylistique, l'analyse du discours ou d'un genre particulier. Elle s'adresse à des chercheurs intéressés par les langues de spécialité, qu'ils soient spécialistes de langues étrangères, de l'un des axes précédemment évoqués ou encore de traduction.

Les analyses portent, à titre d'exemples, sur la néologie, les métaphores constitutives de la théorie d'un domaine, les aspects rhétoriques, l'analyse des éléments des discours spécialisés, l'histoire des idées pour un domaine donné à travers les concepts et leur dénomination, l'étude des normes et contraintes en vigueur dans un milieu spécialisé à travers le/les discours.

Cette collection accueille des monographies ou des ouvrages collectifs rassemblant des articles sur un thème donné. Dans les deux cas, les tapuscrits soumis sont évalués de manière anonyme par deux spécialistes du domaine.

Vol. 1 Micaela Rossi
In rure alieno. Métaphores et termes nomades dans les langues de spécialité
ISBN 978-3-0343-1654-5, 2015

Vol. 2 Catherine Resche (dir.)
La mise en récit dans les discours spécialisés
ISBN 978-3-0343-2068-9, 2016

Vol. 3 Fanny Domenec, Catherine Resche (dir.)
La fonction argumentative de la métaphore dans les discours spécialisés
ISBN 978-3-0343-3269-9, 2018

Vol. 4 Séverine Wozniak
Approche ethnographique des langues spécialisées professionnelles
ISBN 978-3-0343-3242-2

Vol. 5 Fanny Domenec & Catherine Resche (dir.)
Stratégies et techniques rhétoriques dans les discours spécialisés
ISBN 978-3-0343-4141-7

FSC
www.fsc.org
MIX
Papier | Fördert gute Waldnutzung
FSC® C083411

Kolibri 360 GmbH
Ferdinand-Jühlke-Straße 7
99095 Erfurt, Deutschland
produktsicherheit@kolibri360.de